스페인 시의 이해

스페인 시의 이해

안영옥

KOREA
UNIVERSITY
PRESS
고려대학교
출판문화원

본 저서는 대한민국 교육부와 한국연구재단의 재원으로
대학 인문역량 강화사업(CORE)의 지원을 받아 수행됨

책머리에

보통 시라고 하면, 구어나 문어를 도구로 하여 아름다움이나 마음의 느낌을 산문이나 운문 형태로 압축하여 예술적으로 표현 하는 문학의 한 장르로 알려져 있다. 종류로는 현실을 주관적인 느낌으로 성찰하고 감정을 표현하는 서정시, 시인 자신과는 관계없는 일을 객관적 입장에서 들려주는, 영웅이나 전설적인 인물들에 대한 이야기인 서사시, 그리고 대화와 행위로써 현실 세계를 재현하는 극시로 나뉜다. 이러한 기본 정의를 바탕에 두면서, 시는 작가나 시대, 그리고 나라에 따라 해석과 모양, 그리고 기능을 달리하기도 한다. 하이쿠, 바로크, 아방가르드, 초현실주의 등이 그 예가 될 터인데, 이는 모든 예술이 그러하듯 시가 순수 창작 예술이라는 본질은 유지하면서도 문화에 종속되는 특징이 있기 때문이다. 그러므로 시는 문학적인 면에서 연구 대상이 되어 창의성, 논리성, 상상력과 감성을 키워 줄 뿐만 아니라, 시대의 텍스트로도 읽힌다. 시를 연구함으로써 문학에 대한 이해는 물론 한 나라의 역사와 문화 역시 이해할 수 있다는 이야기이다.

이를 위해 이 책은 스페인 문학의 시작점인 9세기부터 현재까지 스페인 시를 대표하는 시인과 작품으로 구성되어 있다. 같은 세대로 묶여 동시대의 염려를 나름대로의 관점과 경험에 밀착된 감정으로 그려 낸 시인들과 함께 세대에서 이탈하여 독립적이며 독창적으로 자기의 목소리를 낸 시인들도 같이한다. 이는 한정된 지면이기는 하지만 스페인 시를 전체적으로 조망할 수 있도록 가능한 여러 모습을 소개하고자 한 노력의 일환이다. 그런즉 같은 언어권으로 스페인 문학과 불가분의 관계에 있으면서 스페인 시에 영향을 행사한 중남미 시인들의 작품 역시 포함한다. 책 말미에는 부록을 두어 형식적인 면에서의 시 분석 방법을 소개한다. 그리고 가독성을 높이기 위하여 가급적 원문을 배제하려 했지만, 다음과 같은 이유로 원문을 병기할 수밖에 없는 경우가 있다.

첫째, 현재 스페인어로 완성되기 전, 형성 중에 있던 언어에 대한 이해를 도와야 할 경우이다. 둘째, 원문에 충실하게 번역한다 해도 스페인어와 우리말의 구조가 상당히 다른 까닭에 출발시의 형식이 파괴될 수밖에 없다. 음악성과 함께 시 형식을 제대로 봐야 할 필요가 있는 경우가 있다. 시에서 형식은 내용과 불가분의 관계에 있기 때문이다. 셋째, 단어의 분절이나 파편화, 시각화, 지나친 탈문법, 비논리적 이미지의 연계, 지독한 도치, 생략, 신조어, 말장난, 콜라주 기법, 의성어, 의태어 등등으로 원문으로 이해를 도와야 할 상황이 있다. 끝으로, 스페인 이베리아 반도 내 공식 언어는 보통 스페인어로 알고 있는 카스테야노 이외에 세 개가 더 있기 때문이다. 갈리시아의 가예고 언어, 카탈루냐의 카탈란 언어, 그리고 바스크 지역의 에우스케라, 즉 바스크 언어이다. 『스페인 시의 이해』라는 제목과 교재라는 특성에 부합되도록, 카스테야노로 작성된 시 이외에 나머지 언어로 쓰인 시도 함께 수록하여, 각 지역의 시 역사와 언어에 대한 이해를 도울 필요가 있다고 생각한다.

집필에서 가장 많은 시간을 할애해야 하며 노력을 들여야 했던 작업 중의 하나가 작가와 작품 선정이다. 시대를 대표하는 시인이어야 하고, 시대가 다르다 하더라도 가급적 작품 테마나 분위기에서 중복되는 경우가 없어야 하며, 다른 지면을 통해 가능한 소개되지 않은 작품을 골라야 한다. 여기에 더하여 무엇보다 시인 자신이 특히 애정을 가지며 의미를 둔 시, 또는 독자나 비평가로부터 호평을 받은 시를 우선적으로 선택할 필요가 있다. 작품 번역은 독자가 상상력을 발휘할 수 있도록 의역보다 직역을 선호했고, 작가나 작품에 대한 정보나 해설은 분량 관계상 난해한 시를 제하면 가급적 압축으로 조절하려 했다.

책머리에의 서두를 누구나 다 아는 시에 대한 보편적인 이론으로 시작한 이유는 스페인 시는 통상 알아 왔던 '시'에 대한 개념을 파괴하는 경우가 많기 때문이다. 믿기지 않을 정도로 기발하여 도무지 시로 받아들이기 힘든 것까지 있다. 그러니 독자는 통념상 가지고 있는 시에 대한 개념이나 우리의 경험과 맞물리지 않는 스페인 시의 이질감은 무엇인지, 그렇게 된 이유는 또 무엇인지를 살펴보면서 스페인 문학과 문화에 대한 좀 더 깊은 이해의 지평선을 넓혀 보기를 바란다. 그리고 인간 사고와 표현의 뛰어난 정수인 시를 다양하게 접하고, 다각적으로 분석하여 의미를 파악함으로써 문화적, 지적 능력뿐만 아니라, 훌륭한 것을 판별하고 뛰어난 것을 감상할 수 있는 감성 역시 배양되기를 바란다. 이로써 정신적, 지적, 예술적인 정신의 고양을 이루어 수준 높은 교양인이 되는 데 작으나마 도움이 되기를 기대해 본다.

2018년 11월 30일

안영옥

차례

책머리에 • 5

중세

하르차 • 15 세헬 • 24 갈리시아-포르투갈 서정시 • 30
카스티야 전통 서정시 • 35 엘시드의 노래 • 40 곤살로 데 베르세오 • 45
로망스 • 50 후안 루이스, 아르치프레스테 데 이타 • 57
이니고 로페스 데 멘도사, 마르케스 데 산티야나 • 70 호르헤 만리케 • 73

르네상스

가르실라소 데 라 베가 • 87 프라이 루이스 데 레온 • 93
산 후안 데 라 크루스 • 100

바로크

루이스 데 공고라 • 115 안드레스 페르난데스 데 안드라다 • 122
프란시스코 데 케베도 • 128 소르 후아나 이네스 데 라 크루스 • 140

낭만주의

호세 데 에스프론세다 • 147 구스타보 아돌포 벡케르 • 156
로살리아 데 카스트로 • 161

모더니즘과 98세대

루벤 다리오 • 171 후안 라몬 히메네스 • 179 안토니오 마차도 • 187

27세대

호르헤 기옌 • 197 페데리코 가르시아 로르카 • 213
라파엘 알베르티 • 228 루이스 세르누다 • 239 미겔 에르난데스 • 248
다마소 알론소 • 260 비센테 알레이산드레 • 267 세사르 바예호 • 273
파블로 네루다 • 281

50년대 세대

가브리엘 셀라야 • 291 블라스 데 오테로 • 295 호세 이에로 • 299

60년대 세대

하이메 힐 데 비에드마 • 305 호세 앙헬 발렌테 • 312

노비시모

마누엘 바스케스 몬탈반 • 319 페레 짐페레르 • 325
기예르모 카르네로 • 330 안토니오 콜리나스 • 333

후기 노비시모와 최근

블랑카 안드레우 • 341 안토니오 루카스 • 347 루나 미겔 • 352

갈리시아, 카탈루냐, 바스크 시

셀소 에밀리오 페레이로 • 357 가브리엘 아레스티 세구롤라 • 363
살바도르 에스프리우 • 367

부록—형식적인 면에서의 시 분석법 • 371
주 • 396
참고 문헌 • 404

중세

하르차

세헬

갈리시아-포르투갈 서정시

카스티야 전통시

엘시드의 노래

곤살로 데 베르세오

로망스

후안 루이스, 아르치프레스테 데 이타

이니고 로페스 데 멘도사, 마르케스 데 산티야나

호르헤 만리케

하르차

Jarcha

유럽 문명사에서 동양의 영향이 절대적이라고 생각했던 적이 있다. 동양의 기운이 조금이라도 감지되면 동양에서 유래된 것이라고 주장하며 동양에 매혹당했던 유럽 중세 암흑시대의 이야기이다. 아더 왕의 원탁의 기사를 페르시아 카이 왕조 이야기의 유산으로 여겼고, 성배 이야기가 '천재들의 왕'인 얌시드의 잔cup of Jamshid에서 나왔다고 믿었다. 시의 압운 역시 무슬림들이 서양에 전해 준 발명품이라고 감탄해했다. 더 나아가 무슬림으로부터 배우지 않은 학문이 없고, 그들로부터 가져오지 않은 예술은 없다고 생각했던 때도 있었다. 그런데 또 언제 부터인가 서양 문화에서 무슬림의 흔적 지우기가 시작된다. 위대한 문명은 유럽, 특히 그리스, 이탈리아, 스페인, 프랑스에서 탄생되어 발전하고 살아 있으며, 이들과 경쟁할 수 있는 민족은 오직 유대인이며, 이들만이 인류 발전에 지대한 영향력을 행사한다고 주장했다.

그런데 독일사람 아돌프 프레드릭 폰 샥Adolf Friedrich von Schack(1815-1894)[1]이 『스페인과 시칠리아에서의 아랍인들 시와 예술Poesía y arte de los árabes en España y Sicilia』이라는 개론서를 발표함으로써 논란에 종지부를 찍었다. 그는 유럽인들이 스페인에 살았던 무슬림들 덕분에 학문과 예술과 시에 눈을 뜨게 되었다는 내용을 요목조목 정리해 보였다. 711년에 아프리카 북쪽으로부터 스페인으로 들어와 1492년까지 스페인 본토와 바다 건너 시칠리아에 살았던 무슬림들의 문화가 유럽 문화 형성에 이바지한 바들에 대한 증언이다.[2] 특히 스페인 땅에 아랍왕국을 세운 오마야 왕조, 그 뒤를 이은 알모라비데스 조, 그리고 나사르 왕조가 이룬 시문학이 유럽 문학에 남긴 흔적에 대해 상세히 기술하고 있다. 9세기에서 11세기까지 코르도바를 수도로 하여 스페인 땅에 세운 알 안달루스 아랍 왕국의 칼리파 문화에서, 기독교인들이 1236년 코르도바를 재정복한 후 알 안달루스의 전국시대인, 아프리카 북쪽의 베르베르족과 아랍인들로 이루어진 소왕국들(세비야, 알메리아, 바다호스, 그라나다, 톨레도 등)의 군웅할거시대 문화, 그리고 그라나다를 중심으로 마지막 이슬람 문화의 영광을 이어간 나사르 왕조 문화까지 6세기 동안에 집중하고 있다. 스페인 무슬림들이 보여준 시에서의 특출함과 열정에 대해 강조하면서, 당시 그들의 지적 삶의 중심이 시였으며 이 시는 9세기 중순에 들면서 이슬람 지배하의 기독교인들을 매혹시켰다고 한다. 이를 증명하기 위해 15세기 기독교인 알바로 교수의 말을 가져 오고 있다. 자신의 동료들이 라틴어 공부는 잊은 채 아랍어로 된 시와 이야기에 열광한 사실에 한탄을 금할 수 없었다는 내용이다.

스페인 땅에서의 아랍시의 열기는 프로방스의 음유시인들과 프랑스 북쪽의 떠돌이 시인들을 스페인 땅으로 불러들였고, 아랍 왕들의 궁정에는 각지에서 몰려온 시인들로 넘쳐났으며, 이들은 기독교도들이 지배하던 스페인 땅과 프랑스 땅을 돌면서 자기들이 배운 노래들을 옮기며 다녔다는 말 역시 잊지 않고 있다.

이러고 보면 스페인 최초의 시는 스페인 땅의 아랍인들이 개발한 시형에서 탄생되었다는 이론이 정확해 보인다. 스페인 내 아랍인들이 즐겨 사용했던 무와샤와Moaxaja를 두고 하는 말이다. 무와샤와란 아랍어로 '허리띠를 두 배로 돌려 매다'란 뜻으로, '허리띠의 노래'라고도 불린다. 이 시형은 9세기에 압 아라흐Abd Allah 궁정의 모카담 데 카브라Mocaddam de Cabra가 개발했고, 이븐 알 라흐비Ibn al Lahbi가 모방하여 세상에 알리면서 무슬림시인이나 히브리 시인들이 즐겨 사용했다. 엄격한 시형을 지키는 장시 카시다와 달리 이 시형은 대중성이 짙다. 시작하는 첫 연의 마지막 행의 마지막 단어의 운이 이은 연들의 마지막 행에서 반복되는 것, 즉 연의 마지막 단어의 운만 동일할 뿐, 다른 시적 요인이나 주제는 시인의 뜻에 맡기고 있을 정도로 형식과 소재에서 자유롭다. 고전 아랍어로 작성되었는데, 마지막 연만은 당시 거리의 언어인 로망스 방언 모사라베어로 마무리하고 있다. 이 마지막 연은 '나가는 부분'이라서

'출구'라고 명했는데, 이것이 아랍어로 '하르차Jarcha'이다. 다시 말해 무와샤와는 고전 아랍어로 작성된 연들에 이어 거리의 언어로 끝을 맺는 시형으로, 이 마지막 연만을 따로 떼어 낸 '하르차'가 스페인 최초의 서정시이다. 방언이기는 하지만 로망스언어로 되어 있기 때문이다. 히브리어 연구자인 사무엘 스턴이 11세기에서 13세기 동안 무와샤와에 있던, 히브리어와 모사라베어로 된 스무 편의 하르차를 1948년에 세상에 소개함으로써 스페인 문학사를 다시 쓰는 계기가 되었다. 그 이전까지 스페인 문학은 또 다른 로망스 방언인 카스티야 언어로 작성된 서사시 「엘시드의 노래Cantar de Mío Cid」를 그 시초로 보고 있었다. 이후 에밀리오 가르시아 고메스 역시 하르차 발굴에 참여하여 64편의 하르차가 세상에 빛을 보게 되지만, 전사자의 실수와 언어에 대한 무지로 해독 불가 상태에 있는 작품도 있다.

모사라베 언어란 무슬림 지배하의 스페인에 살았던 기독교도들이나 유대인들, 그리고 이들의 언어를 모두 이해했던 아랍인들의 구어로서, 로망스 방언이다. 당시 이베리아 반도 내의 다른 로망스 방언들(카탈란, 카스테야노, 가예고-포르투게스 등)과 달리 모사라베 언어는 문화적으로나 물리적으로 이들과 동떨어져 있어서 이들만큼 발전하지 못하여 지금은 사장되었다. 세속 아랍어가 섞여있다는 특징이 있다. 아래는 하르차를 제외한 무와샤와의 한 예이다. 첫 번째 연의 마지막 단어의 운이 다음 연의 마지막 단어에서 반복된다. 원어는 아랍 원전의 운을 최대한 살려 스페인어로 옮긴 것이다.

배반자 폭군인	Huye del amor,
사랑으로부터 도망가라.	Tirano traid***or***;
그렇게 하지 않았다간, 그러니까 도망간다면	Mas no, que si huyes,
고통으로 죽지는 않으리.	Mueres de dol***or***.
사랑은 불인지라	El amor es fuego,
태우기도 하고 기쁨을 주기도 하지.	Que abrasa y halaga;
평온함이 없는 바다인지라	Es mar sin sosiego.

영혼을 삼켜 버리지.
사랑에 빠진 자는
곧 잠을 잃지,
나날이 쓰지만
은혜로운 사랑은
밤에는
빛과 즐거움을 보급하지.
　매혹의 계집아이가
내 영혼을 훔쳤어.
그녀에 대한 사랑이
내게 얼마나 가혹한 고통이 되었던지!
근심 없이 살기를
바라는 자는 사랑을 바라지 말기를.
만일 사랑에 빠졌다간
바다를 헤매는
조난자가 되어
고통으로 죽고 말지.

Que las almas traga.
Pierde el sueño luego
Quien de amor se paga.
Amarga los días,
Mas luz y alegrías
Difunde en las noches
Benéfico am***or***.
　La niña hechicera
Mi alma ha robado.
¡Cuanta pena fiera
Su amor me ha costado!
No quiera quien quiera
Vivir sin cuidado;
Pues si te engolfares
De amor por las mares
Podrás, naufragando,
Morir de dol***or***.[3]

아불 하산Abul-Hasan은 단 한 단어만 반복되지 않는, 한 연의 운이 사이사이 반복되는(예로 abab/cdcdcd/abab/efefef/abab) 무와샤와를 쓰기도 했다. 내용은 이러하다.

　무성한 녹음 아래
수정 같은 시냇물이 흐르고
난 음악과 사랑과 술과 함께 하니

　Cabe arroyo cristal***ino***,
Bajo una verde enram***ada***,
Con música, amor y v***ino***,

어떤 감찰관도 내겐 상관없다네.
젊음이 있는 한
난 향락의 미로를 따르리라.
나를 책망하는 그 자와
다툴 생각 없노라.
술잔의 술은 반짝이고,
가까운 언덕에는 벌써
아침 바람이,
곧 때가 되면 수확되어
달콤한 술을 약속하는
포도를 인 포도나무를 흔들고 있도다.
그녀 가까이 살든
그녀로 인해 한숨짓든
난 나의 아름다운 여인과 함께 하니
시간이 도망가지 말아야 할 것이야.
나의 운명은, 사랑에 안성맞춤이니
다시 우리를 합치게 해야 할 것이야.
그녀의 근사한 얼굴에
나의 입맞춤과 나의 시선으로 날염된
모호한 자줏빛 흔적을
남기는도다.

El censor me importa n***ada***.
Mientras la juventud d***ura***,
Del placer sigo el send***ero***:
Con aquel que me cens***ura***
Justificarme no qui***ero***.
Vino en el vaso fulg***ura***,
Y ya en el cercano ot***ero***
Mueve el viento matut***ino***
La viña de uvas carg***ada***,
Que promete dulce v***ino***,
Pronto en sazón vendimi***ada***.
No debiera el tiempo hu***ir***,
Que estoy con mi niña b***ella***;
O cerca de ella viv***ir***,
O suspirando por ***ella***;
Quiéranos de nuevo un***ir***,
Propicia al amor, mi estr***ella***.
Vago color purpur***ino***
Deja la huella estamp***ada***
En su rostro peregr***ino***,
De mi beso y mi mir***ada***.[4]

이러한 시를 쓴 시인은 남성이고, 작품에 담긴 소리도 보다시피 남성의 것이다. 그런데 마지막 연 하르차는 여성의 목소리이다. 분명 글쓴이는 남성이지만 무와샤와와 어조와 분위기에서 사뭇 다르다.

말해 줘(또는 주세요), 나 어떡하지(요)?	Gar, ¿que fareyo?
어떻게 살지요?	¿cómo vivreyo?
이 임을 기다리니	Est'al-habib espero
임 때문에 난 죽을 거 같아요.	por él murreyo.[5]

사랑에 빠진 한 소녀가 임(habib)으로 인해 겪는 고통을 자매나 어머니에게 토로하고 있다. 토로 대상이 없기도 하다.

나의 이브라힘 님이시여, 오 달콤한 이름이여,	Meu sidi Ibrahim, ya nuemne dolche,
밤에 제게로 오세요.	vent'a mib de nohte.
그러기가 싫으시다면, 제가 당신에게로 갈게요:	In non, si non queris, yireim' a tib:
어디로 가면 당신을 만날 수 있을지 말씀해 주세요.	garme a ob legarte.[6]

분위기가 아랍의 영향으로 선정적이다.

선한 자로 저를 사랑하신다면,	Si quieres como bon a mib,
이 진주구슬들에,	bechame da 'l-nazma duk,
앵두의 입에 입을 맞춰 주세요.	boquella de habb al-muluk.[7]

임이 너무나 그립다.

저를 불쌍히 여겨 주세요, 아름다운 이여 말씀 [해 주세요.	¡Amanu, amanu, ya l-malih! Gare,

왜 당신은, 오 신이시여, 나를 죽이려 하시는지요?	¿por qué tú me queres, ya-llah matare?[8]

또는 떠나려는 임이 애달프다.

모르는 사람인 양 더 이상 제 품에서 잠들지 않아요.	Como filyolo alieno, non más adormes a meu seno.[9]

하르차는 이렇게 두 개 또는 세 개의 행으로 사랑에 빠진 소녀가 자신의 마음을 토로하는 시다. 무와샤와의 앞선 운을 되풀이한다고 하지만 어조나 분위기에서는 보다시피 영 딴판이다. 완성체인 무와샤와를 보기 위해 샤이 소개한 이십여 편의 아랍어로 작성된 무와샤와에 하르차를 이어 맞춰 보면 어조나 분위기에서 상응하는 짝을 발견하기가 어렵다. 전혀 다른 시로 느껴질 만큼 낯설다. 이 생경함으로 각 내용이 극대화되어 서로 상승되는 효과를 얻는 듯하다.

이러한 사랑의 시는 스페인 무슬림 지역에만 머물지 않았다. 남부 프랑스와 피레네 산맥 근처 스페인 지역들은 상업적으로 교통이 잦았고, 유럽인들은 스페인 갈리시아에 있는 성지 산티아고 데 콤포스텔라로의 순례의 길을 걸으며 문화를 나눠 가졌다. 당시 떠돌이 가수들과 음유시인들은 스페인 내 기독교인들이 지배하던 곳은 물론, 무슬림들이 지배하던 지역들까지 돌아다녔다. 노예와 포로들 역시 문화교류에 공헌한 바가 크다. 독일 기사이자 시인이었던 오스왈도 볼켄스타인은Oswaldo Wolkenstein는 1412년 그라나다의 베르메호 왕의 궁전에 머물면서 그곳 나사르인들처럼 '베르메호의 아들'이란 뜻의 이븐 알 아흐마르Ibn al-Ahmar란 별명으로 불렸는데, 그는 아랍어를 배운 것을 무척 자랑스러워했다는 기록이 있다. 이슬람교도 지배하에 살던 기독교인들(모사라베)은 기독교인들 치하에 살던 무어인들(무데하르, 모리스코)[10]보다 아랍 측의 관용정책으로 훨씬 더 많은 자유를 누리며, 당시 유럽의 어느 문화보다도 월등하고 우아했던 아랍 문화를 배우고 익혔다. 9세기 중순 코르도바의 알바로 주교의 아래와 같은 불평이 그 증거가 될 것이다.

> 내 동료들 중 많은 이들이 아랍인들의 시와 이야기를 읽고 그들의 신학과 철학을 공부한다. 즐기기 위해서가 아니라 어떻게 하면 아랍어로 정확하고 우아하게 자신들을 표현할 수 있을까 해서 말이다. 성경 라틴어 주해서를 읽을 줄 아는 평사제가 오늘날 어디에 있단 말인가? 복음서나 예언자나 사도들에 대해 공부하는 자는 누가 있단 말인가? 통탄스럽도다! 재능이 뛰어난 기독교 젊은이들은 모두 오직 아랍인들의 언어와 문학만을 알고 열심히 읽고 공부할 뿐. 이들로 인해 거대한 도서관이 생겨나니, 이를 통하여 아랍 문학을 찬탄할 목소리만 커져 갈 뿐이도다. 이럴 수가 있단 말인가! 기독교인들은 자기들의 언어까지 잊어버려 라틴어로 제대로 된 편지 한 장 쓸 수 있는 사람이 수천 명 중에 단 한 명도 없다니 이게 말이 되는가? 반면 아랍어로는 비할 데 없는 우아함으로 자신들을 표현하니, 아랍인들보다도 더 훌륭하게 시를 지을 줄 아는 기독교인들이 무궁무진하도다.[11]

스페인 내 무슬림 세계에서 여성의 목소리를 시에 담을 수 있는 데에는 그곳 여성의 사회적 지위와 무관하지 않다. 무슬림 본토와 달리 스페인 내 무슬림 사회에서 여성의 지위는 높았다. 압데라만 2세의 아버지 알하켐 1세(770-822)와 코르도바의 5대 칼리프였던 11세기 초 술레이만을 이어 1060년대 기사도 정신의 선구자가 된 세비야 아밀 알무타미드와 동시대 이븐 자이둔 등은 '사랑의 노예'란 말을 만들어 낸 장본인들로, 이들로 인해 기사도 정신이 생겨났다 해도 과언이 아니다. 이들은 여성 앞에서 겸손하고 여성에 대한 헌신 속에서 삶의 보람을 발견했고, 그 마음을 시로 표현했다. 이러한 양상은 기독교 신학에 묶여 있던 당시 유럽에는 존재하지 않았다. 이브와 동성의 자손인 여자의 지위는 낮았을 뿐만 아니라 금욕을 위해 여성을 악의 화신으로까지 취급했다. 여성들의 재기와 젊음과 아름다움이 칭송되는 사회에서나 여인들이 부르는 사랑의 노래가 가능했을 것이다. 독일의 아가씨들의 노래Frauenlied, 프랑스의 여인의 노래Chanson de Femme, 갈리시아 포르투갈 지역의 친구의 노래Cantigas de amigo,

스페인의 카탈루냐와 카스티야의 아가씨의 노래Cantares de doncella들이 탄생된 데에는 이렇듯 스페인 내 무슬림 문학의 영향이 있어 보인다. 지역별 나름대로의 특성을 가지면서 테마와 형식에서 서로 유사한 게 신기할 정도이다.[12] 특히 13세기에서 14세기 사이 프랑스에서 수집된 여인의 노래 모음집에 형식과 주제에서 하르차와 상당히 일치하는 시들이 발견된다. 앞서 첫 번째로 소개된 하르차와 비교해 보면 그 사실을 확인할 수 있을 것이다.

오, 어떡하지?	O! que ferai?
사랑 때문에 죽을 거 같아	D'amer morrai,
난 살 수 없을 거 같아…	ja nen vivrai….[13]

세헬

Zejel

스페인 내 무슬림 세계에서 즐겨 불렀던 또 다른 대중 시가 있다. '울림 좋은 찬가'라는 뜻의 세헬이다. 아랍인들은 후렴구, 즉 입문 격인 첫 연을 생략해서 부르곤 했기 때문에 무와샤와와 형식에서 동일하여 로망스 언어로 불린 무와샤와라고도 한다. 세헬은 11세기에 등장하여 고전 아랍어가 아닌 세속 아랍어가 섞인 로망스 방언인 모사라베 언어로 불리고 기록되었다. 세헬의 형식은 이렇다. 아랍어로 마르카스markaz('기점, 받침, 디딤판'이란 뜻으로 스페인어의 '에스트리비요estribillo후렴구'에 해당하며 시의 주제가 됨)가 있고 이어 '변경, 변화'인 아그산agsan(스페인어로 '무단사mudanza'), 그리고 '돌아간다'란 뜻의 심트simt(스페인어로 '부엘따vuelta')로 이루어져 있다.

이븐 잘둔Ibn Jaldun은 세헬의 대가로 불리는 이븐 구스만Ibn Guzman(1078-1160)이 세비야를 관통하는 구아달키비르 강에 배를 띄워 친구들과 낚시를 즐기고 있었을 때 갑자기 시정이 일자 함께 배에 있던 아름다운 소녀를 두고 부른 세헬을 소개하고 있다. 이븐 구스만이 첫 연을 열고, 각운을 축으로 친구들이 그 뒤를 이어가기를 바라며 다음과 같이 시작한다.

친구들이여, 낚시하려
그렇게 힘들여 봤자 다 헛수고*라네*.
날렵한 숭어를 망으로

En balde es tanta afanar,
Amigos, para pesc***ar***.
En las redes bien quisiera

잡고 싶겠지만	Prender la trucha ligera;
이 매혹적인 소녀가 바로	Mas esta niña hechicera
우리를 낚고 말 자*라네*.	Es quien nos debe pesc***ar***.
물고기들은 의심이 많아	Los peces tienen recelos
망과 낚시 바늘을 우롱하지,	Y burlan redes y anzuelos,
하지만 그녀의 달콤한 두 눈에	Pero en sus dulces ojuelos
우리의 영혼은 빠져 버릴 거*라네*.	Van nuestras almas a d***ar***.[14]

이븐 구스만이 쓴 세헬과 14세기말 스페인 시인 비야산디노Villasandino가 쓴 세헬을 비교해 보면 형식에서 동일함을 알 수 있다.

Ya meliha 'd-dunya, qul;	Markaz
'ala's ent, ya 'bni *mal**ul***!	
Ey ana indak wagih,	Agsan
yatmaggag minnu wafih,	
tumma f'ahla ma tatih,	
targa 'anasak *was**ul***,	Simt
[*Ya mcliha 'd-dunya, qul*;]	

* * * * *

Vivo ledo con razón,	Estribillo 후렴구
*amigos, toda saz**ón***.	

Vivo ledo e sin pesar, | Mudanza 1 변경1
pues amor me fizo amar
a la que podré llamar
más bella de cuantas s***on***. | Vuelta 돌아오기
[*Vivo ledo con razón, etc.*]

Vivo ledo e viviré, | Mudanza 2 변경2
pues que de amor alcancé
que serviré a la que sé
que me dará galard***ón***. | Vuelta 돌아오기
[*Vivo ledo con razón, etc.*][15]

무슬림이 지배하던 스페인에서 탄생 된 세헬 역시 다른 무슬림세계와 기독교 스페인 지역과 이탈리아 및 프랑스 지역으로 퍼졌다. 스페인 카스티야 지역에서는 비얀시코Villancico라는 이름으로 스페인 전통 서정시 형성에 형식적인 면으로 크게 기여했다. 이 역시 입문 격인 연(에스트리비요 '후렴구')을 시작으로 다른 운의 연이 이어 나오되(무단사, '변경') 연의 마지막 행이나 마지막 행의 마지막 단어가 입문 격인 연의 마지막 행을 반복하거나 마지막 단어와 운을 같이 하는(부엘타, '돌아오기') 형식으로 되어 있다. 한 개의 연은 두서너 개의 행으로 구성된다. 프라이 이니고 데 멘도사Fray Íñigo de Mendoza(1398-1458)의 세헬 또는 비얀시코는 가장 단순한 형태의 모범이다.

넌 아기야 그리고 사랑을 알아 | *Eres Niño y has amor:*
어른이 되면 무엇을 할까? (후렴구) | *¿qué farás cuando may**or**?*

너의 탄생에	Pues que en tu natividad
자비가 너를 태우니	te quema la caridad,
네가 청년이 되면(후렴구와 운이 달라 무단사)	en tu varonil edad
그 뜨거움을 누구 견뎌 낼 수 있을까?(부엘타, [후렴구 마지막 단어와 동일한 운)	¿quién sufrirá tal cal***or***?
넌 아기야 그리고 사랑을 알아	*Eres Niño y has amor:*
어른이 되면 무엇을 할까?(후렴구)	*¿qué farás cuando may**or**?*[16]

'아기'가 원문에 보면 대문자로 되어 있다. 이는 아기 예수를 뜻한다. 그래서 스페인에서 크리스마스 노래를 비얀시코라고 하기도 한다. 서민들 사이에서 불려지던 노래에 종교의 옷을 입힌 점이 흥미롭다. 후안 데 티모네다Juan de Timoneda(1490-1583)는 한 행을 두 개로 나누어 쓰기도 했다.

난 바닷가	*Veo las ovejas*
양들을 본다네.	*orillas del mar;*
날 아프게 하는	*no veo al pastor*
목동은 못 본다네.	*que me hace pen**ar**.*
난 강가	Las ovejas veo
양들을 본다네.	orillas del río;
하지만 나의 희망은	no ve mi deseo
나의 달콤한 사랑을 못 본다네.	el dulce amor mío.
난 시원한 송림 주위를	Miro en derredor

둘러본다네:

del fresco pin***ar***:

날 아프게 하는
목동은 못 본다네.

no veo al pastor
*que me hace pen**ar**.*[17]

15세기부터는 후렴 부분을 합창으로 하면서 노래로 발전하여 대중적인 인기를 누렸다. 이러한 비야시코는 16세기에 들면서 세기디야[18]에게 그 자리를 내주고 물러난다. 하지만 17세기를 대표하는 공고라의 레트리야[19]와 로페 데 베가와 케베도 시에서 구조로 살아남았다. 무와샤와의 단운 반복 형식과 세헬 양식은 14세기의 아르치프레스테 데 이타, 15세기 마르케스 데 산티야나를 거쳐 17세기 칼데론 데 라 바르카의 시 작품에서도 그 흔적을 발견할 수 있다.

다음은 17세기의 주된 테마인 '베아투스 일레Beatus ille'를 레트리야 형식으로 노래한 공고라 시의 앞부분이다.

내 소신대로 사니
남이야 웃든 말든.

Ándeme yo caliente
y ríase la gente.

다른 사람들은 정부니
세상이니 자신들의 왕들에게 신경 쓰라고 하지,
반면 내 나날들은
버터와 부드러운 빵들이 지배하기를;
그리고 겨울의 아침으로는
오렌지 잼과 소주가,
남이야 웃든 말든.

Traten otros de gobierno
del mundo y sus monarquías,
mientras gobiernan mis días
mantequillas y pan tierno;
y las mañanas de invierno
naranjada y aguardiente,
y ríase la gente.

왕자는 황금의 잔으로
수천 가지 근심 걱정을
황금 알약마냥 먹으라고;
난 나의 초라한 식탁에서
그릴에서 나온 순대 한 조각 먹는 게
더 좋으니
남이야 웃든 말든.

Coma en dorada vajilla
el príncipe mil cuidados,
como píldoras doradas;
que yo en mi pobre mesilla
quiero más una morcilla
que en el asador reviente
y ríase la gente.

일월에 산들이 하얀
눈으로 덮일 때면
난 내 화로가
도토리와 밤들로 가득하기를,
그리고 격노한 왕의
달콤한 거짓말이나 내게 들려주기를,
남이야 웃든 말든.

Cuando cubra las montañas
de blanca nieve el enero,
tenga yo lleno el brasero
de bellotas y castañas,
y quiero las dulces patrañas
del Rey que rabió me cuente,
y ríase la gente.[20]

갈리시아-포르투갈 서정시

하르차와 놀랄 정도로 유사한 시가 프랑스에서 발견되었다면, 스페인 다른 지역에서도 그와 같은 일이 일어나지 않을 리가 없을 것이다. 스페인 북서쪽 갈리시아-포르투갈 지역의 '친구의 노래'가 바로 하르차에 뿌리를 두고 있다고 볼 수 있다.

스페인 중세문학은 네 그룹으로 정리된다. 아랍인들이 세운 알 안달루스 지역의 문학과 프랑스의 변방으로 존재하며 프랑스 프로방스 문화를 흡수했던 카탈루냐 지역, 그리고 국토회복 전쟁의 중심에 있던 카스티야 문학과 분리되기 전, 하나의 문화권을 형성했던 갈리시아-포르투갈 지역의 문학이다. 이 중 수려한 자연과 함께 지역민들의 서정성이 가미되어 탄생된 시가 갈리시아-포르투갈 서정시이다.

카탈루냐 지역은 13세기에 당시 시론을 지배하던 프로방스 시의 정신과 기법을 모방한 시를 지었다. 도도하고 오만하며 냉정한 여인에게 무조건 머리를 조아리고 순종하는 남성의 시이다. 이 또한 안달루시아의 아랍시인들의 영향으로 탄생된 것이지만, 형식이 갈수록 인위적으로 되어가고 감성은 더욱더 메말라 차가워졌다. 이런 분위기의 시가 갈리시아-포르투갈 지역의 정서에는 어울리지 않아 거부감을 느꼈던 그 지역민들은 자신들의 땅의 사람들이 부른 노래에서 시의 샘물을 발견하여 '친구의 노래Cantigas de amigo'를 만들어 냈다. 하르차처럼 사랑에 빠진 소녀의 천진난만한 목소리로 부재중의 임을 향한 '사우다데', 즉 그리움을 자연에 투영하여 노래한다. 페로 메오고Pero Meogo[21]의 작품이다.

– 딸아, 말해 주렴, 내 예쁜 딸아,
왜 차가운 샘에서 오래 있었니?
난 사랑에 빠졌어요.

딸아, 말해 주렴, 내 고운 딸아,
차가운 샘에 왜 오래 있었니?
난 사랑에 빠졌어요.

– 차가운 샘에 오래 있었어요, 엄마:
산에서 사슴들이 물을 찾아 왔거든요.
난 사랑에 빠졌어요.

엄마, 차가운 샘에 오래 있었어요:
산에서 사슴들이 왔거든요, 물을 찾아.
난 사랑에 빠졌어요.

– 거짓말 하는구나, 딸아. 네 친구 때문에 거짓말을 하는구나:
난 강을 찾아 오는 사슴을 본 적이 없거든.
난 사랑에 빠졌어요.

거짓말 하는구나, 딸아. 네 친구 때문에 거짓말을 하는구나:
난 강을 찾아오는 사슴을 본 적이 없거든.
난 사랑에 빠졌어요.

- Digades, filha, mia filha velida,
por que tardastes na fontana fría?
Os amores ei.

Digades, filha, mia filha louçana,
por que tardastes na fria fontana?
Os amores ei.

- Tardei, mia madre, na fontana fria:
cervos do monte a augua volvian.
Os amores ei.

Tardei, mia madre, na fria fontana:
cervos do monte volvian a augua.
Os amores ei.

- Mentir, mia filha, mentir por amigo:
nunca vi cervo que volvess' o rio.
Os amores ei.

Mentir, mia filha, mentir por amado:
nunca vi cervo que volvess' o alto
Os amores ei.[22]

하르차와 비교해 보면 좀 더 세련되고 점잖고 서정미가 남다르다. 여기서 '친구'는 임이다. 임이 사슴으로 빗대어 생명의 원천이 되는 샘, 즉 여인인 사랑을 찾아왔다. 임을 만났으니 시간이 지체될 수밖에 없다. 자연에 투영된 이런 이야기가 어머니와 대화하는 양식으로 되어 있어서 테마와 내용이 하르차와 유사하지만 구조에서 이 시만의 독특함이 있다. 단순한 하르차와 달리 시의 음악성을 높이는 대구법과 레이샤-프랜(놓고-취함이란 뜻의 갈리시아 언어)이 사용되고 있다. 대구법이란 운을 이루는 단어를 의미가 유사한 다른 어휘로 바꾸거나 또는 그대로 같은 내용의 행을 반복하는 것이고, 레이샤-프랜은 앞선 연의 마지막 행이 이은 연의 첫 행에서 반복되는 연쇄법이다. 위 시에서 1연과 2연, 3연과 4연, 5연과 6연에서 대구법, 2연과 3연에서 레이샤-프랜을 볼 수 있다. 다음은 조안 소로Joan Zorro의 작품이다.

강가로	Per ribeira do rio
노 저어 오는 배를 보았어요.	vi remar o navio,
강변이 내게 기쁨을 주네요.	*e sabor ei da ribeira.*
강가로	Per ribeira do alto
노 저어 오는 배를 보았어요	vi remar o barco,
강변이 내게 기쁨을 주네요.	*e sabor ei da ribeira.*
노 저어 오는 배를 보았어요	Vi remar o navio:
거기에 내 친구가 온답니다.	i vai o meu amigo.
강변이 내게 기쁨을 주네요.	*E sabor ei da ribeira.*
노 저어 오는 배를 보았어요.	Vi rema o barco
거기에 내 친구가 온답니다.	i vai o meu amado.

강변이 내게 기쁨을 주네요. | *E sabor ei da ribeira.*

거기에 내 친구가 온답니다. | I vai o meu amigo
나를 데리고 가려고 말이에요. | quer-me levar consigo.
강변이 내게 기쁨을 주네요. | *E sabor ei da ribeira.*

거기에 내 친구가 온답니다. | I vai o meu amado,
기꺼이 나를 데려가려고 말이에요. | quer-me levar de grado.
강변이 내게 기쁨을 주네요. | *E sabor ei da ribeira.*[23]

베르날 데 보나발Bernal de Bonaval[24]의 작품이다.

-아, 예쁜 사람아, 마을 밖 이 먼 곳에서 | - Ai, fremosinha, se ben ajades,
누구를 기다리고 있는 거지? | longi de vila quen asperades?
-내 친구를 기다리려 왔어요. | *- Vin atender meu amigo.*

-아, 예쁜 사람아, 마을 밖 이 먼 곳에서 | - Ai, fremosinha, se grado edes,
누구를 기다리고 있는 거지? | longi de vila quen atendedes?
-내 친구를 기다리려 왔어요. | *- Vin atender meu amigo.*

-마을 밖 먼 곳에서 누구를 기다리지? | - Longi de vila quen asperades?
-물으니 말해 줄 게요: | - Direi-vo-l'eu, pois me preguntades:
내 친구를 기다리려 왔어요. | *Vin atender meu amigo.*

-마을 밖 먼 곳에서 누구를 기다리지?
-모르니 말해 줄 게요:
내 친구를 기다리려 왔어요.

- Longi de vila quen atendedes?
- Direi-vo-l'eu, poi-lo non sabedes:
Vin atender meu amigo.[25]

중세 스페인에서 서정시는 행정과 정치의 중심지인 카스티야가 아니라 갈리시아-포르투갈에서 만개했다. 13세기 스페인 현왕 알폰소 10세 역시 그 지역 언어인 가예고-포르투게스로 시를 지을 정도로 이 언어는 서정시로 힘을 얻었다.

카스티야 전통 서정시

중세 카스티야지역은 이슬람교도들로부터 기독교인들이 자기네 땅을 되찾기 위한 국토회복 전쟁의 중심에 있었고, 1492년에 전쟁이 끝나는 것과 동시에 중세가 막을 내렸으니 중세의 긴 세월을 전쟁과 함께했다. 이러한 전쟁사와 갈리시아와 달리 척박하고 황량한 지리적 조건으로 인하여 카스티야 지역에서는 서정시가 다른 지역만큼 꽃을 피우지를 못했다. 반면 비얀시코 및 결혼(모두가 결혼식에서 노래해요/신부는 울어요), 추수(이 녹색의 평원/탈곡하고 발로 밟읍시다/얼마나 일을 잘하는지), 순례(어머니, 순례자가 요구하는 걸/요구하는 게 주어지지 않아요) 등을 테마로 한 노래들은 14세기와 15세기 동안 카스티야 지역에서 가장 두드러지게 나타나고 있다. 사랑의 시에서는 하르차와 내용에서 유사하고, 형식에서는 갈리시아-포르투갈 시를 닮은 것도 있다. 물론 앞선 시들보다 건조하다. 아래 시에서 '친구'는 사랑하는 임이다. 안달루시아 지역의 '여명의 노래Albada'와 내용이 같다.

해가 뜰 때 오세요, 나의 선한 친구여, 해가 뜰 때 오세요.	Al alba venid, buen amigo, al alba venid.
내가 가장 사랑하는 친구여, 동틀 때에 오세요.	Amigo el que yo más quería, venid al alba del día.

내가 가장 사랑하는 친구여,
서광을 받으며 오세요.

Amigo el que yo más amaba,
venid a la luz del alba.

서광을 받으며 오세요,
동반자 없이 오세요.

Venid a la luz del día,
non traigáis compañía.

서광을 받으며 오세요,
아무도 데리고 오지 마세요.

Venid a la luz del alba,
non traigáis gran compañía.[26]

동이 트면 밤새 그리워하던 연인들이 만나고, 동이 트면 밤을 함께한 연인들은 헤어진다. 여인이 대구법과 연쇄법을 사용하며 임을 부르고 있다.

약 800년 동안의 국토회복 전쟁 중에 사랑하는 이들을 잃은 이들이 얼마나 많았겠는가. 다음은 남편을 갑자기 잃은 아내에 대한 시이다.

잘못 결혼한 여인이
바다를 바라보고 있었다.
얼마나 넓고 긴지
바다를 바라보고 있었다.
타인들의 무관심과
여인 자신의 신음들이
그녀를 비탄으로.
채우고 있다.
잘못 결혼한 여인은
바다가 얼마나 넓고 긴지를

Miraba la mar
la mal casada,
que miraba la mar
cómo es ancha y larga.
Descuidos ajenos
y propios gemidos
tienen sus sentidos
de pesares llenos.
La mal casada,
que miraba la mar

바라보고 있었다.
그녀의 눈이 바라보는
바다는 너무나 넓다.
비록 그녀의 분노에만
견줄 수 있을 뿐이다.
하지만 잘못 결혼한 그녀는 기쁘고자
얼마나 바다가
넓고 긴지를
바라보고 있었다.

cómo es ancha y larga.
Muy ancho es el mar
que miran sus ojos,
aunque a sus enojos
bien puede igualar
Mas por se alegrar
la mal casada,
que miraba la mar
cómo es ancha y larga.[27]

그녀의 슬픔과 황망함과 비탄이 '바다'라는 상징으로 이미지화된다. 너무나 크고 넓으며, 바닷물이 마르지 않듯, 세월이 흘러도 잊히지 않을 정도로 오래 지속될 것이다. 그런데 그런 고통을 감내하는 여인의 눈길이 비통하지가 않다. 오히려 차분하다. 이 차분함은 통곡이나 절규보다 더 쓰라리다. 해결할 길 없는, 위로받을 길 없는 절망이라서 그러하다. "잘못 결혼한 여인" 시행을 반복하는 이유도 거기에 있다.

하르차와 내용에서 유사한 것도 있다.

내 님이여, 내가 그대와 떨어져 지낸다면,
어떡하죠?
삶이 슬플 거예요.

Si de vos, mi bien, me aparto,
¿qué haré?
Triste vida viviré

***

난 사랑을 몰라요, 엄마;

Yo no entiendo al Amor, madre;,

난, 엄마, 사랑을 몰라요.

yo no entiendo, madre, al Amor.[28]

여기서 '사랑'이 대문자이다. '임'을 말한다. 갈리시아-포르투갈 시의 대구법으로 되어 있다. 사랑 때문에 죽을 수 있음을 하르차에서처럼 어머니에게 토로하는 시도 있다.

정원에서	Dentro en el vergel
죽을 거예요.	moriré.
장미원에서	Dentro en el rosal
나를 죽일 거예요.	matarme han.
어머니, 장미를	Yo m'iba, mi madre,
모으러 가려고 했어요.	las rosas coger;
그런데 내 사랑을 만났네요.	hallé mis amores
정원에서 말이에요.	dentro en el vergel.
장미원에서	Dentro en el rosal
나를 죽일 거예요.	matarme han.[29]

장미원, 정원 모두 사랑을 의미한다. 아래 같은 앙증맞은 에로틱한 시도 있다.

짠 바다로부터	Levantóse un viento
바람이 일었어요.	de la mar salada
내 얼굴을 매만졌지요.	y diome en la cara.
바다에서 나온	Levantóse un viento
바람이 일어	que de la mar salía
내 속치마를	y alzóme la falda

들어 올렸대요. de mi camisa.[30]

이렇게 스페인 초기 전통 서정시는 지역별 미세한 차이를 보이며 스페인 전역에서 같은 주제와 형식으로 불려졌고, 이후 스페인 시인들은 이들의 분위기와 느낌, 형식 및 내용에서 영감을 얻었다.

엘시드의 노래

Cantar de Mío Cid

스페인 최초의 서사시이다. 1140년에서 1150년 사이 떠돌이 가수들인 '후글라르'들이 구두로 들려주었던 것을 1207년 페르 아밧이 옮겨 적은 덕분에 현재까지 전해지고 있다. '엘시드El Cid'는 스페인 국토회복 전쟁의 영웅으로 실제 존재했던 인물(1040, 비바르-1099. 발렌시아)이면서 문학과 전설의 주인공이자, 당시 삶과 정치를 알게 해주는 상징이며, 사회와 관습을 밝혀 주는 민속자료가 되기도 한다.

작품은 3부로 구성되어 있다. 1부 '엘시드의 추방'은 유실된 시작 부분의 약 50행을 제하면 1,086행으로 되어 있고, 2부 '엘시드 딸들의 결혼'은 1,190행이며, 마지막 '코르페스의 모욕'은 누락된 약 50행을 제한 1,472행이다. 이 숫자에서 훗날 작품 마지막에 더해진 18행을 제하면 총 3,730행으로 되어 있다.

작품은 알폰소 왕이 부당하게 엘시드를 추방하는 것으로 시작한다. 엘시드가 산초 왕을 모실 때 알폰소 왕과는 싸우기도 했지만, 산초 왕이 죽고 난 후 엘시드는 알폰소 왕에게 충성을 다했다. 후글라르들이 들려주는 이야기를 듣는 청중은 엘시드가 추방되기 전에 행했던 무훈들을 이미 알고 있다. 알폰소 왕을 이겼다는 사실도 알고 있다. 그런데 이제 알폰소 왕이 엘시드의 모든 재산을 몰수하고 왕국 밖으로 그를 내쫓았다. 시드는 이러한 불운과 비참함을 자기를 따르는 부하들과 함께 이겨 낸다. 우선 그는 "빵을 얻기 위해" 무어인들과 또는 기독교인들과 싸운다. 결국 그의 불행은 승리로 극복되고, 비참함에서 힘 있는 자로 나아가면서 발렌시아를 정복하여 그의 영광은 극에 다다른다. 이렇게 군사상의 영광을 얻고 왕과 다시 화해를 하지만 이제 그의 불행은 자기가 가장 사랑하는 가족에게 떨어진다. 카리온의 왕자들로부터 딸들이 모욕을 당한 것이다. 이런 설정을 통해 작가는 엘시드의 군사로서의 용맹과 군주에 대한 신하로서의 충성 위에 부인과 딸들에 대한 애정을 보여 주고자 했다. 실추된 명예를 회복하기 위한 톨레도 의회와 결투, 그리고 딸들을 "나바라와 아라곤의 왕자들과 결혼시킴으로써" 그의 명예는 더욱더 높아지게 된다. 그러니 "스페인 왕들은 모두 친척"인 셈이다.

다음은 1부에서 알코세르 전투를 묘사한 내용이다. 동적 미가 살아 있고 색채감이 풍부하다.

그들은 가슴을 방패로 막고	Enbraçan los escudos delant los coraçones,
창을 겨누며 깃발을 만 채	abaxan las lanças abue[l]tas de los pendones,
안장 위로 몸을 기울여	enclinaron las caras de suso de los arzones,
대담하게 공격할 태세를 갖추었습니다.	ivan los ferir de fuertes coraçones.
좋은 시절에 태어난 자가 큰소리로 말했습니다.	A grandes vozes lama el que en buen hora nasco:
"기사들이여, 자비의 이름으로 그들을 공격하라!	«¡Ferid los cavalleros, por amor de caridad!
나는 비바르의 정복자 엘 시드인 루이 디아스이다!"	¡Yo so Ruy Dias el Çid Campeador de Bibar!»
모두가 페드로 베르무데스가 싸우고 있는 대열 [을 공격했습니다.	Todos fieren en el az do esta Pero Vermudez;
모두가 깃발이 달린 창으로 300개	trezientas lanças son, todos tienen pendones;
양쪽의 공격으로 300명의 무어인들을 죽였습니다.	seños moros mataron, todos de seños colpes;
돌아올 때 다시 공격해 또 300명을 죽였습니다.	a la tornada que fazen otros tantos son.
저기서 수많은 창이 오르내리고	Veriedes tantas lanças premer e alçar,

수많은 가죽 방패가 부딪치고 쪼개지며
많은 갑옷이 부서지고 두건을 잃어버리며
흰 색깔의 많은 깃발들이 피로 붉게 물들고,
아름다운 수많은 말들이 주인을 잃는 모습을
[보시는 듯할 겁니다.
무어인들은 마호메트의 이름을 부르고 기독교
[인들은 산티아고의 이름을 부릅니다.
한 순간 들판에 벌써 1,300명 이상의 무어인
[들이 죽어 넘어졌습니다.
오, 위대한 투사 엘시드 루이 디아스는
금빛 안장 위에서 얼마나 잘 싸우는지요!
수리타에서 지휘했던 미나야 알바르 파네스,
훌륭한 부르고스 사람 마르틴 안톨리리네스,
그의 시종이었던 무뇨 구스티오스,
몬테 마요르에서 지휘했던 마르틴 무뇨스,
알바로 알바르와 알바로 살바도레스,
아라곤의 착한 사람 갈린 가르시아,
정복자의 조카 펠레스 무뇨스!
이 모든 사람들이
엘시드와 그의 군기를 구하려 싸움에 참가
[했습니다.

tanta adagara foradar e passar,
tanta loriga falssa[r e] desmanchar,
tantos pendones blancos salir vermejos en sangre,
tantos buenos cavallos sin sos dueños andar.
Los moros llaman «¡Mafomat!» e los christianos
[«¡Santi Yague!».
Cayen en un poco de logar moros muertos mill
[e trzientos ya.
¡Qual lidia bien sobre exorado arzon
mio Çid Ruy Diaz el buen lidiador!
Minaya Albar Fañez, que Çorita mando,
Martin Antolinez, el burgales de pro,
Muño Gustioz, que so criado fo,
Martin Muñoz, el que mando a Mont Mayor,
Albar Albarez e Albar Salvadorez,
Galin Garçia, el bueno de Aragon,
Felez Muñoz so sobrino del Campeador:
desi adelante, quaantos que i son
acorren la seña e a mio Çid el Campeador.

미나야 알바르 파네스의 말을 죽였기에
기독교 전사들이 그를 구하러갔습니다.

A Minaya Albar Fañez mataron le el cavallo,
bien lo acorren mesnadas de christianos;

그의 창을 부러뜨렸기에 칼을 잡고
땅에 서서 격렬하게 칼을 휘둘렀습니다.
카스티야 사람 우리의 시드 루이 디아스
[가 그것을 보고
멋진 말을 타고 있던 한 무어인 수장에게 다가가
오른팔로 칼을 내리쳐
그의 허리를 끊어 몸통 반을 바닥으로 날
[려 버렸답니다.
미나야 알바르 파녜스에게 그 말을 건네
[주려 했습니다.
"미나야, 말에 오르시오, 그대는 나의 오른팔
[이니!
오늘 그대의 도움이 필요하오
무어인들이 막강하오, 아직 들판에서 내
[쫓지 못했소."
미나야는 손에서 칼을 놓지 않은 채 말을 타고
적군 사이를 누비며 대담하게 싸웠습니다:
닥치는 대로 모두 쳐부수었습니다.
좋은 시절에 태어 난 우리의 시드 루이 디아스는
파리스 왕을 세 번이나 창으로 가격을 했습니다,
두 번은 실패했지만 세 번째는 명중하여,
갑옷 아래로 피가 흘러내렸습니다;
파리스는 고삐를 돌려 야전에서 물러가
[려 했습니다.

la lança a quebrada, al espada metio mano,
mager de pie buenos colpes va dando.
Violo mio Çid Ruy Diaz el Castelano,
acostos a un aguazil que tenie buen cavallo,
diole tal espadad con el so diestro braço,
cortol por la çintura, el medio echo en campo.
A Minaya Albar Fañez ival dar el cavallo:
«¡Cavalgad, Minaya, vos sodes el mio diestro braço!
Oy en este día de vos abre grand bando;
firme[s] son los moros, aun nos van del campo».
Cavalgo Minaya el espada en la mano
por estas fuerças fuerte mientre lidiando;
a los que alcança valos delibrando.
Mio Çid Ruy Diaz, el que en buen ora nasco,
al rey Fariz tres colpes le avie dado,
los dos le fallen, y el unol ha tomado,
por la loriga ayuso la sagre destellando;
bolvio la rienda por ir se le del campo.

그 한 방으로 군대를 물리친 것입니다.	Por aquel colpe rancado es el fonssado.
마르틴 안톨리네스는 갈베에게 칼을 크 [게 휘둘러,	Martin Antolinez un colpe dio a Galve,
투구의 루비가 튀어 나오고,	las carbonclas del yelmo echo gelas aparte,
투구를 자르고 살을 파고들었습니다;	cortol el yelmo que lego a la carne;
아십시오, 그 자는 두번 찔리고 싶지 않았습니다.	sabet, el otro non gel oso esperar.
파리스왕과 갈베가 패했습니다:	Arrancado es el rey Fariz e Galve:
기독교 측에는 대단한 날이었으니	¡Tan buen dia por la christiandad
무어인들이 사방으로 도망 다녔기 때문입니다.	ca fuyen los moros de la [e de la] part!
우리의 시드 군대는 닥치는 대로 그들을 공 [격했습니다,	Los de mio Çid firiendo en alcaz,
파리스 왕은 테레르로 숨어 들어갔으며	el rey Fariz en Terrer se fue entrar,
그곳으로 갈베는 받아들여 주지 않자;	e a Galve nol cogieron alla;
칼라타유드로 뒤도 돌아보지 않고 도망쳤습니다.	para Calatayu[t]h quanto puede se va.
정복자는 그를 가까이 추격하니,	El campeador ival en alcaz,
그 추격전이 칼라타유드까지 계속되었습니다.	fata Calatayu[t]h duro el segudar.[31]

곤살로 데 베르세오

Gonzalo de Berceo, 13세기

떠돌이 가수들이 구두로 전해 주던 이야기와 달리, 라틴어로 작성된 종교, 도덕 텍스트 중에서 흥미로운 이야기들을 추려 로망스어로 지어 서민들에게 들려주고자 한 장르가 13세기에 등장한다. 장르의 주인공은 구비문학의 전수자인 떠돌이 가수와 달리 사제로서, 당시 문화의 세속화 분위기에 조응하여 그들에게만 속해 있던 지식을 서민들에게 들려주고자 한 것이다. '후글라르들의 일Mester de Juglaría'에 맞서 사제들이 한 일인지라 '사제들의 일Mester de Clerería'이라는 장르로 구분된다. 이들은 '쿠아데르나 비아'라는 14음절 단운 4행시를 한 연으로 하는 형식을 사용하면서 후글라르와의 차별성을 강조하고 박식함을 자랑하지만, 문체적으로나 분위기에서는 큰 차이가 없어 보인다. 자신들의 작품을 떠돌이 가수들이 이리저리 옮겨 주기를 원했기 때문인 듯하다. 이 장르를 대표하는 곤살로 데 베르세오는 카스티야 문학사에서 자신의 이름을 밝힌 첫 번째 작가이다.

그는 설교대에서 들려주던 내용들을 더 많은 사람들에게 알리고, 자신이 몸담고 있던 수도원에 경제적인 도움을 주고자 작품 활동을 한 것으로 알려져 있다. 따라서 그의 작품은 지역민들이 친숙하게 느낄 수 있도록 지역 성인들의 삶을 그리고 있다. 지역민들의 삶 속에서 실제로 같이 살아가는 존재로 느끼도록 성녀 오리아를 여자 목동으로 형상화하고, 축소사를 사용하여 친근감을 높인다. 성자 미얀 데 라 코고야, 성자 도밍고 데 실로스, 성모 마리아와 성자 로렌소의 순교에 대해서도 같은 방식으로 소개하고 있다. 이 중 문학적으로 대표되는 작품이 『성모 마리아의 기적들Milagros de Nuestra Señora』이다. 1246년에서 1252년 사이에 쓴 것으로 추정되는 이 작품은 작가가 어렸을 때 자란, 리오하 지역 나헤라 마을인 수소의 산 미얀 수도원에서 이루어졌음을 작가는 작품 마지막에 밝히고 있다. 시점에 대해서는 "이제 많이 지친 노년에 성모 마리아의 말씀을 로망스어로 짓고자 한다"라며 『성녀 오리아의 생애Vida de Santa Oria』에서 정보를 주고 있다.

'성모 마리아의 기적'에 대한 이야기는 11세기 유럽 전역에서 보편화되었고, 특히 유럽의 귀족들이 라틴어를 알지 못했기 때문에 이들을 위한 문학이 필요했다. 더군다나 12, 13세기에는 마리아에게 드리는 경배가 교리의 기본이 됨으로써 성모 마리아가 기적을 행한 이야기가 붐을 일으켰다. 무엇보다 스페인에서는 성모 마리아가 자애로운 어머니의 모습으로 형상화되었기 때문에 하느님이나 예수보다 마리아에게 더 많은 애정을 갖는 분위기가 조성되어 있었다. 작가는 자신이 접한 책들에서 내용을 가져왔음을 밝히고 있다. 작가만의 독창성을 들자면 우의적인 표현과 서정성에서 찾을 수 있을 것이다. 작품은 입문과 총 25편의 에피소드로 구성되어 있다.

입문은 순례에 지친 한 순례자가 아름다운 초원에 도착하는데, 그곳은 향기로운 꽃들과 겨울에는 따뜻하고 여름에는 시원한 샘들로 가득하다는 내용이다. 순례자는 모든 인간을 의미한다. 순례는 삶의 은유이다. 초원은 성모 마리아이다. 그러니 성모 마리아를 경배하는 삶은 어떠한 고난이나 시름이 없는 낙원의 삶에 견줄 수 있다는 메시지를 주고 있는 것이다. 소개하는 부분은 14번째 기적에 대한 이야기로, '화재가 존중한 성모 마리아 상La imagen respetada por el incendio'이다.

XIV

성 미겔 데 라 툼바는 거대한 수도원이에요	San Miguel de la Tumba es un grand monesterio
바다로 완전히 둘러싸여 그 중간에 자리 잡고 있어,	el mar lo cerca todo, elli yaze en medio
그 곳에 사는 사제들은 모든 유형의 고통에 노출되는	el logar periglosо do sufren grand lazerio

위험한 곳인지라 일종의 무덤과도 같아요.

los monges que y viven en essi cimiterio.

우리가 이름 붙인 이 수도원에
정말로 착한 사제들이 있었지요.
그리고 성모에게 바친 아주 화려하고도 멋진
제단이 있었는데, 거기에는 아주 높은 가격
[의 상이 있었지요.

En esti monesterio que avemos nomnado,
avié de buenos monges buen convento provado,
altar de la Gloriosa rico e muy onrrrado,
en él rica imagen de precio muy granado.

그 상은 제단 옥좌에 놓인 좌상으로
당시 관례대로 팔에는 아들을 안은 채였고
고귀한 여왕마냥 수많은 왕들이
그녀의 신성을 경배코자 둘러싸고 있었지요.

Estava la imagen en su trono posada,
so fijo en sus brazos, cosa es costumnada,
los reis redor ella, sedié bien compannada,
como rica reína de Dios santificada.

고귀한 여왕마냥 값비싼 왕관을 쓰고
그 위로 커튼 대신 아름다운 베일을 쓰고 있었지요.
상의 조각은 엄청나게 공들인 대작업이었던지라
그 상을 갖고 있으매 그 마을은 훨씬 더 가치
[가 있었지요.

Tenié rica corona como rica reína,
de suso rica impla en logar de cortina,
era bien entallada, de lavor muy fina,
valié mas essi pueblo que la avié vezina.

상 앞에는 멋진 휘장이 처져 있었지요.
사람들은 그것을 모기장이라고 불렀어요.
수공예업자가 그것을 공작의 날개로 만들었지요.
별처럼 빛나 샛별과 같았지요.

Colgava delante ella un buen aventadero,
en el seglar lenguage dízenli moscadero;
de alas de pavones lo fizo el obrero,
luzié como estrellas, semejant de luzero.

사람들이 큰 죄를 지어 하늘에서 벼락이 떨어 [졌지요.	Cadió rayo del cielo por los graves peccados,
교회 안 사방팔방 불타지 않는 곳이 없었지요.	encendió la eglesia de todos quatro cabos,
책이라는 책이며 성스러운 장막들 모두를 태 [웠지요,	quemó todos los libros e los pannos sagrados,
사제들도 하마터면 그 화재로 죽을 뻔했지요.	por pocco que los monges que non foron quemados.
가구와 제단의 장막들,	Ardieron los armarios e todos los frontales,
활대, 고양이 길, 서까래, 천정,	la vigas, las gatera, los cabrios, los cumbrales,
성수 주전자, 잔, 촛대들이 모두 다 활활 타 [버렸지요.	ardieron las amapollas, cálizes e ciriales,
하느님은 이 일을 다른 일들처럼 마음 아파했지요.	sufrió Dios essa cosa como faz otras tales.
모든 것을 집어삼키는 그토록 강한 불이었음 [에도 불구하고	Maguer que fue el fuego, tan fuert e tan quemant,
성모 마리아와 아기 예수	nin plegó a la duenna nin plegó al ifant,
성모 마리아 상 앞에 걸려 있던 베일에는	nin plegó al flabello que colgava delant,
한 푼어치의 피해도 없었지요.	ni lí fizo de danno un dinero pesante.
성모상도 휘장도	Nin ardió la imagen nin ardió el flabello,
머리카락 한 오라기만큼도 피해 입지 않았지요.	nin prisieron de danno quanto val un cabello;
연기조차 감히 그곳에 닿으려고 하지 못했지요.	solamiente el fumo non se llegó a ello,
오직 저 돈 테요 주교에게만 해가 되었지요.	ni'l nució más que nuzo yo al obispo don Tello.

그 안에 있던 모든 물건들이 엉망진창이 되었지요.
모든 게 까맣게 되고 모든 게 망가졌지요.
하지만 불은 성모상 주위로 아무런 피해를 주
[지 않았지요.
감히 그럴 수가 없었기 때문이지요.

Continens e contentu fue todo astragado,
tornó todo carbones, fo todo asolado,
mas redor de la imagen, quanto es un estado,
non fizo mal el fuego ca non era osado.

아무런 피해를 주지 않은 건 정말 기적이었지요.
화염도 연기도 성모에게 닿지 않은 게 말이지요.
휘장은 별보다 더 밝게 달려 있었고
아기 예수는 아름답고 성모는 눈부셨지요.

Esto tovieron todos por fiera maravella,
que nin fumo nin fuego non se llegó a ella,
que sedié el flabello más claro que estrella,
el ninno muy fermoso, fermosa la ponzella.

그러한 고귀한 기적은 잊히지 않았지요.
곧 말로 전해지고 글로 쓰였지요.
세상이 존재하는 한 멋지게 이야기될 거예요.
그로 인해 세상의 악이 선으로 바뀌었지요.

El precioso miraclo non cadió en oblido,
fue luego bien dictado, en escripto metido;
mientre el mundo sea será él retraido;
algun malo por ello fo a bien combertido.

축복받은 성모마리아, 천지 만물의 여왕이신 자는
이렇게 화염으로부터 당신의 베일을 지키셨듯이
자기의 종들을 영원한 불로부터 지키시어
결코 악이 없는 곳, 그 영광으로 그들을 데려가시지요.

La Virgo benedicta, reína general,
como libró su toca de esti fuego tal,
asín libra sus siervos del fuego perennal,
liévalos a la Gloria do nunqua vean mal.[32]

로망스

Romance 14-16세기

초기 로망스는 무용 찬가, 즉 서사시에서 그 기원을 찾곤 한다. 서사시는 대중들 사이에서 구두로 전해 내려오던 구비문학인데, 분량상 이야기를 온전히 다 기억하기가 쉽지 않다. 이야기 중에서 극적이고 재미있는 부분만 사람들의 기억에 남아 노래된 게 로망스의 시작이다. 이후 그러한 노래들의 인기에 힘입어 새로운 주제와 서정적, 감상적이며 소설 같은 이야기들이 탄생되고, 이 이야기들이 15세기에서 16세기에 걸쳐 집대성되어 로망스집이 만들어져 지금까지 전해지고 있다.

당시 작가들은 대중으로 모두 익명이다. 서사시에서 파생된 단편적인 이야기들이 시대가 바뀌면서 흥미를 잃어가게 되자 그 자리에 주관적이며 감성적인 요소들이 가미되어 서사-서정적, 서술-서정적, 그리고 극적-서정적인 분위기의 이야기가 양산되었다. 극적-서정적인 경우 대화적 요소가 들어오면서 감정적인 효과가 극대화된다. 단편적인 내용을 전하기 때문에 발단, 전개, 파국과 같은 완벽한 구조를 가지지는 못하는 대신, 본론으로 시작하고 갑작스런 결말을 내림으로써 거두는 시적 효과는 탁월하다. 이미지와 형용사 사용에서는 절제미가 느껴진다. 그로 인해 내용을 직관적으로 간파하게 되고 응축된 감정이 순간 폭발하는 효과를 거둔다.

형식은 8음절이나 16음절을 한 행으로 하며, 연의 수에는 제한이 없다. 8음절의 경우 짝수 행에서, 16음절이면 각 행마다 모음 운을 이룬다. 스페인 문학의 임기응변적인 특성과 수수함을 가장 잘 보여 주는 스페인만의 시 형식이다. 후대 많은 시인들이 차용하였고, 특히 20세기 로르카의 『집시 로망스집Romancero Gitano』에서 그 진가를 발휘하고 있다.

다음은 '엘 시드' 관련 역사-서사시에서 가져온 「돈 산초 왕의 로망스Romance de Rey Don Sancho」이다. 레온의 왕 알폰소 6세가 형인 카스티야의 왕 돈 산초의 영토를 탐내어 누이 도냐 우라카와 결탁하여 형을 죽이도록 했다는 소문이 있었다. 형이 죽자 알폰소 6세 왕이 카스티야의 왕위까지 차지하게 되는데, 이 왕 대관식 때 엘시드가 왕에게 형의 죽음에 간여하지 않았음을 선서하게 한 「산타 가데아의 선서」라는 로망스도 있다. 아래 「돈 산초 왕의 로망스」는 베이도 돌포스를 시켜 돈 산초 왕을 살해하고, 베이도 돌포스는 그것에 대한 대가로 도냐 우라카와 오래전부터 약속해 온 바를 지킬 것을 요구하고 있어, 모의는 오래전에 시작된 것임을 시사하고 있다.

-조심해요! 조심해요!, 돈 산초 왕이여, -제가 당신에 미리 알려주지 않았다고 말하지 마세요.

사모라로부터 - 한 배신자가 나갔다오.

이름은 베이도 돌포스로 - 돌포스 베이도의 아들이지요.

그는 네 번의 반역을 저질렀고 - 이번 건으로 다섯 개가 되네요.

아버지가 대단한 반역자였다면 - 아들은 더 엄청난 반역자이지요.

왕궁에서 사람들의 고함이 들리네요 - 돈 산초를 심하게 상처 입혔답니다!

베이도 돌포스가 그를 죽였대요, - 엄청난 반역을 저지른 게지요!

그를 죽인 뒤 - 쪽문으로 나갔어요:

사모라 거리마다 - 소리 지르며 가고 있어요:

도냐 우라카, - 약속한 바를 지킬 때야.

¡Guarte, guarte, rey don Sancho! - no digas que no te aviso

que de dentro de Zamora - un alevoso ha salido:

llámase Vellido Dolfos, - hijo de Dolfos Vellido,

cuatro traiciones ha hecho, - y con ésta serán cinco;
si gran traidor fue el padre, - mayor tridor es el hijo.
Gritos dan en el real: - -¡A don Sancho han mal herido,
muerto le ha Vellido Dolfos, - gran traición ha cometido!
Desque le tuviera muerto, - metióse por un postigo;
por las calles de Zamora - va dando voces y gritos:
Tiempo era, doña Urraca, - de cumplir lo prometido.[33]

이 로망스는 작가가 객관적인 입장에서 증인의 자세로 사실을 알리는 서사적 양식에 속하지만 다음에 볼 작품은 감금된 상태에 있는 시인이 자신의 심상을 표현하고 있는 서사-서정 양식의 노래이다. 중세의 안정적인 기반이 무너지고 근대로 들어오면 개인의 소외가 깊어진다. 이러한 상황을 감금된 작가의 내적 고뇌로 상징화하고 이를 행복하고 아름다운 계절 오월과 대비해서 그려 내고 있다. 「죄수의 로망스Romance de Prisionero」란 이름으로 인간의 슬픔과 고독을 독창적으로, 형식 면에서는 완벽하게 노래하고 있다.

오월, 오월이었어요.
날이 더워지고
밀에 물이 오르고
들은 꽃들로 만발하며
종달새가 노래하면
나이팅게일이 대답하고
연인들이 사랑을
하려 할 때…
그런데 난 슬픔과 고뇌로

Que por mayo era por mayo
cuando hace la calor,
cuando los trigos encañan
y están los campos en flor,
cuando canta la calandria
y responde el ruiseñor,
cuando los enamorados
van a servir al amor...
sino yo, triste, cuitado,

이 감옥에 살고 있답니다.	que vivo en esta prisión;
동틀 녘에	que ni sé cuando es de día
내게 지저귀었던 새가 아니고선	ni cuándo las noches son,
언제가 낮이고 언제가	sino por una avecilla
밤인지도 모른 채 말이지요.	que me cantaba al albor.
한 궁수가 그 새를 죽여 버렸어요;	Matómela un ballestero;
신이시여 그에게 나쁜 선물을 주세요.	dele Dios mal galardón.[34]

「아르날도스 백작El conde Arnaldos」 로망스는 6월의 성자 요한의 날 아침에 아르날도스 백작이 사냥을 가다, 한 수부가 부른 노래에 매혹당한 서술-서정 양식의 이야기이다. 백작은 그 노래를 배우고 싶어 그 뜻을 수부에게 전하지만 수부는 자기와 함께 가는 사람에게만 노래를 전한다는 모호한 답을 주고 있어 뭔지 모를 신비감이 흐른다. 스페인에 살다가 추방당한 유대인들, 즉 세파르디들이 보존하고 있는 작품에는 소설 같은 결말이 들어 있다. 수부는 어릴 때 납치된 백작을 찾아가고 있었다.

산 요한의 날 아침에
바닷물 위에서
아르날도스 백작처럼
그런 모험을 가질 자가 있겠는가!
손에 매를 들고
사냥을 하러 가려던 차
뭍으로 다가오던
배 한 척을 보았다네.
돛은 비단으로 되어 있고

선박도구들은 고운 천들로 되어 있었다네.
배를 이끌던 수부는
노래를 부르며 오고 있다네.
그 노래에 바다는 잠잠해지고
바람은 잦아들며
바다 밑을 수영하던 물고기들은
물 위로 뛰어오르고
날고 있던 새들은
그 노래에 귀를 기울이고자
돛대 위로 내려앉는다네.
그것을 본 아르날도스 백작이 말을 하니,
그가 할 말을 잘 들어들 보시게나.
-수부여, 당신께 간청하니 제발
당신의 노래를 내게 가르쳐 주시오.
그러자 수부는 그에게 대답하여
아래와 같은 답을 주었다네.
-난 이 노래를 나와 함께 갈
자에게만 가르쳐 준답니다.[35]

14세기 유럽을 휩쓸었던 페스트는 사람들을 죽음의 공포로 몰아넣었다. 「죽음의 춤Danza de la muerte」이라는 장시가 탄생될 정도로 문학에 단골로 등장하는 소재가 죽음이다. 신분이나 지위, 나이 불문하고 죽음으로 부르는 죽음이 의인화되어 등장하여, 자신의 부름 앞에 선 인간의 모습과 죽음의 평등성을 보여 준다. 그러한 분위기에서 극적인 아름다움과 서정성이 돋보이는 「사랑에 빠진 자와 죽음의 로망스Romance del enamorado y la muerte」가 탄생했다.

어젯밤 꿈을 꾸었지요.
내 영혼의 달콤한 꿈이었지요.
내 팔에 내 사랑을 품고
있는 꿈이었지요.
차가운 눈보다 훨씬 더
하얀 여인이 들어오는 것을 봤어요.
-어디로 들어왔나요? 사랑이여,
어떻게 들어왔어요? 내 목숨이여,
문이나 창문이나
그물 댄 창까지 죄다 닫혀 있는데요.
-난 사랑도 연인도 아니라오.
하느님이 당신께 보낸 죽음이라오.
-이럴 수가, 가혹한 죽음이여,
하루만이라도 더 살게 해주오!
-그럴 수 없어요.
한 시간은 줄 수 있어요.
그는 아주 빨리 양말을 신고
더 빨리 옷을 걸치고
거리로 나섭니다.
그곳에는 그의 사랑이 살고 있었어요.
-나의 여인이여, 문을 열어 주오
문을 열어 주오, 내 사랑
-어떻게 당신에게 문을 열어 줄 수가?
아직 때가 아닌데.

아빠는 출근하지 않으셨고
엄마는 잠들지 않고 계신데요.
-오늘 밤 문을 열어 주지 않는다면, 내 사랑
더 이상 내게 열어 줄 수가 없다오.
죽음이 나를 찾고 있다오.
당신과 함께라면 살 수 있을 겁니다.
-제가 일을 하고 수를 놓았던
창문 밑으로 가세요,
당신께 비단 끈을 내려 드릴게요.
위로 올라오도록 말이에요.
끈으로 부족하다면
제 머리카락을 꼬아 더하겠어요.
비단은 약하여 끊어지니
그곳으로 죽음이 찾아왔더라.
-사랑에 빠진 자여, 자 갑시다,
이제 갈 때가 되었소이다.[36]

꿈으로 관망만 하던 연인이 죽음과 대면하게 되자 능동적으로 변한다. 「죽음의 춤」에서는 죽음의 방문을 받은 사람들이 모두 강하게 죽음을 거부하고 반발하는 데 비해 이 작품에서는 그 강도가 약하다. 단지 한 시간의 여유를 요구하는데, 그래서 오히려 삶의 소중함이 읽힌다. 로망스의 특징 중 하나가 발단 없는 전개에 파국 없는 결말로, 이를 단편성이라고 한다. 이 작품 역시 연인의 죽음 뒤 여인의 반응에 대한 이야기가 나와야 논리적일 것 같은데 그렇지가 않다. 그래서 더 극적이다.

후안 루이스, 아르치프레스테 데 이타

Juan Ruiz, Archipreste de Hita

스페인 현재 과달라하라 주에 있는 '이따Hita' 마을의 '수석 사제Archipreste'였던 후안 루이스에 대해 알려진 바가 많지 않고 전해지는 정보 역시 확실하지가 않다. 분명한 것은 작품을 통해 느낄 수 있는 작가의 삶에 대한 자세이다. 아랍인들이 지배하던 곳에서 사생아로 태어났다는 가설에는 어울리지만 사제라는 직분과는 거리가 멀어 보이는, 삶의 찬미자이다. 『좋은 사랑의 이야기Libro de Buen Amor』(1330년경)는 작가의 유일한 작품으로 당시까지 유행하던 시 형식들을 모아 놓은 전시장 같지만 내용은 작가의 삶의 철학을 일관성 있게 드러내고 있다. 작가는 작품의 목적을 하느님께 다가가기 위한 미덕의 길을 제시하는 것이라고 적고 있다. 그것만이 유일하고 진정한 사랑으로 '좋은 사랑'이라고 한다. 그런데 작품 내용을 보면 여인의 아름다움과 인간적인 사랑을 찬미하는 '미친 사랑'에 대한 것이다. 더 나아가 이러한 사랑을 신의 이름으로 증명하고 있어 집필 목적이 의심스러워진다. 주인공의 다양한 사랑의 모험을 엮어 주는 실은 돈 멜론 데 라 우에르타의 칼라타유드의 도냐 엔드리나를 향한 사랑이다. 주인공인 돈 멜론 데 라 우에르타는 작가의 문학적 가면인 셈이다.

작품은 주로 14음절 단운 4행시가 한 연을 이루는 알레한드리노, 또는 쿠아데르나 비아로 이루어져 있지만, 스페인 전통 형식인 세헬과 7음절 8행시로 된 연들도 있다. 총 1,728연으로 되어 있다. '사제들의 일' 장르에 속하지만 이 장르가 쇠퇴기에 접어들 때 작성된 것으로 형식에서 좀 더 자유롭다. 죽음에 대한 테마가 지배적이고, 인간은 고독하기에 사랑을 구하고자 한다. 하지만 연이은 실패로 분위기가 비통하지만 유머가 있어 무겁지가 않다. 대화로써 극적미를 살리고, 교양어와 비속어 및 속담과 사실적인 묘사로 인해 우리 이웃의 이야기로 받아들이게 된다.

세상 것들의 허황됨과 여인에 대한 찬미

솔로몬이 우리에게 말하는 것이니 진실입니다.
세상의 것들은 모두가 허망하여,
세월과 함께 가 버리는 사멸적인 존재입니다.
신의 사랑만을 제하고 모두가 가볍게 날아가 버린답니다.

여인이 너무나 변해 있는 것을 보자,
저는 "나를 사랑하지 않는데 내가 사랑하는 것은 정신 나간 짓이고,
부르지 않는데 대답하는 일은 누가 봐도 멍청한 일이라,
나 또한 그녀가 물러가면 나 역시 물러가노라"라고 말했습니다.

신은 잘 아십니다. 저는 이 여인뿐만 아니라 다른 수많은 여인들을 보면
늘 귀하게 대할 줄 알았고 섬겼습니다.
그녀들을 즐겁게 하지 못했는지는 몰라도 결코 모욕한 적은 없습니다.
그리고 저는 훌륭한 여인들에 대해서는 늘 좋게 썼습니다.

귀한 여인네들에 대해 나쁘게 말하는 사람은
아주 비천하고 아둔한 촌뜨기입니다.
세상의 좋은 일은 발랄하고 기분 좋고 예의 바른 여인에게

있고, 이런 여인들은 모두 기쁨이기 때문입니다.

만일 신이 남자를 창조하신 다음,
여인이 남자에게 나쁜 것이라면, 남자의
몸에서 만든 여자를 남자에게 동반자로 주시지 않을 것입니다.
좋은 일을 위한 것이 아니라면 그토록 귀족적으로 만들지도 않을 것입니다.

남자가 여인을 그토록 좋아하지 않는다면,
사랑은 그 많은 포로들을 가질 수 없을 것입니다.
아무리 남자가 성자이고 여자가 성녀라 해도,
동반자가 없이 혼자 살고 싶은 자는 아무도 없습니다.

지금 제가 여러분들에게 말하는 바를 확인시켜 주는 속담이 있습니다.
혼자 있는 새는 울지도 않고 노래하지도 않고,
돛 없는 배가 주구장창 나아갈 수 없으며,
양배추는 우물의 물로 더 잘 자란다.[37]

도냐 엔드리나의 출현

아이구 하느님, 도냐 엔드리나가 광장으로 오고 있네요.
어쩌면 저렇게 아름다울 수가! 저 자태, 저 우아함, 학같이 긴 저 목!
저 머리카락, 저 입술, 색깔은 또 어떻고, 저 걷는 맵시라니!
그녀가 눈을 들 때면 사랑의 화살에 상처 입고 말겠네.

하지만 이런 장소는 사랑에 대해 말하기 곤란했습니다.
게다 두렵기도 했고 떨리기도 했습니다.
제 손과 발이 말을 듣지 않았습니다.
저는 정신이 혼미해지고 기운이 쇠하였으며 안색이 확 변해 버렸습니다.

할 말을 생각하고 있었는데,
부끄러워 딴소리만 지껄이게 되었습니다.
제 정신이 아니었죠. 어디로 가야 할지도 몰랐습니다.
제 말과 제 생각이 갈팡질팡하고 있었습니다.

광장에서 여인과 말을 나누는 일은 아주 위험합니다.
잘못 묶어놓은 개가 열린 문 뒤에 있을 수도 있습니다.
아닌 척 하는 게 좋습니다. 연막을 치는 일이지요.
단지 확실한 장소에서만 말할 수 있기 때문이지요.[38]

거듭된 실패로 비너스에게 조언을 얻어 노련한 중매쟁이를 물색한다.
남자가 나이 많은 매파를 찾다

저는 사랑이 제게 명한 대로 매파를 물색했습니다.
교활한 자들 중에서 가장 훌륭한 여성을 골랐습니다.
신과 나의 운이여, 나의 일을 도모하소서!
너무나 잘 골랐습니다.

영민하고 아주 노련하며 많은 것을 아는

제가 꼭 필요로 했던 노파였습니다.
비너스가 판필로를 위해 한 일이, 저를 즐겁게 하기 위해
이 매파가 했던 일보다 더 할 수는 없었을 것입니다.

보석을 파는 여인네들의 방물장수였습니다.
이들은 덫을 놓기도 하고 구멍을 파기도 합니다.
이들은 기발한 속임수로 큰 손해를 입히는
늙은 두꺼비들입니다. 잘 들어 두십시오.

이런 행상인들은 그들의 습성을 좇아
많은 물건들을 팔면서 이 집 저 집 다니기 때문에
어느 누구의 의심도 받지 않고 사람들과 있을 수 있고
이런저런 말을 옮기다 보니 맷돌과 제분기도 움직인답니다.

저의 집으로 이 아주 영민한 노파가 왔습니다.
제가 말했습니다. "환영합니다.
당신의 손에 제 목숨이 달려 있습니다.
저를 도와주지 않으면 저는 죽은 목숨입니다.

지금껏 제가 본 여성들보다 아주 많이 사랑하는 여인이 있습니다.
저를 속이려는 것이 아니라면 그녀도 제가 보기에 저를 사랑하는 것 같습니다.
저의 이웃이죠. 가서 저에 대해 할 수 있는 한
가장 좋은 말을 그녀에게 해주기를 부탁합니다."

매파가 말했습니다. "그대의 여인이자 이웃인 그녀의 집으로 갈 것입니다.
누군지 말해 주시지요." 제가 말했죠, "도냐 엔드리나." 매파가 말했습니다.
"친구여, 두 눈을 부릅뜨고 있어야겠군요. 당신이 말한 그녀는 다른 남자분이
결혼하기를 원하고 있습니다만, 끝까지 그녀를 원하신다면 이길 수 있을 겁니다.

난 도냐 엔드리나를 잘 알지요. 나를 통하지 않고서는
어느 누구도 그녀를 가질 수가 없어요. 나는 그녀의
모든 것을 알고 무엇을 하고자 하는지도 압니다.
그녀는 자기의 의지가 아니라 오히려 내가 조언하는 대로 하거든요.

더 이상 당신께 말하지 않겠어요. 이미 많이 말했거든요.
이 일로 먹고 사니 조심해야지요."
제가 그녀에게 말했습니다.
"보상은 톡톡히 하겠소. 내 집에서 명령하는 자는 당신이오."[39]

이런 식으로 다양한 여성들과의 일화를 소개하는데, 그중 산에서 염소를 치던 여자 목동과의 에피소드도 있다. 주인공이 산으로 가서 못생긴 여자 목동을 만나 일어난 일을 세세하게 전한다. 그곳을 지나려면 남자는 여자에게 선물을 주든지 여자와 관계를 맺든지 하여 통행료를 지불해야 한다. 당시 스페인 전통 서정시의 영향으로 이러한 여자 목동들에 대한 이야기가 작품 소재로 종종 등장했다. 주인공은 거칠고 힘 센 목녀와 맞닥뜨리게 되는데, 사도의 가르침을 패러디하는 것으로 시작한다. 말했듯이 작품은 쿠아데르나 비아, 또는 알레한드리노 형식인 14음절 4행시가 주를 이루고 있지만 '산에 사는 여인의 노래'부터 8음절 7행시로 넘어간다.

어떻게 해서 아르치프레스타가 산으로 시험하러 갔고, 목녀와 일어난 일에 대하여

모든 것을 시도해 보라고 사도가 명했기에
산으로 가 미친 짓을 시도했지요.
곧 노새를 잃고 먹을 것도 없었지요.
빵이 아닌 다른 것을 찾는 자 분별없는 자이지요.

3월, 성자 에메테리오의 날이었지요.
길을 나서 로소야를 지났습니다.
눈도 우박도 피할 수가 없었지요.
잃지 않은 것을 찾는 자 갖고 있는 것을 잃어야 하지요.

산 정상에서 난 곤경에 처했지요.
덤불 근처에서 한 목녀를 만났지요.
누구냐고 묻자 대답했지요.
"납작코 양반, 남정네들을 묶어 가는 힘센 목녀이지.

난 이곳을 지나가는 통행세를 받지.
멋진 걸 주면 해치지 않아.
주지 않으려 하면 빼앗지.
너도 내놔. 안 주면 어떤 대접을 받을지 알게 될 거야."

제 길을 막았죠. 노새가 다니는
길인지라 좁았지요.

춥고 피곤한데 이러한 곤경에 처한 저를 보자
제가 말했지요. "내 목을 강제로 조이는구먼.

여인이여, 지나가게 해주오. 보석을 주리다.
이곳에서 필요한 게 무엇인지 말해 주오. 속담에 따르면
물어보는 자 약속을 지킨다오.
제발, 쉴 곳을 좀 주시오. 추워 죽겠소."

그 납작코 여자는 말했지요. "요구하는 자
선택의 여지가 없어. 무엇이든 내게 약속하고
내 부아 돋울 일은 하지 마. 내게 무엇이든 선물한다면
눈에 젖을 걱정일랑 하지 마. 댁이 갖고 있는 거 모두 빼앗기기 전에 내 속 건드릴 생각하지 마."

실 잣는 노파가 말하듯,
"아주머니, 더 이상 할 수 없는 자
죽어 버려요." 난 추위와 두려움으로
브로치와 토끼 가죽을 줄 것을 약속했지요.

내 대답이 마음에 들었는지 나를 집어 자기 어깨 위에다 올려
등으로 짊어졌기에 난 괴롭지 않았지요.
시내와 언덕을 지나는 수고를 덜어 줬지요.
그렇게 그녀가 갈 때 난 다음과 같은 노래를 읊조렸답니다요.

산에 사는 여인의 노래

어느 날 아침 말랑고스토의
고갯길을 지나
거의 산 정상 가까이에 있었을 때
산에 사는 한 여인이 갑자기 나타났다.
그러면서 말하기를 "어디가요?
뭘 찾고 있는 거예요?
아니, 이 좁은 고갯길에서 뭘 원하는 거예요?"

나는 그녀에게 답했어요.
"소토살보스에 가요."
그녀는 말했습니다.
"감히 그런 말을 하다니
번개에 맞아 죽을 놈.
이곳은 내 영지라
아무도 나로부터 무사하지 못할걸."

길 중앙에 서서
못생긴 목녀는 말했어요.
"이봐, 거기 서.
내게 선물을 약속할 때까지
난 여기서 움직이지 않을 거야.
네가 아무리 덤벼들어도

Cántica de Serrana

Pasando una mañana
el puerto de Malangosto,
salteóme una serrana
a la asomada del rostro:
«Fademaja», diz, «¿dónde andas?
¿Qué buscas o qué demandas
por aqueste puerto angosto?»

Dixle yo a la pregunta:
«Vóme fazia Sotosalvos.»
Diz: «El pecado t' barrunta
en fablar verbos tan bravos.
que por esta encontrada,
que yo[me] tengo guardada,
non pasan los omnes salvos.»

Paróseme en el sendero
la gaha, roín [e] heda:
«A la he», diz, «escudero,
aquí estaré yo queda
fasta que algo me prometas;
por mucho que te arremetas,

여기서는 못 빠져나갈걸."	non pasarás la vereda.»
난 그녀에게 말했죠.	Dixle yo: «Por Dios, vaquera,
"제발 목녀 씨,	non me estorves mi jornada:
제 길 막지 말아 주세요.	tuelte e dame carrera,
당신에게 줄 게 아무것도 없어요."	que non trax para ti nada.»
그녀가 말했어요.	Ella dix: «Dende te torna,
"돌아가, 소모시에라로.	por Somosierra trastorna,
여기로는 못 가."	ca no avrás aquí passada.》
그놈의 납작코 악녀는	La Chata endiablada,
자기가 성자 훌리안이나 되는 양이라니!	que Sant Illán la confonda!,
내게 지팡이를 던지고는	arrojóme la cayada
자기 새총으로	e rodeóme la fonda,
돌을 던지기 시작했지요.	enaventóme el pedrero:
"진정한 아버지 대신	«Par el Padre verdadero,
네 놈이 오늘 네 여행의 값을 치를 게다."	tú m'pagarás oy la ronda.»
눈이 오고 우박이 쏟아졌습니다.	Fazié nieve e granizaba;
코납작이가 내게 협박하며 말했지요.	díxome la Chata luego,
"내게 갚아야 해,	hascas que me amenazava:
안 그랬다간 얼어 죽을 거야."	«Págam', si non verás juego.»
"아름다운 여인이여	Díxel yo: «Par Dios, fermosa,
할 말이 있소. 제발	dezirvos he una cosa:

따뜻한 곳으로 데려다주오.”

그녀가 말했지요. “집에
데리고 갈 거야. 길을 가르쳐 주고
따뜻하게도 해줄 거야.
빵과 술도 줄 거야.
제발, 내게 약속해 줘!
너를 귀족이라 여길 무엇인가를.
오늘 잘 만났구먼!”

난 두렵기도 하고 춥기도 해서
치마와 옷에 꽂을 브로치를
주기로 했지요.
그녀가 말했어요.
“이제 넌 내 친구야.
자, 나와 같이 가자.
서리도 무서워하지 마.”

그녀는 내 손을 잡아
등에 나를 메었습니다.
가벼운 자루마냥 말이죠.
그렇게 비탈길로 내려갔지요.
“바보 같긴, 놀라지 마,
이곳의 관습대로

más querría estar al fuego.»

Diz: «Yo t'levaré a casa,
demostrarte he el camino,
fazerte he fuego e brasa,
darte he del pan e del vino;
¡alaúd!, prométeme algo
e tenerte he por fidalgo;
¡buena mañana te vino!»

Yo, con medo, arrezido,
prometíl una garnacha
e mandél para el vestido
una broncha e una prancha;
ella diz: «D'oy más, amigo,
anda acá, tréte conmigo,
non ayas miedo al escacha.»

Tomóm' rezio por la mano,
en su pescueço me puso
como a çurrón liviano
e levóm' la cuesta ayuso:
«Hadeduro, non te espantes,
que bien te daré qué yantes,

이제 먹을 것을 줄게."

아주 잽싸게 자기 오두막으로
데리고가 떡갈나무
화롯가와
야생 토끼고기와
멋지게 구운 꿩고기와
거친 빵과 새끼 산양 고기를
주었습니다.

통의 4분의 1의 포도주와
많은 버터와
많은 치즈와 생크림과
숭어를 내놓았지요.
"멍청아,
이 빵을 먹고
씨름 한 판 하자고."

그렇게 있다 보니
몸이 데워지기 시작했지요.
따뜻해지니
웃음이 나왔지요.
목녀가 나를 바라보며 말했지요.
"친구, 이제

como es de sierra uso.»

Pusóme mucho aína
en la venta con su enhoto;
diome foguera de enzina,
mucho gaçapo de soto,
buenas perdizes asadas,
hogaças mal amassadas
e buena carne de choto;

de buen vino un quartero,
manteca de vacas mucha,
mucho queso assadero,
leche, natas e una trucha;
dize luego: «Hadeduro,
comamos d'este pan duro,
después faremos la lucha.»

Desque fui poco estando,
fuime desatiriziendo;
como me iva calentando,
ansí me iva sonriendo;
oteóme la pastora,
diz: «Ya conpañón, agora

댁이 요구하는 게 뭔지 알겠구먼."

심술궂은 목녀는 말했지요.
"잠깐 한 판 벌이지.
이제 옷을 벗지."
내 손목을 쥐고는
자기가 원하는 바를
모두 하도록 했지요.
난 멋진 거래를 했다구요."

creo que vo entendiendo.»

La vaqueriza traviessa
dez [e]: «Luchemos un rato;
llévate dende apriesa,
desbuélvete de aqués hato.»
Por la muñeca me priso,
ove a fazer quanto quiso:
creo que fiz buen barato.»[40]

이니고 로페스 데 멘도사, 마르케스 데 산티야나

Íñigo López de Mendoza, Marqués de Santillana, 1398-1458

대중들이 부른 로망스를 모아 놓은 로망스집이 있듯이, 당시 학문을 한 지식인들이 지은 노래들인 '칸시온'[41]들을 모아 놓은 가요집도 있다. 가요집의 대표적인 시인이 산티야나 후작(마르케스)인 이니고 로페스 데 멘도사이다. 그는 카스티야의 왕 후안 2세(1406-1454)의 충복으로, 올메도 전투를 승리로 이끈 공로로 후작이라는 작위를 받았다. 군인 집안에서 출생하였고, 고대 그리스 로마 작가들의 작품에 지대한 관심을 가졌으며 베르길리우스와 오비디우스와 세네카의 대표작들인 『아이네이스』, 『변신』, 『비극』을 번역하기도 했다. 무엇보다 기존 갈리시아-포르투갈 서정시에 이탈리아 초기 르네상스 시인인 단테와 페트라르카의 시풍과 형식을 접목하여 스페인 15세기 시 발전을 위한 토대를 마련한 장본인이다. 이탈리아 시형인 소네트를 처음으로 스페인어로 시도하여 스페인 르네상스 시의 대가인 가르실라소 데 라 베가에게 길을 열어 주었고, 알레고리 문체를 들여와 스페인 시학 발전을 도모하기도 했다.

그를 문학적으로 영광의 자리에 올린 작품은 교양시, 즉 「운명에 역한 길들Bías contra Fortuna」이나 「교리 요강Doctrinal」이 아니라 앞서 본 산에 사는 여인네를 비얀시코 양식으로 노래한 '세라니야Serranilla'[42]이다. 그가 노래한 산의 여인들은 아르치프레스테 데 이타에서 보았던 거칠고 투박한 산의 여인, 현실 속의 여인이 아니라 이상화된 아리따운 여인이다. 각 행이 6음절로 되어 있고, 첫 연의 마지막 행이 이은 연들의 마지막에 반복되고 있다.

라 피노호사의 여자 목동

라 피노호사의
목녀처럼
그토록 아름다운 여인은
전선에서 못 봤다오.

잠에 취해
칼라트라베뇨에서
산길로
산타 마리아로
가던 도중
길을 잃은 곳에서
피노호사의
목녀를 보았지요.

장미와 꽃들로 만발한
초원에서
다른 목동들과 함께
목축 떼를 지키고 있던
참으로 우아한 그녀를 봤지요.
라 피노호사의
목녀라고
믿을 수가 없을 정도였지요.

La vaquera de la Finojosa

Moça tan fermosa
non vi en la frontera,
com'una vaquera
de la Finojosa.

Faziendo la vía
del Calatraveño
a Santa María,
vençido del sueño,
por tierra fragosa
perdí la carrera,
do vi la vaquera
de la Finojosa.

En un verde prado
de rosas e flores,
guardando ganado
con otros pastores,
la vi tan graçiosa
que apenas creyera
que fuesse vaquera
de la Finojosa.

봄의 장미들도
그렇게 아름답지도
그다지 우아하지도
않을 거예요.
라 피노호사의
그 목녀보다
말이에요.
물론 과장하는 게 아니에요.

Non creo las rosas
de la primavera
sean tan fermosas
nin de tal manera
(fablando sin glosa),
si antes supiera
de aquella vaquera
de la Finojosa.

너무나
바라보다
내 자유를 잃을 것 같았지만
말했죠.
누군지 알고 싶어서 말이지요.
"아름다운 이여,
라 피노호사의 목녀가
어디에 사나요?"

Non tanto mirara
su mucha beldad,
porque me dexara
en mi libertad.
Mas dixe:«Donoso
(por saber quién era),
¿dónde es la vaquera
de la Finojosa?»

그 즉시
우롱하듯 답했지요.
"제대로 오셨네요.
당신이 원하는 게
무엇인지 알아요.
그 라 피노호사의 목녀는
사랑할 마음도 사랑을
기다릴 생각도 없답니다요."

Bien como riendo,
dixo:«Bien vengades;
que ya bien entiendo
lo que demandades:
non es desseosa
de amar, nin lo espera,
aquessa vaquera
de la Finojosa».[43]

호르헤 만리케

Jorge Manrique, 1440?-1479

호르헤 만리케는 이사벨 여왕 편에서 싸우다 전사한 산티아고 기사단 단장을 아버지로 둔 당시 최고의 권력자이며 시인이다. 「아버지 죽음에 바친 시Coplas a la muerte de su padre」 단 한 작품으로 중세 스페인 문학의 최고봉에 올랐다.

이 비가이자 도덕시는 아버지 돈 로드리고 만리케의 죽음을 계기로 작성된 것으로 스페인 서정시 역사상 걸작 중의 하나로 평가되고 있다. 15세기에 가능했던 모든 테마와 양식을 담고 있는 중세 시의 완결판이자 종합체이다. 따라서 중세 시를 마감하는 자리에 어울리는 작품으로, 중세를 지배하던 사상들인 죽음과 세상적인 것에 대한 경시 그리고 운명에 대한 생각, 더 나아가 다음 세기를 지배할 인간의 명성에 대한 중세 말의 사상까지 아우르고 있다.

열두 개의 행이 한 연을 이루며, 총 40개의 코플라[44]로 이루어져 있다. 연은 8음절로 된 두 개의 행에 이어 4 또는 5음절로 된 '부러진 다리'라는 뜻의 '피에 케브라도pie quebrado' 행 하나가 뒤를 따르는 데, 이러한 구조가 네 번 반복된다. 작품은 내용에 통일성을 부여하는 두 주인공인, 삶과 죽음을 소개하면서 삶이란 무상하다는 메시지를 주고자 한다.

어떻게 삶이 지나가고	cómo se passa la vida;
어떻게 말없이	cómo se viene la muerte
죽음이 오는지	tan callando;

얼마나 빨리 기쁨은 사라지고	cuán presto se va el plazer;
지난 것을 기억하면	cómo después de acordado,
어떻게 고통이 오는지.	da dolor;
우리가 보기에, 어떻게	cómo, a nuestro parescer,
지나간 시간이	cualquier tiempo passado
더 나았는지를.	fue mejor.

위와 같은 사실을 알도록 시는 다음과 같이 명령형으로 시작한다.

잠든 영혼을 깨우고	Recuerde el alma dormida,
뇌에 생기를 불어넣어 찬찬히 바라보면서.	abive el seso y despierte,
깨어 있으라	contemplando

깨어서 삶이 어떻게 한순간 지나가고 죽음은 어떻게 예고 없이 오는지를 바라보라며 첫 연은 끝난다.

두 번째 연에서는 시간의 무상함을 그린 뒤,

어느 누구도 속지 말라, 속지 말라	Non se engañe nadi, no,
기다리는 것이	pensando que ha de durar
보았던 것이 지속되었던 것보다	lo que espera
더 오래 지속될 것이라고.	más que duró lo que vio,
모든 것은 그렇게	pues que todo ha de passar
같은 방식으로 지나가게 되어 있으니.	por tal manera.

이어 세 번째 연으로 들어간다.

3

우리들의 삶은 죽음이라는	Nuestras vidas son los ríos
바다로 가는	que van a dar en la mar,
강물.	qu'es el morir;
거기로는 크고도 막강한 강들이	allí van los señoríos
끝나 생명을 다하기 위해	derechos a se acabar
곧장 가고,	y consumir;
수량이 풍부한 강들도,	allí los ríos caudales,
중간 크기의 다른 강들도	allí los otros medianos
그리고 가장 작은 강들도	e más chicos,
도착하면 모두가 같은 법.	e allegados, son iguales
자기 손으로 벌어먹고 사는 이들이나	los que viven por sus manos
부자들이나.	e los ricos.

삶이 강으로, 죽음이 바다에 비유된다. 권력을 휘두르거나 금력을 사용하는 삶이나, 그렇지 못한 삶이나 모두가 바다에 이르고 그 순간에 누구나 다 똑같아진다. 죽음 앞에 차별은 없다. 이어 중세의 다른 작품들처럼 자신의 작품을 잘 쓸 수 있게 해 달라며 신의 영감을 구하는 기원문이 나오고 다섯 번째 연으로 이어진다.

5

이 세상은 고통 없는	Este mundo es el camino
거주지인 다른 세상으로 가기 위한	para el otro, qu'es morada

여정일 뿐.
그러나 실수 없이
이 여행을 하려면 훌륭한 분별력을
가져야 할 것.
우리는 태어나면서 출발하고
사는 동안 걸어가다
도착하나니
소멸하는 바로 그 순간에.
이렇게 우리는 죽을 때
쉬게 되나니.

sin pesar;
mas cumple tener buen tino
para andar esta jornada
sin errar.
Partimos cuando nascemos,
andamos mientra vivimos,
y llegamos
al tiempo que fenecemos;
assí que cuando morimos,
descansamos.

모든 것은 지나가게 되어 있고 모든 것은 끝난다. 살면서 갖는 기쁨도 별 가치가 없다. 죽음과 망각은 힘 있는 자나 비천한 자나 가리지 않고 누구에게나 찾아가는 법임을 13연과 14연에서 이야기한다. 그러니 화려했던 과거가 무슨 소용이 있던가. 중세의 대표적 테마인 우비 순트Ubi sunt, '어디에 있느냐'가 16, 17번째 연에서 구체적으로 언급된다.

13
우리가 누리고 있는
이 고난의 삶에서
기쁨과 달콤함은
다름 아닌 전초병일 뿐.
우리는 죽음이라는
함정에 떨어지나니.
우리는 그러한 사실을 알지 못한 채

Los plazeres y dulsores
d'esta vida trabajada
que tenemos,
no son sino corredores,
e la muerte, la celada
en que caemos.
Non mirando a nuestro daño,

고삐 풀린 채 쉬지 않고	corremos a rienda suelta
내달리고 있나니.	sin parar;
그것이 속임이었다는 사실을 알고	desque vemos el engaño
되돌아가려 해도	y queremos dar la buelta
갈 수가 없나니.	no hay lugar.

16

돈 후안 왕은 어떻게 되었는가?	¿Qué se hizo el rey don Joan?
아라곤의 왕자들은	Los infantes d'Aragón,
어떻게 되었는가?	¿qué se hizieron?
그 멋진 자태와	¿Qué fue de tanto galán,
그들이 생각해 냈던 그 기발한 생각들은	qué de tanta invención
어떻게 되었는가?	que traxeron?
광기가 아니었다면,	¿Fueron sino devaneos
농경지의 푸름이	qué fueron sino verduras
아니었다면 도대체 그 무엇이었던가?	de las eras,
전투와 결투와	las justas y los torneos,
장식과 자수와 투구 장식들은	paramentos, bordaduras
다 어디에 있단 말인가?	e cimeras?

17

여인네들과 그녀들이 했던 장식과	¿Qué se hizieron las damas,
옷들과 향기들은	sus tocados y vestidos,
어떻게 되었는가?	sus olores?

연인들의 불탔던	¿Que se hizieron las llamas
사랑의 열정들은	de los fuegos encendidos
어떻게 되었는가?	de amadores?
시인들의 시와	¿Qué se hizo aquel trobar,
그들이 연주했던 조화로운 음악들은	las músicas acordadas
어떻게 되었는가?	que tañían?
그 춤은,	¿Qué se hizo aquel dançar,
입었던 아름다운 의상들은	aquellas ropas chapadas
어떻게 되었는가?	que traían?

25연에 들면 작품의 주인공인 시인의 아버지 돈 로드리고가 등장한다. 삶과 죽음에 대한 이야기가 점층적으로 진행되다가 아버지에 대한 찬양으로 이어진다. 역사상 유명했던 이들이 가진 미덕들을 모두 갖춘 인물로 그려진다.

25

덕스러움으로 인해	Aquél de buenos abrigo,
사람들에게 사랑받았던	amado por virtuoso
선한 자들의 보호자	de la gente,
단장 돈 로드리고	el maestro don Rodrigo
만리케, 참으로 유명하고	Manrique, tanto famoso
어찌나 용감했던지,	e tan valiente;
그 위대하고도 확실한 업적을	sus hechos grandes e claros
찬양하지 않을 자 없으니,	no cumple que los alabe,
실제로 보았으니 말이다.	pues los vieron,

나 찬양하고자 하지도 않으니, ni los quiero hacer caros,
세상사람 모두가 어떤 것인 줄 pues qu'el mundo todo sabe
알고 있으니. cuáles fueron.

26

그의 친구들 중의 친구였고, Amigo de sus amigos,
하인들과 친척들에게는 ¡qué señor para criados
둘도 없는 어른이었도다! e parientes!
적들에겐 무서운 적이었도다! ¡Qué enemigo de enemigos!
용장들의 ¡Qué maestro de esforçados
스승이었도다! y valientes!
신중한 자들에겐 둘도 없는 분별력이었도다! ¡Qué seso para discretos!
세련된 사람들에겐 둘도 없는 우아함이었도다! ¡Qué gracia para donosos!
사고는 얼마나 합리적이었던가! ¡Qué razón!
부하들에겐 얼마나 온화했던가! ¡Qué benigno a los sujetos!
사나운 자들에겐 ¡A los bravos e dañosos,
얼마나 사나운 사자였던가! qué león!

27

모험에서는 옥타비우스, En ventura, Octaviano;
전쟁과 승리에서는 Julio César en vencer
훌리오 세사르, e batallar;
미덕에서는 아프리카노, en la virtud, Africano;
지혜와 실행에서는 Aníbal en el saber

한니발,	e trabajar;
선함에서는 트라하노,	en la bondad, un Trajano;
관대함에서는 즐거운	Tito en liberalidad
티토,	con alegría;
포용력에서는 아우렐리아노,	en su braço, Aureliano;
약속을 이행하는 데 있어서는	Marco Atilio en la verdad
마르코 아틸리오였도다.	que prometía.

28

자비에서는 안토니오 피오,	Antoño Pío en clemencia;
용모에서는	Marco Aurelio en igualdad
마르코 아우렐리오,	del semblante;
웅변에서는 아드리아노,	Adriano en la elocuencia;
인류애와 재능에서는	Teodosio en humanidad
테오도시오,	e buen talente.
전쟁에서의 훈련과	Aurelio Alexandre fue
엄격함은	en disciplina e rigor
아우렐리오 알레한드레,	de la guerra;
신앙에서는 콘스탄티노,	un Constantino en la fe,
조국에 대한 사랑에서는	Camilo en el grand amor
카밀로였도다.	de su tierra.

33연에서 '죽음'이 여성의 모습으로 등장하여 돈 로드리고의 집 문을 두드린다. '죽음'은 인간은 죽고 난 뒤에도 명성과 영원한 삶이라는 두 가지로 불멸할 수 있음을 알리며 돈 로드

리고가 훌륭한 죽음을 맞이하도록 용기를 북돋운다. 아버지는 훌륭한 기독교인으로 모든 것을 받아들이며 죽음에 응한다. 죽음은 가족적인 분위기에서 평화롭게 이루어지고, 아들이 그러한 죽음을 증언하는 것으로 작품은 끝을 맺는다.

33

소신하에	Después de puesta la vida
자기의 목숨을 숱하게	tantas vezes por su ley
위험에 처하게 한 뒤,	al tablero;
자신의 진정한 군주에게	después de tan bien servida
신하의 도리를	la corona de su rey
다한 뒤,	verdadero;
어떠한 무용담도	después de tanta hazaña
범접할 수 없는	a que non puede bastar
무훈을 세운 뒤,	cuenta cierta,
바로 그의 사랑하는 오카냐 마을로	en la su villa d'Ocaña
죽음이 그의 문을 두드리려	vino la muerte a llamar
찾아왔도다.	a su puerta,

34

그러면서 이렇게 말하더라.	diciendo: «Buen cavallero,
"훌륭한 기사여, 이 속임 많은 세상의	dezad el mundo engañoso
열락을 그만두고,	y su halago;
이 죽음의 순간에	vuestro corazón d'azero
그대의 강심장이	muestre su esfuerço famoso

그대의 그 유명한 용맹함을 보여 주기를 바라오.
살아 건강할 때
명성에 대해 별 신경을
쓰지 못했으나
그대를 부르는 이 순간을
견뎌 낼 미덕에는
힘쓰기를 바라오."

en este trago;
e pues de vida e salud
feziste tan poca cuenta
por la fama;
esfuércese la virtud
para sufrir esta afrenta
que vos llama».

35

"그대가 기다리는
두려운 전투에
그토록 비통하게 임하지 마오.
그대는 영광스러운 명예라는
또 다른 삶을 이 땅에
놔두니 말이오.
이러한 영예로운 삶이
영원하거나 진실되지는
않지만 무엇보다
무상한
다른 삶보다는
훨씬 훌륭하니 말이오."

«Non se vos haga tan amarga
la batalla temerosa
que esperáis,
pues otra vida más larga
de la fama gloriosa
acá dexáis;
aunqu'esta vida d'honor
tampoco non es eternal
ni verdadera;
mas, con todo, es muy mejor
que la otra temporal,
perecedera».

36

"영원한 삶은

«El vivir qu'es perdurable

속세의 것으로
얻는 게 아니라오.
지옥의 죄들이
거주하는 곳에서의
열락의 삶으로도 아니라오.
훌륭한 종교인들은 기도와
회개로
영원한 삶을 얻고,
유명한 기사들은
무어인들에 맞선
노고와 탄식으로 얻는 법이라오."

no se gana con estados
mundanales,
ni con vida delectable
donde moran los pecados
infernales;
mas los buenos religiosos
gánanlo con oraciones
e con lloros;
los cavalleros famosos,
con trabajos y aflictiones
contra moros».

단장이 대답하다

Responde el Maestre

38

"그러하니
불행한 현생에서
더 이상 시간을 지체하지 맙시다.
내 뜻은 전적으로
신의 뜻에
따르는 법.
그러니 즐겁고
명확하며 맑은 마음으로
내 죽음을 맞이하려 하오.

«No tengamos tiempo ya
en esta vida mesquina
por tal modo,
que mi voluntad está
conforme con la divina
para todo;
e consiento en mi morir
con voluntad placentera,
clara e pura,

신이 죽기를 원하는데
인간이 살고자 하는 것은
미친 짓이니 말이오."

que querer hombre vivir
cuando Dios quiere que muera,
es locura».

마지막

Fin

40

이렇게, 그러한 생각과
인간의 모든 감각을
유지한 채
자신의 아내와
자식들과 형제들과
하인들에 둘러싸여
자기의 영혼을 자기에게 주었던 자에게 주었더라.
(그 분은 하늘에서 그의 영혼을 영광의 자리에
올려 주시기를)
이렇게 비록 목숨은 잃었으나
그에 대한 추억이
우리에게 큰 위안으로 남겨졌도다.

Así, con tal entender,
todos sentidos humanos
conservados,
cercado de su mujer
y de sus hijos e hermanos
e criados,
dio el alma a quien ge la dio
(el cual la ponga en el cielo
en su gloria),
que aunque la vida perdió,
dexónos harto consuelo,
su memoria.[45]

르네상스

가르실라소 데 라 베가

프라이 루이스 데 레온

산 후안 데 라 크루스

가르실라소 데 라 베가

Garcilaso de la Vega, 1501?-1536

톨레도 귀족 가문에서 태어난 가르실라소 데 라 베가는 카스티글리오네Castiglione의 『궁정론 Cortesano』에서 말하고 있는 대로 문무를 겸비한 이상적인 궁정 신하로 당시 궁정 문화를 대표하고 있는 시인이다. 엘레나 데 수니가와 결혼한 지 얼마 되지 않아 포르투갈 여인인 이사벨 프레이레를 흠모하게 되고, 이 여인에 대한 사랑이 그의 시적 영감의 주인공으로 들어앉는다. 페트라르카가 라우라라는 여인을 두고 평생 써 내려간 사랑의 이야기가 시인의 시의 역사이듯이, 가르실라소 역시 프레이레의 결혼과 죽음으로 극심한 고통을 느끼고 이를 주제로 시를 썼다. 상황상 불가능한 사랑으로 인해 탄생된 그의 작품은 문학적인 장식이나 허영이 아니라 깊은 애정과 진지함의 산물이다. 가르실라소 이전의 스페인 시에서는 결코 만날 수 없는 이러한 요소들이 순수한 시어로 옷을 입고 있다. 정신적인 사랑과 시인의 영혼에 대한 토로는 페트라르카(1304-1374)의 영향이 깊다. 여기에 호라티우스의 『찬가』와 비르길리우스의 『목가』는 특히 르네상스기의 시인들에게는 마르지 않는 샘이었다. 이렇게 고대 그리스 로마 시대의 장르를 모방하고 페트라르카의 영향까지 받아들인 것이 스페인 르네상스 전반기 문학 현상이다.

가르실라소는 당시 왕인 카를로스 1세가 반대한 조카의 결혼식을 은밀히 계획했다는 이유로 왕의 노여움을 사 추방당하고, 왕의 사면을 받은 뒤 르네상스가 꽃을 피우고 있던 이탈리아로 가 그곳 문학을 접하게 된다. 1536년 왕의 명령으로 프로방스의 무이성을 공략하다

머리에 부상을 입고 니스에서 죽음을 맞이한다.

시인은 동료 시인인 보스칸Boscán이 소개한 이탈리아의 11음절 14행, 4연시인 소네트 형식으로 르네상스의 가장 핵심 되는 두 가지 사상인 '카르페 디엠Carpe diem'과 '베아투스 일레Beatus ille'[1]를 조화롭고 순수한 시어로 가장 완벽하게 소화해 냈다. 작품으로 세 편의 '목가'[2]와 두 편의 '비가', 한 편의 '편지글', 다섯 편의 '칸시온' 그리고 서른다섯 편의 '소네트'가 전부이다. 모든 작품이 유럽의 위대한 르네상스 작가들의 작품과 비견될 수 있지만, 이 자리에서는 사랑과 자연이 조화를 이루는 세 편의 목가와 소네트 한 편에 주목해 본다.

첫 번째 목가(총 421행)[3]에서는 시인이 사랑하는, 하지만 대답 없는 여인의 무시와 망각이 점점 더 시인을 고통스럽게 한다. 불평과 한탄이 의미적으로나 구조적으로 반복되지만 넘쳐나는 감정이 그대로 폭발하지 않고 억제되어 있다. 연마다 "나오거라, 눈물이여, 넘쳐 흘러가거라Salid sin duelo, lágrimas, corriendo"가 반복되며 시인의 감정이 강조된다.

살리시오

당신의 달콤한 말은 누구의 귓전에서 울리는가요?	Tu dulce habla ¿en cuya oreja suena?
당신의 맑은 두 눈은 누구에게로 돌렸나요?	Tus claros ojos ¿a quién los volviste?
내게서 존경을 거뒀다면 그 누구 때문인가요?	¿Por quién tan si respecto me trocaste?
당신의 부서진 믿음은 어디에다 두었나요?	Tu quebrantada fe, ¿dó la pusiste?
사슬처럼, 당신의 아름다운 두 팔로 엮은	¿Cuál es el cuello que, como en cadena,
목은 누구의 것이란 말인가요?	de tus hermosos brazos anudaste?
아무리 돌로 되었다 한들	No hay corazón que baste,
내가 사랑하는 덩굴손이 나로부터 뽑혀 나가	aunque fuese de piedra,
다른 담장으로 옮겨 붙는 것을	viendo mi amada yedra,
감당해 낼 그러한 마음은 없답니다.	de mi arrancada, en otro muro asida,
나의 포도 넝쿨이 다른 느릅나무에 얽혀	y mi parra en otro olmo entretejida,

있음을 본다면 아마 통곡 속에서 갈기갈기	que no se esté con llanto deshaciendo
찢겨 목숨까지 끝내고 말 것입니다.	hasta acabar la vida.
나오거라, 눈물이여, 넘쳐 흘러가거라.	Salid sin duelo, lágrimas, corriendo.[4]

이루지 못한 사랑으로 인한 시인의 깊은 우수와 제어된 고통이 완벽한 형식으로 옷을 입고 등장한다. 이러한 것이 자연과 함께하고 있다. 있는 그대로의 투박하고 거친 자연이 아니라 이상적이고 시적으로 세련된 자연이다. 이곳은 평안과 조화만이 지배할 뿐이다. 르네상스 시대 자연은 사랑과 예술품과 함께 완벽한 존재로 시의 모델이었다. 세상사에 지치고 사람들에 치인 자들이 속세에서 물러나 영혼의 안식을 누릴 수 있는 공간이기도 하다. 세 번째 목가(총 376행) 57행부터 80행까지를 가져와 본다.

타호 강 근처 고즈넉한 고독에 잠긴
푸른 버드나무 숲은
온통 덩굴손으로 뒤덮여 있지요.
덩굴손은 줄기를 타고 높이 올라 가
버드나무들을 휘감고 엮고 있어
태양이 녹음 속으로 들어갈 길을 찾지 못하지요.
물은 소리를 내며 초원을 적셔
눈과 귀를 즐겁게 하지요.
수정 같은 타호 강물은 어찌나
부드럽게 그곳을 흐르는지
눈으로 봐서는 강의 흐름을
거의 알 수 없을 정도지요.
그곳에 거주하고 있던

요정은 섬세한 금발을 빗으며
물로부터 머리를 내밀어, 그림자와
꽃으로 가득한 기분 좋은 초원을 보았지요.
　꽃이 만발한 그 땅의 부드러운 냄새와
온화한 바람과 시원한 그곳이 그녀의 마음을 동하게 했지요.
그녀는 조금 떨어져 있는 시원한 곳에서
힘든 비행에 지친 새들이 쉬고 있는 것을 보았지요.
중천에 오른 태양은
그때 호흡으로 대지를 말리고 있었지요.
적막함 속에 오직
벌들이 속삭이는 소리만 들렸답니다.[5]

시인의 표현은 사용된 언어의 음성적인 면에 이르기까지 살아 있다. 아래는 바로 앞 목가 마지막 두 행의 원문인데, s-u-rr 음의 반복으로 적막할 정도의 고요함 가운데 속삭이듯 들려오는 벌의 날갯짓 소리가 들리는 듯하다.

엔 엘 실렌시오 솔로 세 에스꾸차바	En el silencio sólo se escuchaba
운 수수로 데 아베하스 께 소나바.	un susurro de abejas que sonaba.

첫 번째 목가 마지막 부분(414행-421행)은 저녁 어둠이 내리자 목동들이 돌보던 목축을 거둬 돌아가는 모습을 묘사하고 있다. 분위기가 고즈넉하고 몽환적이다.

　그림자가 이미
높고 높은 무성한 산자락으로

급하게 달려오고
있는 게 보였습니다.
두 목동은 꿈에서 깨어나듯 정신을 차리고
도망가던 태양이
약한 빛으로 사위어 가자
한 마리 한 마리 양 떼를 모아
데리고 갔습니다.[6]

두 번째 목가(총1886행)에 등장하는 목동인 살리시오의 노래는 '베아투스 일레'의 정수이다.

달콤한 고독에 싸여
영혼의 평화를 방해하는
훼방꾼과 관계없이
근심 없이 사는 자는
얼마나 복 있는 자라
할 수 있을까![7]

세상의 소음에서 떨어져 고독을 만들어 내는 자연 속에서 사는 사람은 얼마나 축복받은 자인가! 바람은 부드럽고 신선하여 사랑스럽고, 강물은 달콤하고 맑으며, 땅은 녹음이 푸르른 초원으로 시원한 그림자로 가득하다. 물은 수정같이 맑고 시원하다. 이렇게 자연은 그 자체로 지친 인간의 도피처이자 위안의 장소이거나, 목동들의 사랑과 세상에 대한 불평의 배경이 되어 이상적 아름다움의 진수를 이룬다. 르네상스기의 또 다른 테마인 '카르페 디엠'은 다음 소네트 23번에서 만날 수 있다.

그대의 얼굴에 장미와 백합이
자신들의 색깔을 보여 주고 있는 동안,
그리고 그대의 불타는 정직한 시선이
가슴의 불을 지폈다가 또 식히는 동안,

황금의 광맥으로 묶인
그대의 머리카락을 하얗고
곧은 아름다운 목으로 바람이
마구 흩트리는 동안,

그대는 그대의 즐거운 봄으로부터
달콤한 과실을 거두시오. 분노에 찬 때가
아름다운 정상을 눈으로 뒤덮기 전에.

삭풍은 장미를 시들게 할 것이며
가벼운 세월은 모든 것을 변하게 할 것이오.
그의 사전에 변화란 없기에.

En tanto que de rosa y azucena
se muestra la color en vuestro gesto,
y que vuestro mirar ardiente, honesto,
enciende al corazón y lo refrena;

y en tanto que el cabello, que en la vena
del oro se escogió, con vuelo presto,
por el hermoso cuello blanco, enhiesto,
el viento mueve, esparce y desordena;

coged de vuestra alegre primavera
el dulce fruto, antes que el tiempo airado
cubra de nieve la hermosa cumbre.

Marchitará la rosa el viento helado
todo lo mudará la edad ligera
por no hacer mudanza en su costumbre.[8]

프라이 루이스 데 레온

Fray Luis de León, 1527-1591

프라이 루이스 데 레온은 시인이라기보다 현자로 불릴 만큼 박식했고 살라망카 대학 교수였으며, 시와 산문을 통하여 심오한 종교적 감성을 드러냄으로써 스페인 르네상스의 특징을 완벽하게 보여 주고 있다. 고대 그리스 철학자들의 사상과 로마 시인들의 서정적 표현들을 자신의 박식한 성경 지식에 결합한 그는 자신의 작품에 대해 "내 젊은 시절, 아니 거의 유년 시절부터 해 온 나의 모든 학문들 사이로 내 손에 떨어진 것이 이 작품들이다. 의지나 이성으로써가 아니라 운명처럼 나를 끌었던 것이다"고 고백했다. 성경에 대한 지식을 기본으로 하고 그 위에 플라톤, 아리스토텔레스, 피타고라스의 사상을 더하여 자신의 종교성을 서정적으로 표현한 그의 작품들은 시인이 이 세상에 사는 의미를 밝히고 현생을 초월하려는 의지를 보여 주고 있다.

스페인적인 것과 이탈리아 적인 것을 조화롭게 아우른 그의 시는 스페인 르네상스 문학을 대표하고 있다. 특히 작가가 애용한 형식인 '리라lira'는 5행이 한 연을 이루는데, 이탈리아에서 건너온 11음절이 두 번째와 네 번째 행을 이루고 나머지 행들은 7음절로 되어 있다. 이 시형은 가르실라소가 자신의 시에서 '리라'[9]라고 이름한 데서 유래한다. 이 시형은 두고 스페인 20세기를 대표하는 비평가이자 시인인 다마소 알론소는 억제와 절제를 표하기에 리라만큼 적합한 형식은 없다고 한다. 페트라르카의 긴 연들은 쓸데없는 말잔치인 반면, 리라는 끊임없이 절제를 요구하고 배제할 수 있는 요소들은 모두 잘라내 버리라고 경고하고 있는 시

형식 같다.

그의 다양한 작품 세계에서 스페인 르네상스기의 특징이자 작가의 시 특징을 보여 줄 수 있는 시는 두 부류로 정리될 수 있다.

하나는 지상의 혼란스러운 세상(땅)과 조화로운 천상의 세계(하늘)를 대비시켜 영혼의 평화를 추구하고자 한 시들로, 「물러난 삶Vida retirada」, 「폭풍우 뒤의 안식Descanso después de la tempestad」, 「감옥에서 나올 때Al salir de la cárcel」가 있다. 시인은 사촌인 이사벨 데 오소리오의 부탁으로 성경의 아가서를 스페인어로 옮겼다. 이 일이 죄가 되어 종교재판에 회부되어 5년간 감옥살이를 했다. 이러한 경험이 작품 탄생에 영향을 미친 것으로 보인다.

다른 하나는 신부라는 직책에 걸맞게 전적으로 종교적인 영감으로 쓴 시들로, 이는 다시 두 종류로 정리된다. 하나는 「맑고 고요한 밤Noche Serena」, 「성모 마리아에게 부쳐A Nuestra Señora」, 「펠리페 루이스에게A Felipe Ruiz」, 「승천에서En la Ascensión」로, 하늘나라를 그리워하여 갖게 된 시름이나 애타는 마음을 표현한 작품들이다. 다른 하나는 「프란시스코 살리나스에 부쳐A Francisco Salinas」, 「하늘의 거주지Morada del cielo」로, 천상의 세계를 경험하고 쓴 시들이다.

폭풍우 뒤의 안식

오, 나의 기나긴	¡Oh ya seguro puerto
실수 뒤에 이제야 안전한 항구에 닿았도다!	de mi tan luengo error! ¡Oh deseado
지난 나의 심각한 잘못을	para reparo cierto
바로잡기 위해 그토록	del grave mal pasado,
원했던 달콤하고 즐겁고 편안한 안식이여!	reposo dulce, alegre, descansado!
짚으로 된 지붕, 그곳에는	Techo pajizo, adonde
조심해야 할 적이 결코 거주하지 않았고	jamás hizo morada el enemigo
시기심 역시 친구의 얼굴로	cuidado, ni se asconde

숨어 있지 않으며
목소리도 치명적인 증인도 결코 해하지 못하나니.
　하늘로 올라가는,
땅이 알지 못하는 안식을 누리는 높고 높은 산맥,
땅은 속세의 장님이
이글거리는 불에
타면서 죽음을 사랑하는 곳이노라.
　그러니 산맥, 너의 정상에다
나를 받아 주렴, 거짓된 평화, 부당한 악,
놓친 일자리,
잘못된 대중들에 박해 받아
도망치는 나를 받아 주려무나.
　그리고 그곳에서 더
차분한 대기는 나를 떠받치니, 그러는 동안
난 부주의하게 마셨던
독약의 폐해를 고치고
그러는 동안 더렵혀진 내 가슴을 정화하노라.
　그러는 동안
헛된 열락과 사악한 짓으로
온갖 짓을 행하며
미친 듯 살면서 땅에
각인해 남겨 놓은 그 모든 것들을 조금씩 조금씩 기
[억에서 지워 가노라.
　네게서, 난 육체의

envidia en rostro amigo,
ni voz perjura ni mortal testigo.
Sierra, que vas al cielo,
altísima, y que gozas del sosiego
que no conoce el suelo,
donde el vulgo ciego
ama el morir ardiendo en vivo fuego;
recíbeme, en tu cumbre.
recíbeme, que huyo perseguido
la errada muchedembre,
el trabajo perdido,
la falsa paz, el mal no merecido;
y do está más sereno
el aire me coloca, mientras curo
los daños del veneno
que bebí mal seguro,
mientras el mancillado pecho apuro;
mientras que poco a poco
borro de la memoria cuanto impreso
dejó allí el vivir loco,
por todo su proceso
vario entre gozo vano y caso avieso.

En ti, casi desnudo

허물을 벗어 버리고, 집착했던 관습의 매듭을 부수고
내 삶을
기쁨, 평화,
순수한 빛으로 옮길 것이야.
　네게 종속된 바다에서
눈물을 머금은 채, 두 눈을 기울여
짠 파도들을
가르고 가는
불쌍한 무리들의 곤궁함을 난 관망할 것이야.
　어떤 이는 이제 항구에 닿아
즐거이 닻을 내리려는데 난데없이
거친 바람에 습격당하고
격랑에 휩쓸려
무장해제한 선박을 가까스로 이끌어 가도다.
　어떤 이는 암초에
배가 부서져, 그 순간
배 밑이 열리고,
어떤 이는 바람이 가라앉히고,
어떤 이는 낮은 모래톱에 자리를 만드는구나.
　어떤 이들에겐
맑은 날을 훔쳐 중심에다 소나기를 내려 보내니
욕심쟁이 넵튠에게
자신의 돈을 바치는 게지.
또 어떤 이는 헤엄쳐 가며 가혹한 죽음에서 도망가며

deste corporal velo, y de la asida
costumbre roto el ñudo,
traspasaré la vida
en gozo, en paz, en luz no corrompida.
De ti en el mar sujeto,
con lástima, los ojos inclinando,
contemplaré el aprieto
del miserable bando,
que las saladas olas va cortando.
El uno, que surgía
alegre ya en el puerto, salteado
de bravo soplo, guía
en alta mar lanzado,
apenas el navío desarmado.
El otro, en la encubierta
peña rompe la nave, que al momento
el hondo pide abierta;
al otro calma el viento;
otro en las bajas sirtes hace asiento;
a otros roba el claro
día y el corazón el aguacero,
ofrecen al avaro
Neptuno su dinero;
otro, nadando, huye el morir fiero.

기를 쓰고
망가진 나무인 연약한 판자에 의지하여
거센 파도의 어마어마한
심연에 대항하지만
슬픔에 찌든 자가 할 수 있는 게 있기나 할까?
아, 또다시 그리고
수백 번 또다시 탐낸 안전한 항구여!
너의 자리가 내게 없지 않기를,
그리고 맹목적으로 욕심 낸
그 모든 실수들과 탐낸 그 모든 것들은 없어지기를.

Esfuerza, opone el pecho;
mas, ¿cómo será parte un afligido
que va, el leño deshecho,
de flaca tabla asido,
contra un abismo inmenso embravecido?
¡Ay, otra vez, y ciento
otras, seguro puerto deseado!
No me falte tu asiento,
y falte cuanto amado,
cuanto del ciego error es cudiciado.[10]

위 시에서 '항구'는 안식, '폭풍우'는 땅에서의 삶이다.

시각장애를 가진 오르간 연주자이자 살라망카 대학 음악 교수이면서 시인의 친구인 프란시스코 데 살리나스의 음악을 리라 형식으로 찬양한 시가 「프란시스코 데 살리나스에 부쳐」이다. 시인은 살리나스의 음악이 울려 퍼지면 대기는 광휘를 발하고 영혼은 전생에서 이미 천국의 행복을 경험했음을 기억하고 있다고 한다. 그래서 시인이 친구의 음악을 들으면 자신의 영혼은 상상의 날개로 하늘에 올라 그곳에서 하느님을 보고 우주의 질서를 주관하고 속세의 인간은 들을 수 없는 방식의 음악을 듣게 된다고 한다.

대기는 잠잠해지고
아름다움과 새로움으로 옷을 입도다,
살리나여, 그대가
그대의 손에 지배당한
그지없이 훌륭한 음악을 울릴 때면 말이오.

El aire se serena
y viste de hermosura y luz no usada,
Salinas, cuando suena
la música extremada,
por vuestra sabia mano gobernada.

성스러운 소리에
망각되어 있던 영혼은
감각을 되찾고
잃어버렸던
최초의 기억이 다시 맑아지노라

그리고 알다시피
행운과 생각은 더 나아지고
세속인들이 사랑하는
금과 사기꾼인,
무상한 아름다움을 알지 못하게 되노라.

대기를 모두
가로질러 가장 높은 창공에 다다를 때까지 나아가니
거기서는 영원히
결코 사그라지지 않을
다른 방식으로, 최초이자 원천의 음악으로 듣게 되노라.

위대한 선생이
어떻게 이 거대한 하프를 숙련된 손으로
연주하여
이 영원한 사원이
지지되도록 성스러운 소리를 만들어 내는지를 보라.

그리고 어울리는 음들로
작곡되어 있기에, 이어 조화로운
협화음으로 응답하니,
양쪽이 앞을 다투어

A cuyo son divino
el alma, que en olvido está sumida,
torna a cobrar el tino
y memoria perdida,
de su origen primera esclarecida.

Y como se conoce,
en suerte y pensamiento se mejora;
el oro desconoce,
que el vulgo vil adora,
la belleza caduca, engañadora.

Traspasa el aire todo
hasta llegar a la más alta esfera,
y oye allí otro modo
de no perecedera
música, que es la fuente y la primera.

Ve cómo el gran Maestro,
a aquesta inmensa cítara aplicado,
con movimiento diestro
produce el son sagrado,
con que este eterno templo es sustentado.

Y como está compuesta
de números concordes, luego envía
consonante respuesta;
y entrambas a porfía

달콤하기 그지없는 화음을 만들어 내도다
　이곳에서 영혼은
달콤함의 바다를 유형하고 마지막으로
그 바다에 빠지노니, 어떠한
외부의 자극도
영혼의 평화와 몰입을 훼방 놓을 수 없도다.
　오, 행복한 실신이어라!
오, 삶을 주는 죽음이어라! 오, 달콤한 망각이어라!
이 비천하고
저급한 감각으로
결코 대체되지 말고 너의 평안으로 지속되기를!
　어떤 보물보다도 내가 사랑하는
친구들인 자네들을 난
아폴로의 영광, 성스러운 합창인,
이 행복으로 부르나니
눈에 보이는 것은 모두 슬픈 통곡이로다!
　오!, 계속 울리기를,
살리나스, 내 귓가에 울리는 그대의 음악으로,
감각들이
성스러운 행복을 생각나게 하노라.
다른 것들은 모두 잠재우면서.

mezclan una dulcísima armonía.
Aquí la alma navega
por un mar de dulzura y finalmente,
en él así se anega,
que ningún accidente
extraño y peregrino oye o siente.
¡Oh, desmayo dichoso!
¡Oh, muerte que das vida! ¡Oh, dulce olvido!
¡Durase en tu reposo,
sin ser restituido
jamás aqueste bajo y vil sentido!
¡A este bien os llamo,
gloria del apolíneo sacro coro,
amigos(a quien amo
sobre todo tesoro),
que todo lo visible es triste lloro!
¡Oh!, suene de continuo,
Salinas, vuestro son en mis oídos,
por quien al bien divino
despiertan los sentidos,
quedando a lo demás adormecidos.[11]

음악을 통하여 우주적이며 성스러우며 인간적인 어울림을 경험한 뒤 속세의 것은 경멸하고 잊게 되는 신비주의 속성을 서정적으로 그리고 있다.

산 후안 데 라 크루스

San Juan de la Cruz, 1542-1591

산 후안 데 라 크루스는 시로, 산타 테레사 데 헤수스Santa Teresa de Jesús는 산문으로 스페인 신비주의 문학을 대표하고 있다. 산 후안은 성경의 아가서와 가르실라소 데 라 베가의 사랑의 시와 리라 시 형식과 스페인 전통 서정시를 빌려 신비주의 문학의 정수를 빚었다. 대표되는 시로 「영혼의 어두운 밤Noche oscura del alma」, 「영혼의 노래Cántico espiritual」와 「불타는 사랑의 화염Llama de amor viva」이 있다.

가르실라소가 인간을 향한 사랑을 노래한 시인이라면, 산 후안 데 라 크루스는 신을 향한 사랑을 노래한 시인이다. 신비주의의 대가답게 신에게 사랑으로 다가가 신과 합일하는 체험을 가장 잘 보여 줄 수 있는 언어로 노래하고 있다. 이 땅에서, 인간의 세상에서 그러한 신비적인 체험을 그려 낼 수 있는 언어는 인간에 대한 사랑의 언어밖에 없다. 그래서 그의 시는 사랑의 시에서 여성이 차지하는 자리에 신을 앉히는, 즉 인간을 신성화하는 것과 다름 아니다. 가르실라소 시와 비교해 보면 차이점이 없어 보인다.

〈가르실라소〉		〈산 후안 데 라 크루스〉
어두운 밤 고요한 가운데		어두운 밤
나의 오두막에서 나를 나오도록 했다.	*	내 집이 고요할 때
		난 아무도 모르게 나왔노라

단지 산 후안 데 라 크루스의 언어는 상징적이다. 시에서 발견되는 어두운 밤, 집, 목동, 삶을 구성하는 요소들인 꽃, 숲, 사슴, 오두막, 여인, 아내, 남편 등은 모두 안으로 숨어 있는 의미를 갖고 있다. 이러한 상징에 반복과 대비가 더해지고, 동사보다 명사와 형용사의 빈도 높은 사용으로 감정이 극대화된다.

다음의 「영혼의 노래」는 따뜻한 감성과 서정적 이미지, 색채감과 음악성으로 스페인 문학에서 가장 훌륭한 작품으로 평가받기도 한다. 부부간의 충만한 사랑이라는 세속적 해석과 동시에 신비주의 문학을 대변할 정도로 신비주의적 충만감을 상징적으로 보여 주고 있기 때문이다. 영혼으로 연인을 찾고 결국 신랑, 즉 하느님과의 합일을 이루며 작품은 끝난다. 1576년과 1578년 사이에 성서의 아가서에서 영감을 받아 작성된 이 시는 사랑의 알레고리를 통하여 신비주의 경험을 보여 주고 있다. 남편을 찾는 아내의 열망과 모험의 결과로 남편과의 행복한 만남과 합일 과정을 그리고 있다. 이어지다 끊어지기가 반복되는 리듬과 대조에 잘 어울리는 리라 형식을 사용하여 열정과 위안이 교차하는 사랑의 속성을 적절하게 표현하고 있다.

(아내)	(Esposa)
어디에 숨으셨나요?	¿Adónde te escondiste,
사랑하는 임이여, 저를 이렇게 신음하게 내버려 두고선 말 [이지요.	Amado, y me dejaste con gemido?
사슴처럼 도망가셨어요.	Como el ciervo huiste,
내게 상처만 남기고.	habiéndome herido;
당신 뒤를 좇아 나갔지요, 부르면서 말이지요. 그런데 가 [고 없었어요.	Salí tras ti, clamando, y eras ido.
오두막과 축사와	Pastores, los que fuerdes
언덕으로 나다니는 목동들이여,	allá, por las majadas, al otero,

혹시 보았나요,	si por ventura vierdes
내가 가장 사랑하는 그 분을.	aquel que yo más quiero,
제가 병들어 고통받아 죽을 지경이라고 말 좀 해 주세요.	decidle que adolezco, peno y muero.
내 사랑을 찾아	Buscando mis amores,
산이든 강가든 어디든 갈 거예요.	iré por esos montes y riberas;
꽃도 꺾지 않고	ni cogeré las flores,
날짐승도 두려워하지	ni temeré las fieras
않으며 요새며 국경이며 모두 지나갈 거예요.	y pasaré los fuertes y fronteras.
(창조물들에게 하는 질문)	(Pregunta a las criaturas)
오, 사랑하는 임의	¡Oh bosques y espesuras,
손으로 심어 진 숲과 산림들이여!	plantadas por la mano del Amado!
오, 색색으로 꾸며진	¡Oh prado de verduras,
꽃과 푸른 풀들의 초원이여!	de flores esmaltado,
너희들 곁은 지나갔는지 말해 주지 않겠니?	decid si por vosotros ha pasado!
(창조물들의 대답)	(Respuesta de las criaturas)
이 숲으로	Mil gracias derramando,
급하게 수천 가지 은혜를 베풀며 지나가셨지요.	pasó por estos sotos con presura,
숲을 바라보고	y yéndolos mirando,
단지 모습을 드러내는 것으로	con sola su figura
이 숲들을 아름다움으로 옷 입혀 놓으셨지요.	vestidos los dejó de hermosura.

(아내)

아, 누가 나를 치료할 것인가!
이제 진실로 당신께 맡기려 하는데,
오늘부터 더 이상 내게
사절을 보내려 하지 않으신다면
내가 원하는 것을 내게 말할 줄 아는 자 아무도 없도다.

오가는 것들이면
모두 당신으로부터 받은 수천 가지 은혜를 얘기하며 가는데.
그 모든 것들이 더욱 내게 상처가 되고
그들이 뱉어 내는
종잡을 수 없는 말들이 나를 죽게 만드는구나.

하지만 오, 생명이여,
당신이 사는 곳에서 살지 않으면서
그리고 사랑하는 임, 당신이 품은 것으로,
당신을 죽도록 하면서
당신이 받아 내는 화살들을 어떻게 끈덕지게 버티시는지요?

이 심장을
상처 내고 왜 고쳐 주지는 않으신지요?
내게서 그것을 훔쳐 가고선
왜 그대로
내버려 두며 훔친 물건을 취하지는 않으신지요?

나의 분노를 잠재워 주세요.
어느 누구도 할 수 없으니 말이지요.
내 눈이 당신을 볼 수 있게 해 주세요.

(Esposa)

¡Ay, quién podrá sanarme!
Acaba de entregarte ya de vero;
no quieras enviarme
de hoy más ya mensajero,
que no saben decirme lo que quiero.

Y todos cuantos vagan,
de ti me van mil gracias refiriendo.
Y todos más me llagan,
y déjame muriendo
un no sé qué que quedan balbuciendo.

Mas ¿cómo perseveras,
oh vida, no viviendo donde vives,
y haciendo porque mueras,
las flechas que recibes,
de lo que del Amado en ti concibes?

¿Por qué, pues has llagado
aqueste corazón, no le sanaste?
Y pues me le has robado,
¿por qué, así le dejaste,
y no tomas el robo que robaste?

Apaga mis enojos,
pues que ninguno basta a deshacellos
y véante mis ojos,

당신은 내 눈의 빛이니 말이지요.
단지 당신만을 위해 난 눈을 갖고 싶거든요.
당신의 모습을 드러내시어
당신의 시선과 아름다움이 나를 죽이면 좋겠어요.
당신의 출현과 모습만이
사랑의 고통을
치료할 수 있음을 알아주세요.
오, 수정 같은 샘이여!
너의 은빛 캔버스에
내 마음에 그리고 있던
사랑하는 눈들을 네가
순간 그리면 얼마나 좋을까!
임이여, 눈을 거둬요,
제가 날아갈게요!

(남편)
돌아가, 비둘기여,
언덕으로
상처 입은 사슴이
고개를 내밀어 너의 비행의 바람으로 신선한 공기를 마시도다.

(아내)
나의 임이여, 산들과

pues eres lumbre dellos,
y sólo para ti quiero tenellos.
Descubre tu presencia,
y máteme tu vista y hermosura;
mira que la dolencia
de amor, que no se cura
sino con la presencia y la figura.
¡Oh cristalina fuente,
si en esos tus semblantes plateados,
formases de repente
los ojos deseados,
que tengo en mis entrañas dibujados!
¡Apártalos, Amado,
que voy de vuelo!

(Esposo)
Vuélvete, paloma,
que el ciervo vulnerado
por el otero asoma,
al aire de tu vuelo, y fresco toma.

(Esposa)
¡Mi Amado, las montañas,

숲으로 덮인 고독한 계곡들과
낯선 섬들과
소리 내는 강들과
사랑의 대기를 가르는 바람소리,
　맑은 밤에 어울리는
고요한 밤,
침묵의 음악,
아우성치는 고독,
즐기고 사랑에 빠지는 만찬이여!
　여우들아 우리를 잡아 봐,
우리의 포도원은 이미 만발해 있고
그러는 동안
우리는 장미로
다발을 만들고 산에는 아무도 모습을 드러내지 않도록 할 거야.

　북풍은 죽어 멈추고
남풍은 와서, 사랑을 깨워 줘.
내 과수원으로 숨을 불어
향내가 퍼지게 해.
그러면 임이 꽃들 사이에서 풀을 뜯으실 거야.
　아, 유대의 요정들이여![12]
꽃들과 장미원에서 용연향이
향내를 풍기는 동안
동구 밖에 머물며

los valles solitarios nemorosos,
las ínsulas extrañas,
los ríos sonorosos,
el silbo de los aires amorosos;
　la noche sosegada
en par de los levantes de la aurora
la música callada,
la soledad sonora,
la cena que recrea y enamora!
　Cogednos las raposas,
que está ya florecida nuestra viña,
en tanto que de rosas
hacemos una piña
y no parezca nadie en la montaña.

　Detente, cierzo muerto;
ven, austro, que recuerdas los amores,
aspira por mi huerto,
y corran sus olores,
y pacerá el Amado entre las flores.
　¡Oh ninfas de Judea!,
en tanto que en las flores y rosales
el ámbar perfumea,
morá en los arrabales,

우리의 문지방을 넘을 생각일랑 말아.
　연인이여, 숨어요.
그리고는 당신의 얼굴을 들어 산을 바라보고
아무 말 하지 말아요.
오직 낯선 섬으로 가고 있는
여인의 동반자들만 바라봐요.

(남편)
　가벼운 새들과
사자들, 사슴들, 깡충대는 흰 반점 사슴들,
산들, 계곡들, 강변들,
물들, 대기, 열기
그리고 망보는 밤들의 두려움들에게
　기분 좋은 시와
사이렌의 노래로 간청하니
너희들의 분노를 멈추고
담을 건드리지 말아 줘.
내 아내가 더 편하게 잠을 잘 수 있게 말이다
　아내가 그렇게
바라던 고즈넉한 과수원에 들어 와
편하게 쉬고 있으니.
임의 달콤한 팔 위에
목을 기댄 채 말이다.
　사과나무 아래에서

y no queráis tocar nuestros umbrales.
　Escóndete, Carillo,
y mira con tu haz a las montañas,
y no quieras decillo;
mas mira las compañas
de la que va por ínsulas extrañas.

(Esposo)
　A las aves ligeras,
leones, ciervos, gamos saltadores,
montes, valles, riberas,
aguas, aires, ardores
y miedos de las noches veladores,
　por las amenas liras
y canto de serenas os conjuro
que ceen vuestras iras
y no toquéis al muro,
porque la esposa duerma más seguro..
　Entrado se ha la esposa
en el ameno huerto deseado,
y a su sabor reposa,
el cuello reclinado
sobre los dulces brazos del Amado.
　Debajo del manzano,

거기서 당신은 나와 혼인을 맺었지
거기서 내가 구혼을 했고
그곳에서
당신 어머니가 저지른 죄에서 당신은 자유를 되찾았지.

(아내)
　꽃이 만발하고
사자의 동굴들로 연결되고
자줏빛으로 물들고
평화가 지배하며
수천 개 황금 문장으로 장식된 우리의 보금자리.
　당신의 흔적을 좇아
젊은 여인들은 향기로운 성스러운 방사들인
섬광을 따라
향기로운 포도주를 따라
길을 걷지요.
　내 임의
술 창고 안에서 나는 술을 마셨고, 이 평야로
나왔을 때
난 아무것도 알지 못했어요.
전에 돌봤던 목축 떼도 잃었어요.
　그곳에서 임은 가슴을 내게 주었고
거기서 아주 달콤한 학문을 가르쳐 주었지요.
난 실제로 어떠한 남김도 없이

allí conmigo fuiste desposada,
allí te di la mano
y fuiste reparada
donde tu madre fuera violada.

(Esposa)
　Nuestro lecho florido,
de cuevas de leones enlazado,
en púrpura rendido,
de paz edificado,
de mil escudos de oro coronado.
　A zaga de tu huella,
las jóvenes discurren al camino
al toque de centella,
al adobado vino,
emisiones de bálsamo divino.
　En la interior bodega
de mi amado bebí, y cuando salía
por toda aquesta vega,
ya cosa no sabía,
y el ganado perdí que antes seguía.
　Allí me dio su pecho,
allí me enseñó ciencia muy sabrosa,
y yo le di de hecho

내 전부를 주었고
그분의 아내가 되겠노라 거기서 약속했지요.
  내 영혼은 채용되었고
나의 모든 자산은 그분을 위해 바쳤지요.
이제 난 목축도
다른 일거리도 없답니다.
오직 그분만을 사랑하는 게 나의 일이 되었지요.
  오늘부터 이제
더 이상 목초지에 내가 보이지도 나타나지도 않으면
너희들은 내가 망했다고 말할지 몰라요.
아니요, 난 사랑에 빠져 지내죠,
나를 지게 했으나 승리했거든요.
  신선한 산에서
꽃들과 백옥을 모아
당신의 사랑으로 만개하고
나의 머리카락으로 엮어 짠
화관을 만들 거예요.
  내 목에서 날린다고 생각하여
내 목에서 보신
오직 그 머리카락,
그곳에 포로가 되었고
내 눈 하나에 상처 입으셨지요.
  당신이 나를 바라볼 때마다
당신의 두 눈은 당신의 은혜를 내게 새겼지요

a mí, sin dejar cosa,
allí le prometí de ser su esposa.
  Mi alma se ha empleado,
y todo mi caudal en su servicio;
ya no guardo ganado,
ni ya tengo otro oficio,
ni ya sólo en amar es mi ejercicio.
  Pues ya si en el ejido
de hoy más no fuere vista ni hallada,
diréis que me he perdido;
que andando enamorada,
me hice perdidiza, y fui ganada.
  De flores y esmeraldas,
en las frescas mañanas escogidas,
haremos la guirnaldas
en tu amor florecidas,
y en un cabello mío entretejidas.
  En solo aquel cabello
que en mi cuello volar consideraste,
mirástele en mi cuello,
y en él preso quedaste,
y en uno de mis ojos te llagaste.
  Cuando tú me mirabas,
tu gracia en mí tus ojos imprimían;

그렇게 나를 사랑하셨으니
나의 두 눈이 당신에게서 본 것을
경배하는 게 마땅해 보입니다.
　나를 경멸하지 마시기를,
만일 제게서 얼룩반점을 발견하셨다면 말이지요.
저를 바라보신 후
제게 우아함과 아름다움을
남겨 두셨으니, 이제는 저를 제대로 바라보실 수 있습니다.

por eso me adamabas,
y en eso merecían
los míos adorar lo que en ti vían.
　No quieras despreciarme,
que si color moreno en mí hallaste,
ya bien puedes mirarme,
después que me miraste,
que gracia y hermosura en mí dejaste.

(남편)

　하얗고 작은 비둘기가
가지를 물고 상자로 돌아갔어요.
그리고 이제 산 비둘기가
원하던 짝을
푸른 강변에서 찾았어요.
　고독으로 살았고
이제 고독에다 자기의 둥지를 틀었으며
사랑하는 임은 홀로
고독으로 그녀를 이끌었어요.
또한 상처 입은 사랑의 고독 속에서요.

(Esposo)

　La blanca palomica
al arca con el ramo se ha tornado,
y ya la tortolica
al socio deseado
en las riberas verdes ha hallado.
　En soledad vivía,
y en soledad ha puesto ya su nido
y en soledad la guía
a solas su querido,
también en soledad de amor herido

(아내)

　임이여, 즐깁시다,
그리고 당신의 아름다움으로 산이나 봉우리 사잇길을

(Esposa)

　Gocémonos, Amado,
y vámonos a ver en tu hermosura

보러 갑시다.
그곳에는 맑은 물이 솟아나니
나무 사이로 더 깊이 들어갑시다.
　그러고 나서 우리는
돌로 된 극상의 동굴로 갈 겁니다.
꼭꼭 숨겨져 있는
그곳으로 우리는
들어가 석류 즙을 맛볼 것입니다.
　그곳에서 당신은
내 영혼이 갈구하던 것을 보여 줄 것입니다.
그리고 나서 거기에서
나의 생명, 당신은
그 언젠가 제게 주었던 것을 제게 줄 것입니다.
　대기의 호흡,
달콤한 나이팅게일의 노래,
숲과 숲의 아름다움을,
태우지만
고통을 주지 않는 화염의 맑고 고요한 밤에 말이지요.
　어느 누구도 바라보지 못했던 것이지요.
아미나답[13]도 그랬던 것 같아요.
그리고 담은 진정시키고 있었고
말은
물을 보고 내려오고 있었어요.

al monte o al collado,
do mana el agua pura,
entremos más adentro en la espesura.
　Y luego a las subidas
cavernas de la piedra nos iremos,
que están bien escondidas,
y allí nos entraremos,
y el mostro de granada gustaremos.
　Allí me mostrarías
aquello que mi alma pretendía,
y luego me darías
allí tú, vida mía,
aquello que me diste el otro día.
　El aspirar del aire,
el canto de la dulce filomena,
el soto y su donaire,
en la noche serena
con llama que consume y no da pena.
　Que nadie lo miraba,
Aminadab tampoco parecía,
y el cerco sosegaba,
y la caballería
a vista de las aguas descendía.[14]

스페인 르네상스 후기 문학의 특징은 바로 금욕주의와 신비주의에 있다. 신비주의란 신과의 합일을 의미한다. 그렇게 되기 위해 우선 하늘의 은혜에 힘입어 열정을 제어하고 덕을 실현하여 완벽한 영혼 상태를 이루어야 하는데, 그것이 금욕주의이다. 신비주의인 신과 영혼의 합일은 신의 의지에 달린 문제로 개인의 노력과는 관계가 없다. 금욕주의는 신비주의의 목표인 신과의 합일을 위한 준비 단계로 정화의 단계이다. 계시의 단계부터는 신비주의에 들어가며, 이때는 영혼이 속세의 속박에서 풀려나 성스러운 영혼의 은총, 자비를 누리며 신의 현시를 향유한다. 그 종착점이 신과의 합일이다. 그렇게 되면 세상은 이제 아무런 의미가 없게 된다. 절대적인 신의 사랑으로 넘어가 영혼은 즐겁고 오직 신과 둘만 남게 된다.

바로크

루이스 데 공고라

안드레스 페르난데스 데 안드라다

프란시스코 데 케베도

소르 후아나 이네스 데 라 크루스

루이스 데 공고라

Luis de Góngora, 1561-1627

루이스 데 공고라는 스페인 바로크의 두 가지 미학인 기지주의와 과식주의 중 후자의 대가이자 언어유희의 일인자로 평가받는 시인이다. 코르도바에서 태어나고 살라망카 대학에서 공부했으며 종교 직에 종사했다. 1617년 펠리페 3세 왕은 그를 왕실 사제로 임명했다. 시인은 바로크의 또 다른 미학인 기지주의를 대표하는 케베도Francisco de Quevedo와 함께 기발하고도 새로운 개념, 일상적 표현에서 동떨어진 어휘들을 시로 옮기고자 고군분투한 사람 같다. 기지주의는 당시 모든 시인들이 기본적으로 추구하던 양식으로 과식주의만의 특징이라면 라틴어 사용과 과한 수사에 있다.

공고라의 시는 쉬운 시도 있지만 상식을 넘을 정도의 난해한 시도 있다. 난해한 시는 소수를 위한 작품으로 분류되었던 까닭에 300년 동안 세인들 기억 속에서 사라졌다가 '27세대' 시인들에 의해 재평가되어 이름을 얻었다.

쉬운 시와 대중 시로는 '레트리야'와 '로망스'가 있고, 소수를 위한 시로는 '소네트'와 한 편의 시가 한 권으로 나올 정도의 분량인「폴리페모와 갈라테아 우화Fábulas de Polifemo y Galatea」(1613년 작성, 1627년 사후 발간) 그리고「고독들Soledades」(1613년 작성)[1]이 있다.

공고라의 글쓰기 방식이 못마땅했던 사람들은 그의 문체를 두고 '쿨테라니스모Culteranismo'라고 비아냥댔다. 이 용어는 당시 스페인에서 단죄의 대상이던 종교 개혁자 루터lutero의 종교를 루터주의, '루테라니스모Luteranismo'라고 했는데, 이러한 표현을 차용해 박식,

젠체한다는 '쿨토culto'에다 '주의ismo'를 붙여 만든 것이다. 반면 시인의 시를 높이 평가한 사람은 시인의 시학을 공고리즘, 즉 '공고라주의Gongorismo'라 했다.

그의 시가 난해한 이유는 라틴어의 과용과 함께 무엇보다 과도한 도치와 그만의 독창적인 은유와 환유, 제유, 생략, 완곡법 때문이다. 8행시 '폴리페모 우화'에 이 모든 것이 들어 있다. 생략과 도치가 심해 원문 병기는 필수이다. 다음의 제5연과 6연은 폴리페모가 거주하는 동굴에 대한 묘사이고, 7연은 폴리페모 외형에 대한 묘사이다. 먼저 행별 직역을 하고 이어 부연한다.

V

이 단단한 방해물의 투박한 장식이	Guarnición tosca de este escollo duro
기운찬 가지들이라, 그 얽힘에	troncos robustos son, a cuya greña
빛은 덜 들고 맑은 공기도 부족하니	menos luz debe, menos aire puro
깊은 동굴이, 바위로 인한 것보다도;	la caverna profunda que a la peña;
후덥지근한 침실, 어두운 내부,	caliginoso lecho, el seno oscuro
깜깜한 밤의 존재를 우리에게 알리니	ser de la negra noche nos lo enseña
밤이 새들의 수치스러운 떼가,	infame turba de nocturnas aves,
그곳에서 슬프게 신음하고 고통스럽게 날고 있는.	gimiendo tristes y volando graves.

기운찬 나뭇가지 몇 개가 폴리페모가 거주하는 동굴의 강하고 큰 바위를 지키고 장식하는 용도로 사용된다. 그가 거주하는 깊은 동굴로 낮의 해가 덜 들고 좋은 공기가 부족한 이유는 동굴을 덮고 있는 바위 때문이라기보다 나무들이 얽혀 있기 때문이다. 그리고 동굴의 어두운 내부는 깜깜한 밤의 후덥지근한 침실이다. 그러한 사실을 그곳에서 슬프게 신음하고 고통스럽게 나는 수치스러운 밤새(박쥐) 떼들이 우리에게 알린다.

VI

그러니까 대지의 이 어마어마한	De este, pues, *formidable* de la tierra
하품의 우울한 공간이	*bostezo*, el melancólico vacío,
그 산맥의 공포인 폴리페모에겐	a Polifemo, horror de aquella sierra,
야만의 오두막이자, 어두운 거주지이고	bárbara choza es, albergue umbrío
드넓은 우리로 그곳으로 모든 산양들을 거두어	y redil espacioso donde encierra
산의 거친 정상들을	cuanto *las cumbres ásperas* cabrío
숨기지: 한 번의 휘파람이	*de los montes* esconde:copia bella
모으는 아름다운 무리 그리고 바위가 봉인을 하지.	que un silbo junta y un peñasco sella.

폴리페모가 사는 동굴 입구의 크기와 산의 거친 정상을 형용사와 명사를 떼어 묘사함으로써(필기체로 표시) 크기와 거침을 증강시키는 효과를 노리고 있다. 동굴은 폴리페모의 거처이면서 자기가 돌보는 산양들을 모아 놓는 우리이기도 하다. 한 번의 휘파람으로 그들을(아름다운 무리) 모아 그곳에 가두고 큰 바위로 동굴의 입구를 막아 산의 거친 정상을 감춘다.

VII

특출한 사지를 가진 신인	Un monte era de miembros eminente
이 외눈박이에게는 (넵튠 신의 사나운 자식,	este (que, de Neptuno hijo fiero,
지구처럼 드넓은 그의 이마에 있는 단 하나의 눈으로,	de un ojo ilustra el orbe de su frente,
최대의 행성인 태양과도 거의 경쟁할 수 있어,	émulo casi del mayor lucero)
세상을 밝힌다) 가장 용감한 소나무가	cíclope, a quien el pino más valiente,
너무나 가볍게 복종하고	bastón, le obedecía, tan ligero
그의 육중한 무게에 그토록 가느다란 등심초처럼 구니,	y al grave peso junco tan delgado,

하루는 나무토막이 되었다가 다른 날은 목동의 지팡
[이가 되었더라.

que un día era bastón y otro cayado.[2]

거의 같은 의미의 낱말들을 세포 증식하듯 늘려 가거나, 양쪽에 걸리는 단어의 사용이나 의미의 흐름을 깨면서 중간에 들어가는, 때로는 터무니없을 정도의 긴 삽입구도 공고라 시를 이해하는 데 있어 큰 장애물이다.

시인이 이러한 수사법을 사용하는 목적은 오직 단 하나, 현실을 아름답게 하는 데 있다. 추한 현실을 그냥 부를 수 없어, 가급적 돌려서 말하는 것이다. 장식적인 기능도 있지만 현실의 직접적인 묘사를 배제하고 그 현실을 암시하는 다른 언어로 대체하여 순수하게 문학적인 옷을 입은 시어로 만들기 위해서이다. 아래는 실바 양식으로 쓴 '고독들'에서 수탉을 노래한 것이다.

(…) 집에서 경계하는 그의
음흉한 남편은 태양의 높고 아름다운
사절이자 -턱수염을 기른 합창곡- 황금이 아닌
자줏빛 터번을 동여매고 있지

cuyo lascivo esposo vigilante
doméstico es del sol nuncio canoro
y - de coral barbado- no de oro
ciñe sino de púrpura turbante.(293-296)[3]

다음 소네트를 분석하면서 공고라의 내용과 형식적인 면에서의 미학을 정리해 본다. 오른편 원문은 본래의 시를 내용과 문법에 맞게 정리한 것으로 도치와 생략을 보이기 위한 것이다. 괄호 안은 원문에서 생략되어 있는 것을 살려 정리한 것이다.

반지를 빼다 핀에 찔린 한 여인에 대하여

De una dama que, quitándose una sortija, se picó con un alfiler

Prisión del nácar era articulado de mi firmeza un émulo luciente, un diamante, ingeniosamente oro también él aprisionado.	Un diamante, un émulo luciente de mi firmeza, también él ingeniosamente (engarzado en) oro, aprisionaba (el dedo de Clori), era prisión del nácar articulado.
Clori, pues, que su dedo apremiado de metal aun precioso no consiente, gallarda un día, sobre impaciente, le redimió del vínculo dorado.	Clori no consiente que su dedo (está) apremiado, ni siquiera por precioso metal, gallarda sobre impaciente un día le redimió del vínculo dorado.
Mas ay, que insidioso latón breve en los cristales de su bella mano sacrílego divina sangre bebe:	(Clori, al quitarse la sortija,) se hiere con un dañino alfiler, y el rojo de la sangre, colorea su blanca mano más que
púrpura ilustró menos indiano marfil; invidiosa, sobre nieve claveles deshojó la Aurora en vano.	(si hubiera sido derramada)sobre marfil de la India, lo que provoca la envidia de la Aurora que deshoja inútilmente claveles sobre la nieve.[4]

첫 번째 연의 해설은 이렇다. 내 견고함의 빛나는 경쟁자인 다이아몬드는 마디가 있는 자개의 족쇄였다. 이 '족쇄'는 세 가지 의미로 확장된다. 클로리 손가락(마디가 있는 자개)을 억압하여 자유를 박탈하고 있으니 손가락에게 족쇄이다. 그리고 금반지의 포로가 되어 있으니

다이아몬드에게도 족쇄이다. 다이아몬드 역시 반지의 금에 끼워 맞춰져 있으니 그렇다. 그리고 시인 자신에게나 클로리를 사모하는 자에게 족쇄이다. 여인의 금발의 포로가 되어 있어서 그렇다. 풀어 쓰면 "다이아몬드, 그것은 나의 확고함의 빛나는 경쟁, 다이아몬드 역시 '내가 여인의 머리카락의 노예가 되어 있듯이' 기발하게 금에 끼워져 클로리의 손가락을 포로로 하고 있었다."

두 번째 연의 도치도 첫 번째 연에 뒤지지 않는다. 비록 족쇄가 보석이라 할지라도 클로리는 자신의 손가락이 족쇄로 억압받고 있는 게 싫다. 그래서 참지 못한 것을 넘어서서 늠름하게 황금의 연계(반지)로부터 손가락을 구출해 냈다. 즉, "클로리가 답답함을 못 참고, 비록 보석이라 할지라도 자신의 손가락을 누르고 있던 금반지를 빼 버렸다."

세 번째와 네 번째 연이다. 그런데 클로리가 그 반지를 빼내다 핀에 찔려 붉은 피가 그녀의 하얀 손을 빨갛게 물들였다. 이를 '음흉한 간단한 쇠(핀)'가 '불경스럽게 경건한 피를 마신다'고 표현하고 있다. 손의 아름다움이 '수정'으로 표현되고, 너무나 희어, '피의 붉음 정도가 인도의 상아 위에 흩뿌려진 것보다 더 붉다'고 한다. 이에 그리스 신화에 나오는 여명의 신인 '아우로라가 시기심을 느껴 눈 위에 카네이션을 흩뿌리지만 아무런 소용이 없었다'란 이야기이다.

지극히 소소한 사건이 시로 옮겨진다는 자체가 일단 과장이다. 과장은 공고라 수사학의 또 다른 대표되는 요소이다. 이 시로 '과식주의'를 이루는 주된 요소들을 정리해 본다.

처음 눈에 들어오는 건 보다시피 지나친 도치이다. 위에 원문을 통해 확인할 수 있을 것이다. 다음은 고전 신화 차용뿐만 아니라 라틴어의 사용이다. '연계된'articulado은 '이어 맞추다'의 라틴어 artículus, '연계', '매듭'에서 왔다. '경쟁'émulo은 라틴어 '경쟁자'aemulus에서, '빛나는'luciente은 '빛나는'의 라틴어 lucire, '억압된'apremiado은 '죄다'의 라틴어 premere, '구출한'redimió은 라틴어 redimere, '연결'vínculo은 라틴어 vinculum, '음흉한'insidioso 역시 라틴어 insidiosus, '불경'sacrílego은 라틴어 성스러운 물건을 훔치는 도둑이란 sacrilgus에서, '선홍빛'púrpura는 라틴어 purpura, '광냈다'의 ilustró 역시 라틴어 illustrare에서 가져왔다.

이렇게 라틴어를 사용하는 이유는 소수를 위한 어려운 시를 쓴다는 시인의 목적에도 부합되지만 이러한 용어들을 유포하고 대중화하려는 의도와 함께 음악성과 조형적인 아름다움을 얻고자 하는 목적도 있다. 어휘선택에 있어서도 화려함과 세련미를 추구하고 있음을 볼 수 있다.

결코 흔치 않은 놀랄 만한 은유의 사용도 그렇다. 손가락이 '마디가 있는 자개'이고 반지가 '황금의 연계'이다. 핀은 '음흉한 간단한 쇠'이다. 이 핀이 불경스럽게도 클로리의 아름다운 손, 수정과 같은 손에서 성스러운 피를 마신단다. 현실을 직접적으로 언급하지 않고 돌려 암시하는 용어로 대신하면서 은유에 은유를 연계시켜 그 강도를 더한다. 핀에 찔려 나온 피는 인도의 상아 위에 흩뿌려진 것보다 클로리의 하얀 손 위에서 더 붉다. 이러한 사실에 여명의 신은 시기심을 느껴 눈 위에 카네이션을 흩뿌리지만 클로리 손에서 빛나는 붉은 빛만 못하다. 여성을 최대로 이상화시키기 위해 과장에다 진홍색, 상아, 눈, 카네이션 등의 이미지로 세련미와 감각적인 아름다움을 더하고 있다. 색채감 역시 눈부시다.

음성적으로는 'i'음의 반복된 사용으로 핀에 찔린 고통의 외침 '아이'가 반복되며 강조된다. diamante, ingeniosamente, apremiado, impaciente, insidioso, indiano, envidiosa, día, vínculo, sacrílego, divina, marfil.

완벽할 정도의 조형적인 아름다움이 도를 넘으면 인간미가 떨어져 오히려 흠이 된다. 기발한 착상에 놀랍기는 하지만 감동을 기대할 수 없는 경우가 있다. 현실은 아름답게 변했으나 우리가 느끼는 감정은 그저 차갑기만 한 이유가 거기에 있다. 공고라의 이러한 시적 유희는 자신이 처한 현실을 거부하기 위해서이며, 현실에 대한 시인의 도덕적인 판단의 일환이기도 하다. 아름다운 세상으로 추한 현실을 극복하고 싶은 시인의 열망으로 읽힌다.

안드레스 페르난데스 데 안드라다

Andrés Fernández de Andrada, 1575-1648

11음절 3행시가 19개의 연으로 구성된 「파비오에게 부치는 도덕시Epístola moral a Fabio」가 안드레스 페르난데스 데 안드라다의 유일한 작품이다. 서간체 양식의 장시로서 작가가 멕시코 집정관으로 부임하는 알론소 테요 데 구스만에게 궁정의 신하가 되고자 하는 그의 바람이 쓸데없는 짓임을 충고하고자 쓴 것이라 한다. 당시 스페인 궁정에서 자리를 얻는 일은 하늘의 별따기보다 어려웠다. 엄청난 경쟁은 물론이고, 실력보다는 윗선에 줄 대기와 아부나 뇌물, 아니면 경쟁자가 죽어야만 가능한 일이었다. 이 시에는 고대 로마 시인인 호라티우스의 영향이 보인다. 이상적인 삶이란 부나 명성, 과한 기쁨이나 과한 슬픔이 아닌, 고통 없는 평정심이라는 생각을 나누고 있어서 그렇다. 스페인의 기독교적 르네상스와 이를 이은 바로크의 특징을 동시에 보여 주고 있다. 가진 것에 만족하며 사는 게 이상적인 삶이라고 말하는 이 작품은 비록 금으로 되어 있는 새장이라 할지라도 새장에 갇혀 사는 것보다 노천에 있는 검소한 둥지에서 겸허하게 사는 것을 바라는 나이팅게일에 견주어 주제를 알리고 있다. 3행시인 테르세토는 서간체 양식에 주로 사용되었다.

인간은 하루살이 삶을 살기에 태어나는 순간 사라진다고 한다. 그래서 작가는 바라는 바 없이 주어진 것에 만족하며 조용한 삶을 살기를 제안하고, 전쟁터의 정복자의 야망으로 발생하는 죽음이 아니라 조용한 죽음을 갈망한다. 결론적으로 저 세상에서의 구원과 평화를 얻기 위해 지상에서의 욕망을 포기하기를 권고하고 있다.

시인은 스페인 세비야에서 태어나 군대 장교로 지내다 너무나 가난하여 멕시코로 간 뒤 그곳에서 생을 마감했다.

파비오, 궁신이 되고자 하는 열망은	Fabio, las esperanzas cortesanas
야망가가 죽는 감옥이며	prisiones son do el ambicioso muerte
한창 때의 젊은이를 백발로 만드는 감방이라네.	y donde al más activo nacen canas;
야망을 다듬거나 부수지 않는 자	el que no las limare o las rompiere
사내라는 이름이 합당치 않고	ni el nombre de varón ha merecido,
원하는 영예로도 올라가지 못하네.	ni subir al honor que pretendiere.
속되고 비굴한 영혼은	El ánimo plebeyo y abatido
자기의 시도에서 소심하여	procura en sus intentos temeroso
차라리 떨어지는 것보다 미해결된 채로 있기를 바란다네;	antes estar en suspenso que caído;
온전하고 관대한 가슴은	que el corazón entero y generoso
역경에 처하면 권력자에게 무릎을 꿇기 전	al caso adverso inclinará la frente
이마를 숙인다네.	antes que la rodilla al poderoso,
운명은 집착하여 미친 듯 기다렸던 자보다	Más coronas, más triunfos dio a prudente
물러날 줄 알았던 신중한 자에게	que supo retirarse, la fortuna,
더 많은 왕관과 승리를 주었다네.	que al que esperó obstinada y locamente.
예기치 못하는 역경들의 무시무시한 침략은	Esta invasión terrible e importuna
요람의 첫 번째 울음	de contrarios sucesos nos espera
에서부터 우리를 기다리고 있다네.	desde el primer sollozo de la cuna.
그 침략을 구아달키비르 강의	Dejémosla pasar como a la fiera
거친 물결처럼 지나가게 내버려 둠세.	corriente del gran Betis, cuando airado
분노에 차면 강변이 산에까지 치솟으니 말이네.	dilata hasta los montes su ribera(1-21)

(...)

나이팅게일은 자신의 깃털과 가벼운 짚으로 만든
초라한 둥지를 더 좋아한다네.
동떨어져 숨어 있는 숲에서 불평하는 것을 더 좋
[아한다네.

Más quiere el ruiseñor su pobre nido
de pluma y leves pajas, más sus quejas
en el bosque repuesto y escondido,

금으로 된 철창에 갇혀
거짓말로 어느 유명한 왕자의
귀를 즐겁게 하는 것보다 말일세.

que agradar lisonjero las orejas
de algún príncipe insigne, aprisionado
en el metal de las doradas rejas (46-51)

(...)

생각은 삶과 같아
자네는 오늘에서 내일로 옮기지 못할 것이며
한 순간에서 다른 순간으로조차 이어가지 않
[을지도 모르네.

Iguala con la vida el pensamiento,
y no le pasarás de hoy a mañana,
ni aun quizá de un momento a otro momento

세비야 근처에 있는 옛 로마의 유적지의
허망한 그림자조차도 가지지 못한 자네가 무엇
[을 원한다는 말인가?
오, 인간 삶의 영원한 공포여!

Apenas tienes ni una sombra vana
de nuestra antigua Itálica, y, ¿esperas?
¡Oh terror perpetuo de la vida humana! (58-63)

(...)

우리의 삶이란 한 순간인지라,
태양이 뜨자마자
차가운 밤의 어둠속으로 사라지지 않는가?

¿Qué es nuestra vida más que un breve día,
do apenas sale el sol, cuando se pierde
en las tinieblas de la noche fría?

아침나절 푸르다 저녁이면
마르고 마는 잡초의 삶이 아니던가? 아, 맹목적
[인 정신착란이여!

¿Qué más que el heno, a la mañana verde,
seco a la tarde? ¡Oh ciego desvarío!

이 꿈에서 깨어나게 될 것인가?	¿Será que de este sueño se recuerde? (67-72)
(…)	
혹시 자네는 자네가	¿Piensas acaso tú que fue criado
바다를 횡단하고 전쟁을	el varón para el raya de la guerra,
위해 태어난 남자라고 생각하는가?	para sulcar el piélago salado,
지구를 측량하고	para medir el orbe de la tierra
태양이 쉬지 않고 운행하는 천체를 측량하기 위해서?	y el cerco por do el sol siempre camina?
아, 그렇게 생각하는 자는 얼마나 큰 실수를 범하 [는 것인지!	¡Oh, quien así lo entiende, cuánto yerra!
우리의 성스럽고 높은 삶은	Esta nuestra porción, alta y divina,
더 위대한 행위로 부름을 받으며	a mayores acciones es llamada
더 귀족적인 목적으로 종결된다네.	y en más nobles objetos se termina. (100-108)
(…)	
파비오, 나를 부르는 자를 따르기를 원하네.	Quiero, Fabio, seguir a quien me llama
그리고 말없이 사람들 사이를 지나가기를,	y callado pasar entre la gente,
난 이름도 명성에도 연연하지 않으니 말일세.	que no afecto a los nombres ni a la fama. (115-117)
(…)	
난 내 집의 한 귀퉁이와	Un ángulo me basta entre mis lares,
한 권의 책과 한 명의 친구 그리고 순박한 꿈으 [로 족하다네.	un libro y un amigo, un sueño breve,
근심 걱정을 불러일으키지 않는 것들이라네.	que no perturben deudas ni pesares (127-129)
(…)	
신중한 자의 덕은 얼마나 조용한가!	¡Qué muda la virtud por el prudente!
헛된 욕망으로 그럴싸하게 꾸민 자의 소음은	¡Qué redundante y llena de ruido

얼마나 요란하고 과한가!
　의복에서는 찢어지거나
검소한 척하지 않는 서민의 복장을,
관습에서는 훌륭한 자들만 따르고 싶도다.
　(...)
　난 평범한 삶을,
온화한 스타일을 원하니
누가 봐도 눈에 띄지 않으리.
　(...)
　무엇이든 절제 없는
완벽함을 본 적이 있는가? 아, 죽음이여!
화살에 실려 오던 대로 말없이 오너라.
　화염과 소음으로
무장한 시끄러운 도구로서가 아니라,
내 문은 쇠로 겹겹이 되어 있지 않으니 말이다.
　이렇게, 파비오, 진리가
자신의 실체를 밝혀 내게 보여 주니, 나의 자유 의지는
그 진리와 함께 이루어지고 조화를 이루는구나.
　내가 믿고 있는 모든 것을 알고 우롱 말게.
이렇게 열심히 용기 내어 하는 말을
헛되고 허영에 찬 수사로 치부하지 말게.
　혹시나, 진리가 악덕보다
더 힘이 없다고 생각하는가, 아니면 덜 강하다고?
진리를 연약하고 소심하다고 책하지 말게나.

por el vano, ambicioso y aparente!
　Quiero imitar al pueblo en el vestido,
en las costumbres sólo a los mejores,
sin presumir de roto y mal ceñido. (163-168)

　Una mediana vida yo posea,
un estilo común y moderado,
que no le note nadie que le vea (172-174)

　Sin la templanza, ¿viste tú perfecta
alguna cosa? ¡Oh muerte! Ven callada,
como sueles venir en la saeta;
　no en la tonante máquina preñada
de fuego y de rumor; que no es mi puerta
de doblados metales fabricada.
　Así, Fabio, me enseña descubierta
su esencia la verdad, y mi albedrío
con ella se compone y se concierta.
　No te burles de ver cuánto confío,
ni al arte de decir, vana y pomposa,
el ardor atribuyas de este brío.
　¿Es, por ventura, menos poderosa
que el vicio la verdad? ¿O menos fuerte?
No la arguyas de flaca y temerosa. (181-195)

(...)

나의 달콤한 친구여, 난 이제 내가
단순해서 사랑했던 그 모든 것에서 도망쳐
[물러난다네.
모든 고리를 끊었네. 오게, 그러면 내가 갈
[망하는 위대한 결말을 알게 될 걸세.
시간이 우리의 품에서 죽기 전에 말일세.

Ya dulce amigo, huyo y me retiro
de cuanto simple amé: rompí los lazos;
ven y sabrás al grande fin que aspiro
antes que el tiempo muera en nuestros brazos. (202-205)[5]

프란시스코 데 케베도

Francisco de Quevedo, 1580-1645

스페인 문인들 중에서 가장 특출한 인물로 당연시되는 케베도는 자신이 처한 시대를 온 몸으로 산 문인이다. 스페인의 가장 큰 위기, 즉 대제국의 이상들이 무너져 내리면서 동반된 정치적 혼란과 행정과 사회에서의 부정부패, 전염병, 기근 등, 이 모든 것에 열정적으로 반응한 작가의 작품은 당연히 그러한 현실의 반영물이다. 결코 낙관적일 수 없는 환경 속에서, 그렇다고 공고라처럼 그러한 현실을 무시할 수 없었던 작가는 산문, 운문 가리지 않고 때로는 풍자로, 때로는 감상과 익살로 작품들을 양산해 냈다. 삶과 죽음과 사랑을 심오하면서도 아름답고 감상적으로 그리다가도 잔인하고도 기괴할 정도로 우롱하고, 사회와 인간을 신랄하게 풍자하는 그의 사고와 표현 능력에 감탄이 절로 나온다. 특히 일상의 언어로 담아 내지 못할 사안들은 뻔뻔스럽고도 과감할 정도로 언어를 새로이 만들어 썼다. 접미사나 접두어 첨가, 동사, 형용사, 부사의 명사화, 단어 분절과 조합 등으로 창조해 내어 패러디하고, 놀랄 만한 은유로 그려 내며, 말장난을 일삼는 그를 기지주의의 대가라 정의하는 게 당연해 보인다. 전혀 관계없어 보이는 말이나 개념에서 관계를 찾아내는 시인의 지적 능력이 놀라울 따름이다.

케베도 살아생전 그의 작품은 독립적으로 발표된 적이 없다. 다른 시인들의 작품과 함께 가곡집이나 모음집에 실려 소개되거나 원고본으로 알려졌다. 그의 사후 안토니오 곤살레스 데 살라스Antonio Gonzales de Salas가 1648년 마드리드에서 551편의 시인의 시를 『아홉 명의 뮤즈를 가진, 두 개의 봉우리로 나뉜 산, 스페인의 파르나소스El Parnaso español, monte en dos cumbres dividido, con las nueve Musas castellanas』로 발간했다. 제목으로 보면 시인의 시를 아홉 명의 뮤즈의 성격에 따라 구분하여 모아 놓은 것 같은데, 실제 여섯 부분으로 되어 있다. 그러면서 편집자는 작품이 계속될 거라고 적고 있다. 도덕 시, 철학 시, 사랑 시, 익살스러운 시 등으로 묶여 있다.

나머지 세 부분은 곤살레스가 아닌 시인의 조카 페드로 알데레테 케베도 이 비예가스Pedro Alderete Quevedo y Villegas가 1670년 마드리드에서 『카스티야의 마지막 세 뮤즈들Las tres Musas últimas castellanas』란 이름으로 소개했다. 234편의 시가 세 명의 뮤즈 이름 아래 유사한 경향의 시들로 묶여 나뉘어 있다. 사랑과 도덕, 인간의 덕과 악덕에 관한 성스럽고 음울한 시들이다. 물론 단 하나의 경향으로만 묶을 수 없는 시들도 있다. 특히 죽음을 이야기하는 시를 보면 형이상학적인 소재가 뻔뻔스러울 정도로 우롱조로 다루어지고 있다. 시인의 삶의 자세와 바로크 시대사상이 가장 잘 드러나는 시로는 사랑의 시와 형이상학적 시, 우롱과 풍자시이다.

우리는 시 장르에 대해 형식적인 면에서나 내용적인 면에서 보편적으로 갖고 있는 통념이 있다. 학교에서 배운 것이나 개인적인 경험에서 형성된 것으로 보통 인간 기지의 표현물이며, 거기에는 귀족적인 감정이나 뛰어난 열망, 심오하거나 숭고한 사상들이 투영되어 있어야 한다고 알고 있다. 그런데 앞선 공고라에서도 경험했지만, 스페인 바로크 시대의 시들을 보면 문학이 존재하는 이유가 무엇인지, 그리고 작품 활동의 핵심과 본질이 어디에 있는지 의문이 일기까지 한다. 일반적으로 우리가 알고 있던 문학에 대한 이해의 폭을 훨씬 더 광대하게 넓혀야 한다는 생각이 들기 때문이다. 문학의 귀족적인 면은 저 멀리 사라지고, 문학이 단지 언어의 유희적 산물이 되어 고귀한 시적 가치는 전혀 보이지 않는 경우도 허다하다. 고대 그리스 로마 작가들은 문학의 기능을 즐겁게 하면서 가르치는 것에 두었고, 이러한 면을 가장 균형 있는 이상적인 문학의 존재 이유로 보았다. 그런데 이 균형이 깨어져 지나칠 정도로 교리에만 치중하여 독자들이 도저히 읽어 낼 수 없는 작품이 탄생되는가 하면, 정반대로 교리적, 철학적 메시지는 일절 없이 그저 언어의 유희나 재미만을 주는 작품들이 등장하기도 한다. 이 후자의 경우 그저 하나의 놀이가 되어 기발하다 싶을 정도의 예측불허의 시가 탄생되는데, 대표적인 경우가 케베도의 풍자시이다. 전혀 상관없어 보이는 단어들, 단절되어 있던 단어들이 어떻게 분절과 접붙이기를 통하여 메시지를 창출하는지 그의 천재성이 눈부시다. '가능한 가장 닮지 않은, 거리가 먼 두 개념을 관계 짓고 합쳐 신비를 만들어 내는 것'과 가급적 '응축되고 간결한 표현과 내용'에 핵심을 둔 기지주의[6] 글쓰기의 모범이다.

이 자리에서는 풍자시 「돈 루이스 데 공고라와 그의 시를 공박하며」와 수수께끼시 「돈 프란시스코 데 케베도 이 비예가스의 수수께끼」를 보기로 한다. 이해를 돕기 위해 원문 병기는 필수이다.

이 외눈박이는 시칠리아인이 아닌,
소우주의 것으로, 뒷부분의 천체;
이 대차점의 얼굴의 반구체는
이탈리아어로서 구역을 나눈다.

완전한 면으로 살아 있는 이 원;
단지 제로이면서
구역을 늘리고 완벽하게 나누니
완벽한 베니스의 주판장이;

작은 눈이지만 눈먼 물체;
털이 난 틈새;
악과 모욕의 이 정점;

이것에서 오늘날 방귀는 사이렌이니
이게 바로 공고라와 박식함에서 궁둥이인지라

Este cíclope, no siciliano,
del microcosmo sí, orbe postrero;
esta antípoda faz, cuyo hemisfero
zona divide en término italiano;

este círculo vivo en todo plano;
éste que, siendo sólamente cero,
la multiplica y parte por entero
todo buen abaquista veneciano;

el minóculo sí, mas ciego vulto;
el resquicio barbado de melenas;
esta cima del vicio y del insulto;

éste, en que hoy los pedos son sirenas,
éste es el culo, en Góngora y el culto,

남색이 있는 자도 그를 거의 알아보지 못할지니라. que un bujarrón le conociera apenas.[7]

공고라의 장시 「폴리페모와 갈라테아 우화」 25번째 시구인 "시칠리아 바다가 거품을 이는 곳donde espumoso el mar siciliano"과 51번째 시구인 "지구처럼 드넓은 그의 이마에 있는 단 하나의 눈으로 세상을 밝히는de un ojo ilustra el orbe de su frente", 그리고 53번째 시구인 "외눈박이에게는 가장 용감한 소나무가cíclope a quien el pino más valiente"에 나오는 '시칠리아인', '눈', '외눈박이'[8]라는 단어들과 전혀 연관이 없어 보이는 단어들을 결합시켜 시인은 익살스러운 이미지를 만들어 내고 있다.

'시칠리아인'의 스페인어 표기는 siciliano인데, 이 단어를 가능한 의미단위로 분절해 보면 si-cili-ano가 된다. 여기서 si는 긍정의 답인 '그래'라는 뜻이고, cili는 라틴어 cilium, 즉 '털을 가진' 이란 뜻이며, ano는 '항문'이다. 이 의미들을 모아 보면, 털이 있고 항문이 있는 곳은 '엉덩이'이다. '외눈박이'는 그리스 신화에서 폴리페모이며, 이 자는 이마에 눈 하나만을 갖고 있는 괴물로 율리시스가 그 눈을 장님으로 만들었다. 눈이 하나인데, 그것이 장님이니, 우리의 상상력을 발휘해 보면 그것은 항문이고, 항문이 있는 곳은 바로 엉덩이이다.

2행에서 '소우주'는 르네상스 시대 인간의 몸을 지칭할 때 사용하던 철학적 용어이다. 이 시에서 인간의 몸 뒷부분에 있으며 털이 있고 눈이 먼 한 개의 눈이라면 역시 항문으로, 이것이 있는 곳 역시 엉덩이다. 3행에서 우리 몸의 정면이 아니라 반대쪽에 있는 반구체는 다름 아닌 엉덩이이다. 4행에서 이 반구체를 똑같이 두 면으로 나누니 이것은 항문이다. '이탈리아 용어'에서 '용어'인 'término'에는 '경계, 나누는 선'이라는 의미가 있다. 5행 '원'의 스페인어 'círculo'를 분절해 보면, 'cir'에서는, 즉 cera(똥)을 연상시키고, 'culo'는 '엉덩이'이다. 6행에서 '제로'는 항문을, 2행에서와 같이 은유적으로 표현한 것이다. 8행에서 이 '제로'를 넓히고 나누는 베니스 주판장이라니, 관계시킨 단어의 비약이 도를 넘는다. 이 '주판장이'라는 스페인 단어는 액면적으로 '고리대금업자' 또는 '상인'이라는 것과 '수를 놓고 계산한다'는 뜻이 있다. 당시 어린애들에게 셈을 가르칠 때 막대에다 구슬을 끼워 오른쪽에서 왼쪽으로,

또는 그 반대로 밀며 당기며 덧셈과 뺄셈을 하던 도구를 사용했는데, 이 용어는 그 도구를 연상시킨다. 그러니까 그런 일을 잘 하는 사람을 '주판장이'라고 표현한 것이다. 그런데 7행에 보면 '지역을 늘리기도 하고 온전히 나눈다'로 되어 있는데, 이것의 대상은 항문이다. 역시 이 항문이 있는 곳은 엉덩이다. 케베도의 말장난은 더 나아간다. 17세기 스페인에서 매독을 '프랑스 병'이라고 했다. 반면 '남성 동성애자'인 '남색'은 '이탈리아 악습'이라고 했다. 그러니까 8행의 의미는 표현된 대로 보면 본 바와 같이 산수이다. 하지만 '제로', 즉 항문을 잘 다루고 종종 사용하는 자는 베니스 주판장이, 즉 동성애자이다. '늘리다'라는 단어에는 수학적 의미 외에 '넓히다, 더욱더 크게 하다'라는 뜻도 함께 있다. '온전하게 나눈다', 즉 어느 한쪽을 더 크게 하거나 작게 하지 않으며 망가트리지도 않고 똑같이 나눈다, 즉 항문을 통한 동성 간의 성교를 암시하고 있다. 앞서 본 '원'이니 '살아 있는 원주'를 부수지 않고 칼로 자르듯 똑같이 나누는 건 남성의 성기가 상대의 항문으로 들어갈 때의 상황을 암시한다고 볼 수 있다. 9행에서 '가장 작은 눈'은 'minóculo'인데, 이 단어를 분절해 보면 역시 'culo', 즉 엉덩이란 의미가 들어가 있다. 그리고 엉덩이의 눈으로 보는 항문은 거의 없다시피 할 정도로 구멍이 작다. 그래서 'mino'이다. 여기서 이 'minóculo'를 'monóculo' 단어로 대체하면 의미는 앞선 연과 연관되어 더 확실해진다. '단 하나의 눈'의 'monóculo'는 외눈박이 폴리페모이며, 앞선 내용과 의미가 연결되면서 강조된다.

지금까지는 털이 나고 눈이 먼 외눈박이가 있는 반구체 엉덩이를 단어들의 분절과 전혀 관계없는 단어들과 연계하여 물리적인 면으로 묘사했다면, 11행에서는 도덕적인 면으로 나아간다. 엉덩이가 '부도덕과 모욕의 극치'인 이유는 그 당시 남색은 최고형인 화형에 처할 정도의 중죄로 다스렸다. 스페인에서 화형은 이단자나 그리스도교로 위장한 유대인들에게나 내리던 가장 가혹한 벌이다. '모욕'이 되는 것은 남자가 받을 수 있는 가장 나쁜 일 중의 하나로 이러한 행위자는 진정한 남성으로 대접받지 못했기 때문이다. 12행에 들면 앞서 이야기한 것들에 대한 답이 주어진다. 지금까지 '엉덩이'가 나름 품위 있고도 완곡하게 에둘러 표현되었는데, 이렇게 표현한 이유는 '방귀'도 '사이렌'으로 보는, 즉 과식주의의 대가이자 케베도의 문적이었던 공고라가 그런 식으로 말하기 때문이다. 결국 시인은 공고라의 문체가 '엉덩이'임을 비하할 목적으로 직접 말하지 않고 짐작해서 알아채도록 다양한 방법으로 말장난하고 있는 것이다. 공고라는 어떤 내용을 말할 때면 직접 드러내지 않고 빙 둘러 표현하는 완곡법을 애용하는데, 그 정도가 터무니없을 정도로 지나쳐 그를 이해할 사람이 아무도 없음을 케베도 역시 같은 방식으로 이야기하고 있는 것이다. 결론적으로 이해를 못 하는 정도가 '엉덩이'를 그렇게 많이 사용하는 남색한조차도 알 수 없을 정도라는 게 14행의 내용이다. 결국 케베도는 공고라의 문체는 '쿨토culto'로 그것은 '쿨로culo(엉덩이)'라는 것이다. 'culo'와는 전혀 상관없는 단어들을 동원해 'culo'를 이야기하고 있다. 8가지 방식으로 '엉덩이'를 이야기하고 있지만 그가 차용한 어휘에는 직접적으로 'culo'가 한 번도 언급되고 있지 않다는 점이 대단하다.

이렇게 문학이 기지의 놀이, 하나의 유희가 되어 엄청난 인기를 누렸던 때가 바로크다. 작가나 독자 편에서 다들 영민함과 기지를 작품 최고의 미덕으로 여겼던 당시, 작가는 독자들이 자신의 작품을 제대로 읽어 내기를 원했고, 독자는 자기가 읽을 책이 영민함과 기지로 가득하기를 바랐다. 그래서 바로크 문학은 풍부한 수사를 기본으로 하여 가장 관계없을 것 같은 단어들을 짜깁기하여 우리의 상상을 초월하고 더 나아가 문학의 한계를 넘어서는 장난기가 가득한 작품들로 채워지기도 했다. 한 예로, 각 행의 머리글자나 끝 글자를 모으면 의미가 되는 시, 또는 'roma'와 'amor' 같이 철자를 바꿔 읽어야 의미가 통하는 시, 또는 겉으로는 찬양하는 것으로 보이나 안을 들여다보면 신랄한 비난이 되는, 두 가지 해석이 가능한 시, 그리고 상형문자나 수수께끼 같은 시들까지 유행했다. 이 수수께끼 시의 대표작이 아래의 「돈 프란시스코 데 케베도 이 비예가스의 수수께끼」이다.

두 명의 자매는 함께 태어나	Los dos somos hermanos producidas
우린 아주 서로 닮았지요.	de un parto, y por extremo parecidas;
우리같이 속죄하는 삶은 없다니까요.	no hay vida cual la nuestra penitente:

그러니까 우리는 늘 사람들 사이로 얼굴을	siempre andamos de embozo entre la gente,
숨기고 다녀야 해요. 우리 눈을 보는 일, 더 나아가 얼굴을	que a indecencia juzgará
보는 일은 품위 없는 일로 여길 거라서 말이에요.	vernos un ojo, cuanto más la cara.
그런데 필요로 인해	Necesidad precisa
벗은 채로 있어야 할 때도 많아요.	nos tiene muchas veces sin camisa;
우리는 먹지도 않은 걸 늘 토하고	gormamos siempre lo qu no comemos;
그것보다 더 큰 괴로움은	y otro mayor trabajo padecemos:
우리랑은 상관없는 잘못으로	que por culpas ajenas
매질은 우리가 다 당한다니까요.	somos el dedo malo de las penas.
우리의 목소리는 메아리라 당연히	Un eco es nuestra voz, de que, ofendidos
두 개의 감각이 모욕을 당하지요.	y con razón, se muestran dos sentidos;
그래서 비록 강요된	y asi la urbanidad, aunque forzadas,
예의범절이기는 하지만 다른 사람이 있을 땐	nos tiene
독백만 하도록 되어 있답니다.	a soliloquios condenadas;
결국 우리의 삶이란	es al fin nuestra vida,
숨어서 겸손하게 지내야 하니 늘 재미가 없지요.	por recoleta, siempre desabrida.
(설명)	(Explicación)
내가 낸 수수께끼를 풀	Si no quieres trabajar
생각이 없다면, 아름다운 클로리여,	el ingenio, bella Clori,
우리는 오리 없는 오리날이고	orinal somos sin ori,
바르를 뺀 바르가스라오.	y vargas, quitado el var.[9]

시가 요구하는 답을 유추할 수 있는 직접적인 언급이 시에 일절 없다. 하지만 앞선 작품 설

명에 기대어 보면, 풀이가 그다지 난해하지 않을 듯하다. 이 작품 역시 아무런 관계가 없을 것 같은 단어들을 결합시켜 시인이 의도하는 바를 이야기하고 있는데, 이렇다.

물리적으로 서로 닮은 것이자, 동시에 태어난 자매라는 내용이 1행과 2행의 내용이다. '자매'라면 여성명사에 복수인데, 그것이 무엇인지를 우리가 풀어야 할 수수께끼이다. 이어 3행부터 12행까지는 이 자매들의 삶을 이야기하고 있다. 죄를 뉘우치는 고해자와 참회자의 속죄의 삶이다. 속죄하는 삶을 사는 죄인은 고행하며 모든 것을 참고 견디는 자라는 의미와 동시에 은유적으로 참회하는 사람들은 종교행렬에서 늘 얼굴을 가리고 매질을 당하며 걷는데, 이에 대한 암시가 3행과 4행에 있다. 그런데 얼굴을 숨기고 걷는 이유가 종교적인 이유 때문이 아니라 그들의 얼굴을 보는 일이 점잖지 않기 때문이라고 5행과 6행에서 말하고 있다. 얼굴의 눈을 보는 일도 마찬가지로 점잖은 일이 아니라는데, 눈이 단수로 되어 있다. 앞서 본 시에서처럼 재담이자 이해를 위해 예리함이 요구되는 대목이다. 7행과 8행에서는 앞선 내용과 반대로, 필요로 인해 종종 벗은 채로 있어야 한다. 속죄자인 쌍둥이 자매가 필요로 하는 것은 속죄하는 자에게 필요한 일일 수도 있지만 문맥상 그런 의미가 아니다. 장을 비워야 할 생리적인 욕구 때문이다. 그런데 먹은 것도 없는데 토를 해야 하니 얼마나 힘들고 고통스러울지, 살아가는 동안 속죄나 고행을 해야만 하는 삶의 고뇌를 증가시킨다. 이렇게 12행까지 자신들이 저지르지 않은 잘못인데도 고통은 자신들이 감내해야 한다고 한다. 13행에 들면 이 쌍둥이 자매가 엉덩이라는 걸 짐작하게 된다. 이 엉덩이에서 나오는 소리는 방귀인데, '메아리'는 이 소리가 요란하게 울려 퍼진다는 의미이다. 그러니 우리의 두 개의 감각, 즉 귀와 코가 모욕을 당하는 것이다. 따라서 예의상 누군가 있을 땐 소리를 내서는 안 되는 법이다. 그 결과 17행에서 보듯, 아무도 들을 수 없도록 독백만 해야 한다. 이렇게 숨어 지내야 하고 말도 못 하는 삶이니 사는 재미가 없다는 게 18행과 19행의 내용이다.

'설명' 2행에서 '아리따운 클로리'는 시인이 낸 수수께끼를 풀 생각이 없는, 또는 그렇게 하기가 귀찮은 독자일 수 있다. 그래서 답을 넌지시 던지는데, 3행의 원어가 필요하다. 즉, '오리가 없는 오리날', 즉 오리날(orinal)에서 앞의 오리(ori)를 제하면 '날(nal)'이 남고, 이어

'바르가스(vargas)'에서 '바르(var)'를 제하면 '가스(gas)'가 남는다. 이 남는 것들을 합쳐 연결하면, 스페인어로 여성명사 복수인 '날가스nalgas', 즉 양쪽 엉덩이가 된다. 전혀 관계없을 것 같은 단어들의 이미지상의 유사함이나 유사 단어의 연상 및 어휘의 분할과 조합을 통해 케베도는 이렇게 기지주의를 만들었다.

시인의 공고라를 향한 공격은 공고라의 신체와 그의 출신 성분에까지 이른다. 아래의 소네트는 공고라를 희화한 「코 큰 사람에게 부쳐」이다.

코에 붙어 있던 사람이었죠.	Érase un hombre a una nariz pegado,
최고로 큰 코였습니다.	Érase una nariz superlativa,
반쯤 살아 있는 증류기였습니다.	Érase una alquitara medio viva,
턱수염이 잘못 난 청새치였습니다;	Érase un peje espada mal barbado;
생김새가 흉한 해시계였고	Érase un reloj de sol mal encarado,
입을 위로 처든 코끼리였으며,	Érase un elefante boca arriba,
사형집행인과 법률가의 코였으며	Érase una nariz sayón y escriba,
코가 잘못 난 오비디오 나손이었습니다.	Un Ovidio Nasón mal narigada.
갤리의 충각이었습니다.	Érase el espolón de una galera,
이집트의 피라미드였습니다.	Érase una pirámide de Egito,
열두 부족의 코였습니다.	Los doce tribus de narices era;
무한한 코였습니다.	Érase un naricísimo infinito,
가면의 거대한 코였습니다.	Frisón archinariz, caratulera,
검붉은 기름에 튀긴 퉁퉁 부은 종기였습니다.	Sabañón garrafal morado y frito.[10]

독자들이 가장 많이 좋아한다는 작품이다. 큰 코를 풍자적으로 엮은 작품들은 그리스 문집에서 전례를 찾아볼 수 있지만, 여기서 케베도가 사용한 '입을 위로 처든 코끼리'라든가

'생김새가 흉한 해시계', 그리고 '코에 달려 있는 인간'이라는 이미지는 새롭다. '청새치' 껍질은 비늘이 없고 가죽처럼 꼬들꼬들하며 약한 연갈색을 띠고, 살은 붉은 기가 돌아 코를 연상시킨다. '사형집행인'은 유대인을 일컫는다. 예수를 십자가에 못 박았기 때문이다. '법률가'는 히브리 법전을 해석하는 법학자로 유대인을 의미함과 동시에, 법률가의 긴 복장과 구부정한 어깨는 유대인들의 특징인 매부리코 이미지이다. '오비디오 나손'은 고대 로마 작가 프블리우스 오비디우스 나소(B.C. 43-A.D. 18)로, 코가 큰 것으로 유명하다. 여기서 '나손Nasón'은 스페인어로 코인 '나리스nariz'의 증대사인 '나리손narizón'을 떠올리게 한다. '열두 부족'은 이스라엘 민족의 열두 지파를 말한다. 시인은 공고라가 유대인의 후손임을 신체 묘사로 폭로하고 있는 것이다.

이렇게 신랄한 풍자시를 쓴 시인이 스페인 문학사에서 가장 아름다운 사랑의 시를 썼다는 게 이해되는가. 제목부터 예사롭지 않은, 소네트로 읊은 「죽음 저 너머의 사랑Amor constante más allá de la muerte」이다.

백일이 나를 데려갈 최후의
그림자는 나의 눈을 닫을 수 있을 것이며,
영혼의 간청에 귀 기울여
시간도 이 나의 영혼을 풀어놓을 수 있을 것이다.

그러나 내 사랑이 불탔던
이 세상 강가에다 나의 영혼은 나의 기억을 놔두지 않을 것이다.
나의 정염은 차가운 물을 헤엄쳐
준엄한 법을 무시할 줄 알기에.

사랑의 신에 포로가 되었던 내 영혼은,
그러한 열정에 체액을 공급했던 나의 혈관은,
영화롭게 타올랐던 나의 뇌수는,

그의 육체는 버려도 사랑의 열정은 버리지 않으며,
재로 화할 것이나 그러나 느낌은 가질 것이며,
먼지로 남을 것이나 그러나 사랑에 빠진 먼지가 될 것이다.[11]

생의 마지막 순간 영혼이 간절히 죽음을 청하매 이에 응한 시간은 나의 영혼을 육체로부터 분리시킬 수 있다. 그러나 죽으면 영혼은 육체로부터 떨어져 나와 레테 강에서 긴 망각의 물을 마셔야 하며, 그렇게 기억을 이 세상에 놔두고 가야 한다. 그런데 시인은 그러한 준엄한 법을 무시하고 죽어서라도 기억을 가지고 가겠노라 고집한다. 그리고 혈관은 죽어 재가 되고 뇌수는 먼지가 되겠지만, 역시 준엄한 법을 어겨 재가 되기는 하나 느낌을 가지는 재가 될 것이며 먼지로 화하기는 하나 사랑에 빠진 먼지가 될 것이란다. 다마소 알론소는 이 시를 두고 케베도 최고의 작품이자 스페인 문학상 최상의 작품이라고 격찬했다.

다음은 케베도가 소네트로 읊은 바로크 사상의 결정체이다.

현재도, 과거도 미래도 없도다

"아, 삶이여!" 아무도 내게 답을 하지 않는거야?
이곳에 내가 살아온 과거들이 있도다!
운명은 나의 시간을 물어뜯고
나의 광란은 나의 날들을 감춘다.
젊음과 나이가 어디로 어떻게
도망갔는지 알 수가 없다니!
산 날은 있으되 살날이 없고
날 따라잡지 않는 불행도 없다.
어제는 갔다. 내일은 오지 않았다.

오늘은 한 순간도 쉬지 않고 가고 있다.
난 한 과거였으며 한 미래일 것이며 그리고 한 피곤한 자다.
　오늘과 내일과 어제에
배내옷과 수의가 함께 있고, 난
현재 계속되는 고인의 행렬 속에 있다.[12]

케베도는 시간을 불러도 대답 없는 빈 집과 비교하고 있다. 집이 비어 있으니 불러도 대답할 자가 없다. 당시 "아, 삶이여!"라는 표현은 누군가 물을 열어 주러 오기를 바랄 때 소리쳤던, 우리나라의 "게 아무도 없느냐?"와 같은 뉘앙스를 갖고 있다. "운명은 나의 시간을 물어뜯고/나의 광란은 나의 날들을 감춘다"는 나의 야망들을 벌하기 위해 운명과 불행이 나의 날들을 거머쥐고 포로로 했으며, 나의 광란들이 내게 주어진 시간을 잃어버리게 했다는 뜻이다. 시인에게 인생이란 단지 죽음의 행렬일 뿐이다. 시인은 마누엘 세라노 델 가스티요에게 1635년 8월 16일에 이런 내용의 편지를 보냈다. "오늘로 내 나이 52세, 그 나이 속에 또 다른 나의 많은 것들이 매장되어 있다. 나의 돌이킬 수 없는 요람기가 묻혀 있고, 나의 유년기가 묻혀 있으며, 나의 아동기와 나의 청년기와 장년기가 묻혀 있다. 내가 산 다섯 개의 시절을 묻고 있는 바로 나 자신의 이 무덤의 노년기를 어찌 삶이라 부를 수 있겠는가?"

소르 후아나 이네스 데 라 크루스

Sor Juana Inés de la Cruz, 1550-1594, 멕시코

어릴 때부터 독서광이었던 소르 후아나 이네스 데 라 크루스는 자신의 자유 의지를 남성의 뜻 아래 매이게 하고 싶지 않았다. 당시 시대상 한 여성으로서보다, 수녀로서 자신이 진정으로 하고 싶은 일인, 읽고 쓰는 일을 할 수 있는 가능성이 더 크다고 보았기 때문에 유일한 출구인 수녀원을 택했다. 시인은 시에서뿐만 아니라 극으로도 존재감을 드러냈으며, 그녀의 명성은 스페인까지 닿았다. 강한 성격과 개성을 갖고 있었지만, 여성의 존재에 대해 무심했던 세월 동안 시인은 잊혀 오다 멕시코 시인 옥타비오 파스가 시인에 대해 연구한 이후로 제대로 된 평가를 받았다.

8음절로 된 4행이 한 연으로, 첫 번째 행과 네 번째 행이 운을 이루고 두 번째와 세 번째 행이 운을 이루는 레돈디야 형식으로 작성된 「책망하는 멍청한 남정네들이여Hombres necios que acusáis」는 그녀의 존재를 재확인시킬 정도로 유명한 작품이다. 여성에 대한 남성들의 욕망을 심오하고도 아주 용기 있게 그려 낸 이 작품에는 두 명의 신화 속의 여성이 등장한다. 알렉산더 시대 창녀인 타이스와 겁탈당한 뒤 가슴에 칼을 꽂아 자결한 로마의 여인 루크레시아이다.

책망하는 멍청한 남정네들이여

부당하게 여성을 책망하는
멍청한 남정네들이여, 그대들이
책하는 그 잘못의 원흉이
바로 그대들임을 알지 못하나니.
비할 데 없는 열망으로
여인의 경멸을 청한다면,
여성들이 악을 저지르도록 부추긴다면
그녀들이 선한 일을 하기를 원하는 이유는 대체 뭐요?
여성의 저항을 무찌르고 나서는
남정네, 그대들은 엄숙하게 말들 하지,
정성이 한 일을
경박했다고 말이오.
그대들의 광기가 저지른
무모함이, 갖고 놀고 나서는
두렵다고 하는 아이와
닮도록 하고 싶어 하는구려.
골 빈 자부심으로
그대들이 추구하는 여인을 찾기를 원하지요.
연애는 타이스,
결혼은 루크레시아를 말이지요.
충고가 부족해 자기들이
거울을 흐려 놓고 거울이

Hombres necios que acusáis

Hombres necios que acusáis
a la mujer sin razón,
sin ver que sois la ocasión
de lo mismo que culpáis;
Si con ansia sin igual
solicitáis su desdén,
¿por qué queréis que obren bien,
si las incitáis al mal?
Combatís su resistencia,
y luego, con gravedad,
decís que fue liviandad
lo que hizo la diligencia.
Parecer quiere el denuedo
de vuestro parecer loco,
al niño que pone el coco
y luego le tiene miedo.
Queréis, con presunción necia,
hallar a la que buscáis,
para pretendida. Tais,
y en la posesión, Lucrecia.
¿Qué humor puede ser más raro
que el que falto de consejo,

깨끗하지 못하다고 느낀다니
그보다 더 희한한 우스갯짓이 있을까요?

경멸도 애정도
똑같이 취급하여,
제대로 못 모시면 불평하고
잘 모시면 우롱하는 그대 남정네들이여.

가장 신중한 여인이
그대들을 거부하면 배은망덕하고
그대들을 받아들이면 경박하니
살아남을 방법이 없는 법.

늘 그렇게 멍청하게
물불을 가리지 못하고 다니니
한 여인은 잔인하다 책망하고
또 다른 여인은 쉬운 여자라 탓하는구려.

그대들의 사랑이 원하는 여성은
도대체 어떻게 해야 하는 건가요?
배은망덕하면 모욕하고
쉬우면 성질을 부르니 말이오.

그대들의 입맛에 따라
화도 내고 고통도 당하는 사이에
그대들을 분명 사랑하지 않는 여인이
반드시 있기를 바라니, 불평이나 하시구려.

그대들이 사랑하는 고통들이
상상의 날개를 달아,

él mismo empaña el espejo,
y siente que no esté claro?

Con el favor y el desdén
tenéis condición igual,
quejándoos, si os tratan mal,
burlándoos, si os quieren bien.

Opinión ninguna gana,
pues la que más se recata,
si no os admite, es ingrata,
y si os admite, es liviana.

Siempre tan necios andáis
que, con desigual nivel,
a una culpáis por cruel,
y a otra por fácil culpáis.

¿Pues cómo ha de estar templada
la que vuestro amor pretende,
si la que es ingrata, ofende,
y la que es fácil, enfada?

Mas entre el enfado y pena
que vuestro gusto refiere,
bien haya la que no os quiere
y quejaos en hora buena.

Dan vuestras amantes penas
a sus libertades alas,

나쁘게 상상한 뒤에
아주 좋은 상상이 되기를 바라는구려.
잘못된 열정으로
저지른 잘못은 누가 더 큰지요?
간청에 못 이겨 무너진 여인인지
무너지도록 간청한 자인지.
아니면 어떤 죄든
누구를 더 책해야 하는 걸까요?
돈 때문에 죄를 지은 여자인지
아니면 죄를 지으라고 돈을 준 남자인지.
그러니 그대 남정네들이여,
그대들의 잘못에 놀라는 연유가 무엇인지요?
당신들이 만든 대로 여인들을 사랑하시든지
당신들이 원하는 대로 여인들을 만드시든지.
그대들이 먼저 간청하는 짓을 그만둔 뒤
더 나은 분별력을 갖추고,
그대들에게 애호를 간청할 여인을
책망하시오.
내가 꽤 많은 무기들로
그대들의 오만이 다투도록 하니
그대들은 약속과 간청에
악마, 육신과 세상을 모으시구려.

y después de hacerlas malas,
las queréis hallar muy buenas.
¿Cuál mayor culpa ha tendo
en una pasión errada,
la que cae de rogada,
o el que ruega de caído?
¿O cuál es más de culpar,
aunque cualquiera mal haga,
la que peca por la paga,
o el que paga por pecar?
¿Pues para qué os espantáis
de la culpa que tenéis?
Queredas cual las hacéis
o hacedlas cual las buscáis.
Dejad de solicitar,
y después, con más razón,
acusaréis la afición
de la que os fuere a rogar.
Bien con muchas armas fundo
que lidia vuestra arrogancia,
pues en promesa e instancia,
juntáis diablo, carne y mundo.[13]

낭만주의

호세 데 에스프론세다

구스타보 아돌포 벡케르

로살리아 데 카스트로

호세 데 에스프론세다

José de Espronceda, 1808-1842

스페인 바다호스에서 태어난 호세 데 에스프론세다는 마드리드에서 학업을 하고 생을 마쳤다. 그의 삶은 낭만주의 그 자체로, 리스본, 런던, 네덜란드와 파리를 여행하고, 파리에서는 1830년 7월에 일어난 자유주의 혁명 현장에서 파리 시민들과 함께 방어벽을 세우고 국왕 군과 격돌까지 했다. 스페인으로 돌아와 공화당원으로 정치에 적극적으로 개입했고, 좌경 자유주의자로서 당시 체제에 정면으로 맞섰다. 시인은 젊은 나이인 34살에 디프테리아로 사망했다.

시인은 역사 소설과 극작품도 썼지만 무엇보다 시로써 낭만주의를 대표하고 있다. 1840년에 처음으로 시를 발표한 후 전설을 운문으로 쓴 「살라망카의 학생El estudiante de Salamanca」, 낭만주의 도덕과 철학으로 충만한 미완의 장시 「악마 세상El diablo mundo」이 유명하다. 이외 사회와 인간에 대한 성찰을 노래한 다섯 편의 작품이 있다. 「해적의 노래Canción del pirata」, 「코사크인의 노래Canto del cosaco」, 「거지El mendigo」, 「죽음의 죄수El reo de la muerte」, 그리고 「사형집행인El verdugo」이다. 시인의 도덕과 감성을 뛰어난 작시법으로 보여 주고 있는 작품들이다.

다섯 편의 노래에 등장하는 주인공들은 실제로나 상징적으로 사회에서 소외된 인간유형들이다. 시인은 이들을 통하여 삶과 인간의 존엄성에 대한 새로운 의미를 제시하고 있다. 사회와 정치에서 정의와 인간 개개인의 자유의 가치를 경배하고 탐욕과 인간 착취와 사회의 무관심을 단죄한다. 시에 등장하는 인물들이 시를 쓰게 한 동기가 되었고, 이념적으로 상징적이자 보편적인 가치를 얻고 있다.

표현은 다분히 감정적이라 수정같이 잔잔하던 샘물이 격랑으로 변하여 넘실대고, 절망적이며 감상적이고 멜로 드라마적이다. 감정에 충실한 표현이 되도록 짧은 행과 긴 행이 조화롭게 어울리고 있다.

「살라망카의 학생」은 서정적인 이야기체로 테마와 분위기에서 전형적인 낭만주의 작품이다. 사랑과 죽음, 그리고 죽음을 향한 여정으로서의 사랑이 환상적이고 신비한 밤의 분위기속에 전개되고 있다. 여성과 사랑을 이상화하고 있지만 현실이 그러한 이미지를 강등시킨다. 돈 후안적인 인물을 중심에 두고 낭만적인 요소들인, 주관성, 상상력, 감성, 우수, 고통스러운 몽상 등이 총집결되어 있다.

「악마 세상」은 입문과 여섯 개의 노래로 구성되어 있는데, 그중 두 번째가 유명한 '테레사를 노래하며Canto a Teresa'이다. 여기서는 환상과 집착에 몰두하며, 인간의 조건과 운명 같은, 인간에 대한 기본적인 질문을 던지고 있다. 테레사는 에스프론세다를 사랑한 유부녀이다. 시인과 함께 도피생활을 했으나 결국은 본연의 위치로 돌아가 죽음을 맞이한 그녀를 두고 시인은 아래와 같이 노래했다. 다음은 그 일부로, 형식은 11음절 8행, ABABABCC의 운을 이루는 옥타바 레알이다.

아, 그 여인, 오직 단지 그 여인,	¡Ay!, aquella mujer, tan sólo aquélla,
현실화하기에 지독한 망상인,	tan delirio a realizar alcanza,
그리고 너무나 천진하고 아름다우며,	y esa mujer tan cándida y tan bella,
희망의 거짓된 환상,	es mentida ilusión de la esperanza
생생하게 발산하는 영혼이라,	es el alma que vívida destella
영혼으로 던져질 때 세상에는 빛이	su luz al mundo cuando en él se lanza,
그리고 매혹과 화려한 장식의 세상은	y el mundo con su magia y galanura
단지 그녀의 아름다움의 거울일 뿐.	es espejo no más de su hermosura.

사랑 자체를 사랑하는 사랑이라,
이 요정 저 요정들을 창조한 사랑이라,
수정 같은 물 아래에서 수놓으며 거주하는
성스러운 요정이라;
에덴의 성스러운 숲을
추억하며 우는 사랑이라,
거기로부터 뽑혀지고 거기서 탄생된 사랑이라,
잃어버린 사랑의 행복을 이곳에서 헛되이 찾나니.

Es el amor que al mismo amor adora,
el que creó las sílfides y ondinas,
la sacra ninfa que bordando mora
debajo de las aguas cristalinas;
es el amor que recordando llora
las arboledas del Edén divinas,
amor de allí arrancado, allí nacido,
que busca en vano aquí su bien perdido.

오, 성스러운 화염이여! 천상의 열망이여!
순수하기 그지없는 느낌이여! 잃어버린
하늘의 슬플지도 모를 기억이자,
앞으로 올지도 모를 영광의 희망이여!
그대는 달아나며 통곡과 비애를 남기는도다!
오, 여인이여, 참으로 순수하고¡
참으로 행복하고 참으로 고즈넉한 환상의 이미지로
나의 첫 번째 환상에 사랑을 바쳤구려!

¡Oh llama santa! ¡Celestial anhelo!
¡Sentimiento purísimo! ¡Memoria
acaso triste de un perdido cielo,
quizá esperanza de futura gloria!
¡Huyes y dejas llanto y desconsuelo!
Oh mujer, que en imagen ilusoria,
tan pura, tan feliz, tan placentera,
brindó el amor a mi ilusión primera!

오, 테레사! 오, 고통이여! 나의 눈물이여,
아, 어디에 있기에 바다로 흘러들지 않는단 말인가?
무엇 때문에, 왜, 좋았던 시절에서처럼
너희들은 나의 괴로움을 위로하지 않는단 말인가?
오!, 수많은 형벌로, 아! 갈기갈기 찢겨
이제는 울지 않는, 한 심장의 고뇌를 알지

¡Oh Teresa! ¡Oh dolor! Lágrimas mías,
¡Ah! ¿dónde estáis que no corréis a mares?
¿por qué, por qué como en mejores días,
No consoláis vosotras mis pesares?
¡Oh! las que no sabéis las agonías
De un corazón que penas a millares

못하는 눈물이여,
제발 나의 이 지금의 고통을 불쌍히 여겨 주오!
(...)
불쌍한 테레사여! 너를 추억할 때면
너무나 가슴이 아프구나!…

¡Ah! desgarraron y que ya no llora,
¡Piedad tened de mi tormento ahora!

¡Pobre Teresa! ¡Al recordarte siento
Un pesar tan intenso!...[1]

다음 작품은 스페인 사람이라면 다들 암기하고 있을 정도로 유명한 「해적의 노래」이다. 과거나 현재에나 범죄자로 인식되는 해적이 낭만주의 시대에는 영웅이었다. 위선과 가식으로 만연한 사회의 질서 밖에서 마음껏 자유롭게 살아서 그러하다. 시는 옥타비야 형식(ABBC'DEEC')으로 된 두 개의 연에 이어 4음절 연들이 끼어들면서 시인의 감정이 폭발하고 있다.

쌍돛대 범선 한 척이
배 옆으로는 열문의 대포를 갖고,
선미에는 바람을 가득 담아
바다를 가르지 않고 날아다니도다.
사람들이 용맹함으로 인해
'두려움'이라 부르는 해적선은
이쪽 끝에서 저쪽 끝까지
알지 못하는 바다가 없도다.

Con diez cañones por banda,
viento en popa, a toda vela,
no corta el mar, sino vuela
un velero bergantín.
Bajel pirata que llaman,
por su bravura, el ***Temido***,
en todo mar conocido
del uno al otro confín.

달은 바다에서 반짝이고,
돛에서 신음하던 바람이
부드러운 움직임으로

La luna en el mar riela,
en la lona gime el viento,
y alza en blando movimiento

은빛과 푸른빛의 파도를
일으켜 세운다. 해적 대장은
선미에서 즐거이 노래하며
한편으로는 아시아를 다른 한편으로는 유럽을
그리고 저 너머 정면으로 이스탄불을 보고 있다.

"나의 배여, 항해하라,
두려움 없이,
적의 배도
폭풍우도 바다의 잔잔함도
네 가는 길 바꾸지 못하고
너의 용기를 꺾지 못하나니.

우리는 영국인의
원망에도 불구하고
스무 척을 포로로 했고
그들은
자신들의 깃발을 내리고
내 발 아래
백 개의 나라가
투항했노라.

나의 보물은 나의 배
나의 신은 나의 자유

olas de plata y azul;
y ve el capitán pirata,
cantando alegre en la popa,
Asia a un lado, al otro Europa,
y allá a su frente Estambul:

Navega, velero mío,
sin temor,
que ni enemigo navío
ni tormenta, ni bonanza
tu rumbo a torcer alcanza,
ni a sujetar tu valor.

Veinte presas
hemos hecho
a despecho
del inglés,
y han rendido
sus pendones
cien naciones
a mis pies.

Que mi barco mi tesoro,
que es mi dios la libertad,

나의 법은 힘과 바람
나의 조국은 오직 바다.

mi ley, la fuerza y el viento,
mi única patria, la mar.

저 세상에서는 눈먼 왕들이
단지 한 뼘의 땅 때문에
지독한 전쟁을 벌이지만
난 여기서 어느 누구도 법을 강요하지 않는
용감한 바다가 품는
그 모든 것을 내 것으로 하고 있도다.

Allí mueven feroz guerra
ciegos reyes
por un palmo más de tierra;
que yo aquí tengo por mío
cuanto abarca el mar bravío,
a quien nadie impuso leyes.

무엇이 되건
해변은 없으며
나의 권리가
느끼지 못할,
그리고 내 용기에
맞설
영예의
깃발도 없도다.

Y no hay playa,
sea cualquiera,
ni bandera
de esplendor,
que no sienta
mi derecho
y dé pecho
a mi valor

나의 보물은 나의 배
나의 신은 나의 자유
나의 법은 힘과 바람
나의 조국은 오직 바다.

Que es mi barco mi tesoro,
que es mi dios la libertad,
mi ley, la fuerza y el viento,
mi única patria, la mar.

'배가 온다!'라는 목소리에
어떻게 방향을 틀고 경계태세를 취해
전력을 다해 도망가는지를
보는 것.
내가 바다의 왕이며
나의 분노는 겁을 먹는 것.

A la voz de "¡barco viene!"
es de ver
cómo vira y se previene
a todo trapo a escapar:
que yo soy el rey del mar,
y mi furia es de temer.

노획물은
똑같이
갖도록
난 나누지.
내가 오직
재산으로 원하는 것은
적수 없는
아름다움.

En las presas
yo divido
lo cogido
por igual;
sólo quiero
por riqueza
la belleza
sin rival.

나의 보물은 나의 배
나의 신은 나의 자유
나의 법은 힘과 바람
나의 조국은 오직 바다.

Que mi barco mi tesoro,
que es mi dios, la libertad,
mi ley, la fuerza y el viento,
mi única patria, la mar.

내게 사형이 구형되어 있도다!
난 웃을 뿐.
행운이 나를 포기하지 말기를.

¡Sentenciado estoy a muerte!
Yo me río;
no me abandone la suerte,

그리고 나를 처형할 때면
아마도 난 바로 그 배에서
한 돛대에 매달릴 거야.

y al mismo que me condena
colgaré de alguna entena,
quizá en su propio navío.

그리고 내가 쓰러지면
삶이란 게 뭔가?
난 이미
덧없는 것으로 치부해,
노예의
속박일 때
용자로서
떨쳐 버렸나니.

Y si caigo,
¿qué es la vida?
Por perdida
ya la di,
cuando el yugo
del esclavo,
como un bravo,
sacudí.

나의 보물은 나의 배
나의 신은 나의 자유
나의 법은 힘과 바람
나의 조국은 오직 바다.

Que es mi barco mi tesoro,
que es mi dios la libertad,
mi ley, la fuerza y el viento,
mi única patria, la mar.

나의 가장 훌륭한 음악은
북풍,
흔들리는 굵은 밧줄의
굉음과 요동,
검은 바다의 포효,
그리고 나의 대포들의 으르렁거림.

Son mi música mejor
aquilones,
el estrépito y temblor
de los cables sacudidos,
del negro mar los bramidos
y el rugir de mis cañones.

그리고 천둥의
격렬한 소리와
짖어 대는
바람 소리를
바다의
자장가로 여겨
난 편안한
잠을 자노라.

나의 보물은 나의 배
나의 신은 나의 자유
나의 법은 힘과 바람
나의 조국은 오직 바다."

Y del trueno
al son violento,
y del viento
al rebramar,
yo me duermo
sosegado,
arrullado
por el mar.

Que es mi barco mi tesoro,
que es mi dios la libertad,
mi ley, la fuerza y el viento,
mi única patria, la mar».[2]

구스타보 아돌포 벡케르

Gustavo Adolfo Bécquer, 1836-1870

화가의 아들로 세비야에서 태어난 구스타보 아돌포 벡케르는 아버지의 뜻에 따라 아주 어린 나이에 미술 공부를 했지만 진정으로 자기를 이끌었던 것은 문학이라는 것을 알게 되자 17살에 마드리드로 옮아온다. 그의 삶은 쉽지가 않았다. 5살에 아버지를 여의고 6년 뒤 어머니마저 잃은 고아로 수도원이 운영하는 학교에서 학업을 했다. 친척집을 전전했고 나이 들어 이류 일간지와 공연용 소책자에 글을 쓰며 생계를 유지했다. 이후 공무원직을 얻어 경제적인 문제가 해결되자 시인으로서 길을 걸을 수가 있었다. 책이 출판되기 전에 사망하였기에 그는 살아생전 성공을 몰랐고 명성도 얻지 못했다.

스페인에서 사실주의가 성공을 거두고 있을 때 작품 활동을 한 시인은 후기 낭만주의자로 산문과 운문을 썼다. 산문으로 25편의 「전설Leyendas」, 「문학서신들Cartas litararias」, 「어느 여인에게 바치는 문학 편지들Cartas literarias a una mujer」, 「나의 감방에서 보내는 편지들Cartas desde mi celda」과 다섯 편의 「톨레도 사원들에 관한 연구 또는 인상Estudios o impresiones sobre templos de Toledo」이 있다. 무엇보다 그의 문학적 재능을 밝혀 준 것은 총 79편의 시이다. 기교를 피하고 진솔하고 정제된 언어로 감성을 자극하려는 시인의 의도가 있어 보인다. 그의 작품은 사후 『운율들Rimas』이라는 이름으로 세상에 나왔다. 단 한 번의 날갯짓으로 마음 깊은 곳에 화음을 일깨우고 가슴을 메아리로 가득 차게 만드는 매력이 있다.

『운율들』을 두고 비평가들은 "스페인 현대 서정 문학에서 가장 정화된 산물들 중의 하나"

라고 평한다. 스페인 낭만주의의 가장 내밀하며 헐벗은 인간적인 시를 제공하고 있어서 그럴 것이다. 벡케르의 내밀하고 신뢰가 가는 어조는 에스프론세다의 흥분과 대조된다. 시인의 단순하고 자연스러운 시어는 대다수 낭만주의 시인들의 상투적이거나 은유로 가득한 언어와 다르다. 즐겨 사용한 수사법은 의미를 강조하고 특별한 리듬을 살려 독자들의 기억에 쉽게 자리 잡게 하는 대구법이다. 이렇게 보면 스페인 대중 서정시의 전통을 잇고 있다.

테마에 있어서는 사랑과 자연을 주로 노래한다. 시간과 연계된 사랑, 환멸, 사랑의 실패, 실망, 고독, 결코 만족할 수 없는 현실을 감당하기 위한 방법으로서의 꿈이 구체적인 모습으로 형상화되고 있다. 그리고 시인이 시로써 시를 이야기하고 있는 다음의 시들이 흥미롭다. 첫 번째 시는 7음절 행과 11음절 행이 교차하며 짝수 행에서만 단운 모음 운을 이룬다.

운율 4

이야기할 게 없고 시의 보물이 고갈되어	No digáis que, agotado su tesoro,
수금이 침묵을 지키고 있다고들 말하지 말라;	de asuntos falta, enmudeció la lira;
시인은 없을 수 있다, 하지만 언제나	podrá no haber poetas, pero siempre
시는 있을 것이다.	habrá poesía.
(…)	
과학이 삶의 원천이 무엇인지를	Mientras la humana ciencia no descubra
발견하지 못하는 한	las fuentes de la vida,
바다와 하늘에 측량을 거부하는	y en el mar o en el cielo haya un abismo
심연이 있는 한	que al cálculo resista,
언제나 진보하는 인간이 어디로	mientras la humanidad siempre avanzando
가는지 모르는 한	no sepa a dó camina,
인간에게 풀지 못할 신비가 있는 한	mientras haya un misterio para el hombre,

시는 존재할 것이다!

¡habrá poesía![3]

(...)

입맞춤이 있고, 태양이 있고, 바람이 있고, 봄이 있고, 미소가 있고, 울음이 있으며 희망과 추억이 있으며 눈망울이 있고, 그리고 아름다운 여인이 있는 한 시는 존재할 거라 한다.

운율 21

– 시란 뭐죠? 라며 너는 너의 푸른 눈동자를 내 눈동자에 박으면서 묻지.
시란 뭐죠? 네가 내게 그걸 묻는다고?
시란… 바로 너야.[4]

운율 7은 낭만주의가 요구하던, 인간의 영혼 밑바닥에 숨겨져 있을 수 있는 천재성을 깨워 낼 것을 하프에 견주어 이야기하고 있다. 시인이 카메라 앵글로 사물들을 천천히 훑다가 마지막에 말하고자 하는 대상에 멈추는 방식으로 묘사되고 있다. 처음에는 일반적인 장면인 홀을 비추다 그 홀의 어두운 구석으로 앵글을 옮기고 이어 악기의 주인을 보인 뒤, 마지막으로 잊힌 악기인 하프에 핀을 꽂는 식이다. 첫 연의 도치가 엄청나다.

운율 7

홀의 어두운 구석에서
아마도 주인이 잊어
침묵을 지키며 먼지로 뒤덮인
하프가 있다.

Del salón en el ángulo oscuro,
de su dueña tal vez olvidada,
silenciosa y cubierta de polvo,
veíase el arpa

새가 가지에서 잠자듯
현을 뜯을 줄 아는 하얀 손을
기다리며 얼마나 많은 음악이
하프의 현에서 잠자고 있었는가!
아, 난 생각했다; 얼마나 많이 천재성이
영혼의 밑바닥에서 이렇게 잠을 자고 있겠는가!
그리고 라사로 같은 목소리가 천재성에게
"일어나서 걸어라"라고 말하기를 얼마나 많이 기
[다리고 있겠는가!

¡Cuánta nota dormía en sus cuerdas,
como el pájaro duerme en las ramas,
esperando la mano de nieve
que sabe arrancarlas!
¡Ay!, pensé; ¡cuántas veces el genio
así duerme en el fondo del alma
y una voz como Lázaro espera
que le diga; «Levántate y anda»![5]

다음은 가장 유명한 운율 53이다. 제비들은 매년 봄이 오면 자기의 둥지로 돌아온다. 그러나 그들이 보았던 연인들은 이제 그때의 그들이 아니다. 그래서 작품은 "돌아올 것이야, 하지만 돌아오지 않을 것이야"라는 역설을 되풀이하고 있다. 원어로 읽으면 음악성이 눈부시다.

운율 53

검은 제비는 돌아올 것이야
너의 발코니에 자신들의 둥지를 틀기위해,
그리고 또다시 날개로 발코니의 유리창을
장난치며 부르리라.

Volverán las oscuras golondrinas
en tu balcón sus nidos a colgar,
y otra vez con el ala a sus cristales
jugando llamarán.

그러나 너의 아름다움과 나의 행복을
바라보기 위해 비행을 멈추었던,
우리들의 이름을 배웠던 그들은

Pero aquellas que el vuelo refrenaban
tu hermosura y mi dicha a contemplar,
aquellas que aprendieron nuestros nombres...,

그들은… 돌아오지 않을 것이야!

¡ésas… no volverán!

너의 정원의 빽빽한 인동덩굴은
또다시 토담을 타고 오를 것이며,
오후 한나절, 더욱더 아름다운
그 꽃들은 다시 피어날 것이야.

Volverán las tupidas madreselvas
de tu jardín las tapias a escalar,
y otra vez a la tarde aún más hermosas
sus flores se abrirán.

그러나 이슬이 맺혀, 그 물방울이
떨다가 그날의 눈물마냥
떨어지던 것을 우리가 바라보았던
그 꽃들은… 돌아오지 않을 것이야!

Pero aquellas, cuajadas de rocío
cuyas gotas mirábamos temblar
y caer como lágrimas del día…
¡ésas… no volverán!

너의 귓전에 불타는 사랑의
말들은 다시 울릴 것이며,
너의 가슴은 깊은 잠에서 아마도
깨어날 것이야.

Volverán del amor en tus oídos
las palabras ardientes a sonar,
tu corazón de su profundo sueño
tal vez despertará.

하지만, 말없이, 영혼을 다해
제단 앞에 무릎 꿇고 신을 경배하듯
내가 너를 사랑한 것처럼… 정신 차려,
어느 누구도 그렇게는 너를 사랑하지 않을 것이야.

Pero mudo y absorto y de rodillas
como se adora a Dios ante su altar,
como yo te he querido…; desengáñate,
¡así… no te querrán![6]

로살리아 데 카스트로

Rosalía de Castro, 1837-1885

벡케르와 함께 스페인 낭만주의의 최고봉을 점하는 로살리아 데 카스트로는 중세 이후 문학으로 탄생되지 못한 갈리시아의 가예고 언어를 다시 문학 언어로 들이세운 사람이며, 당시에는 존재하지 않았던 개념인 페미니즘을 문학으로 이룬 여성이다. 여성들은 여성의 영혼을 가지고 있어서 비둘기나 꽃을 노래한다는 의식이 지배적인 시대에 사회시를 쓴 시인이다. 여성들은 자기가 느끼는 바를 글로 옮기지 못했던 시절, 자신의 목소리가 없이 살아야 했던 나라에서 사물들의 이름을 만난 작가이다. 당시 갈리시아는 문맹률이 아주 높았고 가난했다. 그러나 로살리아가 갈리시아 언어로 쓴 작품들은 가난한 지역민들의 입으로 불리고 기억되면서 스페인 문학의 정점에 오르게 된다. 여자로, 아버지의 성이 없는 아이로, 신체적으로 약하고 아이들을 잃은 어머니의 고통으로 힘들게 살아온 로살리아는 후진성을 면치 못하고 있던 나라와 소외된 자들의 고독과 불안과 실존의 고뇌를 드라마마냥 심도 있게 묘사해 낸다.

대표적인 작품으로 가예고 언어로 집필한 『갈리시아의 노래들Cantares gallegas』(1863), 『새로운 잎새들Follas novas』(1880)이 있고, 카스티야 언어로는 『사르 강변에서En las orillas del Sar』(1884)가 있다. 이 세 작품만큼의 평가는 받지 못했지만 시인을 이해하는 데 초석이 되는 특징들을 읽을 수 있는 두 작품이 있다. 하나는 슬픔에 빠진 자들의 운명과, 분리될 수 없는 사랑과 고통의 감정을 우울함과 염세적인 분위기로 쓴 『꽃La flor』(1857)이다. 스무 살에 쓴 첫 번째 시집이다. 다른 하나는 사제의 몸으로 시인을 낳았던 아버지에게 부친 『나의 아버지에게A mi padre』(1863)이다. 비가 이상의 가치가 있다고 평가되고 있는 작품이다.

스페인 현대문학에서 가예고 언어로 작성된 첫 번째 시집인 『갈리시아의 노래들』은 갈리시아의 풍습을 노래하고 있어 갈리시아의 정체성을 옹호하고 대변하는 작품이다. 갈리시아의 농부들을 착취하는 카스티야인들과 갈리시아를 소외시키고 평가 절하하는 스페인에 대항하는 시 모음이다.

『새로운 잎새들』 역시 갈리시아어로 자기 땅으로부터, 자기 시대로부터 천대받고, 모욕받은 자들을 옹호하고자 토로하는 시인의 불평이다. 작품집을 이루고 있는 다섯 편의 시 중 마지막 시 제목인 「살아 있는 미망인들과 죽은 자들의 미망인들Au viudas dos vivos i as viudas dos mortos」이 이 시집의 성격을 말해 준다.

『사르 강변에서』는 시인의 고통당하고 고뇌에 찬 절망의 노래들이다. 인간 존재의 비극적이자 절망적인 상황을 표현한 것들인지라, 참으로 목가적으로 보이는 시집 제목과 갈리시아의 아름다운 전원 풍경과 달리 삶의 황폐함과 죽음 뒤의 허무함이 그려진다. '사르'는 시인의 고향 파드론에 흐르는 강 이름이다. "신이 있다면, 지옥은 왜 존재하는가?"라는 반문과 "죽는 것만이 확실하고 그 나머지는 모두 거짓과 연기"란 단언이 이 시집 분위기를 대변하는 듯하다. 다음의 시는 『새로운 잎새들』에 들어 있는 「애매함Vaguedás」이란 부제의 시 일부이다.

2

하늘 아래 새로운 것은 하나도	Ben sei que non hai nada
없다는 걸 난 너무 잘 알아.	novo en baixo do ceo,
내가 지금 생각하는 것들을	que antes outros pensaron
전에 사람들이 생각했다는 것도.	as cousas que ora eu penso.

그런데 왜 나는 글을 쓰지?
그래, 우리는 이러니까.
그래, 영원히 같은 것을
반복하는 시계이니까.

E ben, ¿para qué escribo?
e ben, porque así semos,
relox que repetimos
eternamente o mesno

5

새로운 잎새라! 너희들이
그 이름을 갖는 게 우습다.
진짜 흑인 여자를
백인이라고 부르는 소리를 듣는 것처럼.

¡Follas novas!, risa dáme
ese nome que levás,
cal si a unha moura ben moura,
branca lle oíse chamar.

새로운 잎새가 아니야, 바늘 금작화와
가시나무 가지일 뿐이야.
나의 고통마냥 굽어지고
나의 고통처럼 맹렬한.

Non Follas novas, ramallo
de toxos e silvas sós:
irtas, como as miñas penas;
feras, como a miña dor.

향내나 싱싱함도 없이
고약한 피해를 주고 상처를 주고…
잡초지에서 싹을 튼 것이니
어찌 그렇지 않겠는가!

Sin olido nin frescura,
bravas magoás e ferís...
¡Se na gándara brotades,
cómo non serés así!

6

내 주위에 무슨 일이 일어나는 건가?
내가 알지 못하는 무슨 일이 벌어지는 건가?

¿Qué pasa ó redor de min?
¿Qué me pasa que eu non sei?

살고 있지만 보이지 않는 일이 난 무서워.
오지만 어디서 오는 지
결코 알 수 없는
배신자 불운이 난 두려워.

Teño medo dunha cousa
que vive e que non se ve.
Teño medo á desgracia traidora
que ven, e que nunca se sabe ónde ven.[7]

『갈리시아의 노래들』 시 모음에서 15번째로 등장하는 「안녕 강들이여, 안녕 샘들이여 Adiós, ríos; adiós, fontes」는 고향을 떠나는 이의 노래이다. 너무나 가난한 갈리시아에서 살지 못해, 아메리카로 이민 가는 방법밖에 남지 않은 자의 이별노래이다. 떠나는 자의 삶의 모습을 대변하듯, 경험한 물건들 하나하나에게 고하는 가슴 아픈 작별은 당시 사회적 불의에 맞선 시인의 항거이자 변론일 수도 있다. 떠나는 자의 놔두고 가야만 하는 것들에 대한 감상과 애정이 가예고 언어와 축소사로 반영된다.

안녕, 강들이여, 안녕 샘들이여,
안녕, 작은 시냇물들이여,
안녕, 내 눈에 보이는 풍경들이여,
언제 우리가 다시 볼지 난 알지 못해.

내 땅이여, 내 흙이여,
내가 자라난 땅이여,
내가 그토록 사랑하는 과수원이여,
내가 심은 무화과나무들이여,

초원, 강들, 나무숲들이여,
바람에 넘실되는 송림이여,

Adiós, ríos; adiós, fontes;
adiós, regatos pequenos;
adiós, vista dos meus ollos:
non sei cándo nos veremos.

Miña terra, miña terra,
terra donde me eu criéi,
hortiña que quero tanto,
figueiriñas que prantéi,

prados, ríos, arboredas,
pinares que moveo vento,

짹짹대는 작은 새들이여,
그토록 좋아했던 나의 작은 집이여,

밤나무 숲의 물레방아여,
달 밝은 밤들, 달빛이여,
내 땅 교회의
날인하는 작은 종들이여,

내 사랑에게 주곤 했던
가시덤불 숲의 들버섯들이여,
옥수수 밭 사이로 난 길들이여,
안녕, 영원히 안녕!

안녕, 영광이여! 안녕, 행복이여!
내가 태어 난 집을 떠나는구나!
내가 보지 못한 세상 때문에
익숙한 마을을 버리는구나!

외지인들을 보고자 친구를 버리는구나,
바다를 보고자 평야를 떠나는구나,
결국, 내가 너무나 사랑했던 그 모든 것을…
누가 버리지 않을 수 있으랴…!

paxariños piadores,
casiña do meu contento,

muíño dos castañares,
noites craras de luar,
campaniñas trimbadoras
da igrexiña do lugar

amoriñas das silveiras
que eu lle daba ó meu amor,
camiñiños antre o millo,
¡adiós, para siempre adiós!

¡Adiós, groria! ¡Adiós, contento!
¡Deixo a casa onde nacín,
deixo a la aldea que conoso
por un mundo que non vin!

Deixo amigos por estraños,
deixo a veiga polo mar,
deixo, en fin, canto ben quero...
¡Quién pudera no deixar...!

(...)

하지만 나는 가난해, 이런 불행이!
내 땅이 이제 내 것이 아니야,
걷는 길조차 불운으로
태어난 자에게
빌려 준 것이야.

그러니, 난 너희들을 버려야만 해.
내가 무척이나 사랑했던 과수원,
내 집의 화롯불,
내가 심은 키 작은 나무들,
그리고 오두막집의 샘.

안녕, 안녕, 내가 간단다,
내 아버지에게 땅을 주었던
마을의 자그마한 묘지들이여,
내가 입 맞추고 또 입 맞추었던 풀들이여,
그리고 너희들을 키워 낸 흙이여.

안녕, 천사처럼 하얀
아순시온의 성녀여,
당신을 가슴에 품고 가니,
하느님께 나 대신 기도해 줘요,
나의 아순시온 성모시여.

Mais son probe e, ¡mal pecado!
a miña terra n'é miña,
que hastra lle dan de prestado
a beira por que camiña
ó que nacéu desdichado

Téñovos, pois, que deixar,
hortiña que tanto améi,
forgueiriña do meu lar,
arboriños que prantéi,
fortiña do cabañar.

Adiós, adiós, que me vou,
herbiñas do camposanto
donde meu pai se enterróu,
herbiñas que biquéi tanto,
terriña que nos crióu.

Adiós, Virxe da Asunción,
branca como un serafín:
lévovos no corasón;
pedídelle a Dios por min,
miña Virxe da Asunción.

이제 멀리서, 아주 멀리서
사과밭의 종소리가 들려요.
아, 이제 다시는 불쌍한 나를 위해
더 이상 울리지 않을 거야.

벌써 멀리서, 아주 멀리서…
울림마다 고통이.
정든 임 없이 나 혼자 가네…
나의 땅이여, 안녕!, 안녕!

안녕, 또한 내 사랑이여…!
아마 다시는 보지 못할 안녕이여…!
바닷가에서 울며 네게
이 안녕을 고하고 있단다.

내 사랑이여, 나를 잊지 말아 줘,
내가 고독으로 죽는다면…
바다 저 깊숙한 곳으로…
내 집이여!, 내 가정을 지키는 수호신이여!

Xa se oien lonxe, moi lonxe,
as campanas do Pomar;
para min, ¡ay!, coitadiño,
nunca máis han de tocar.

Xa se oien lonxe, máis lonxe…
Cada balada é un dolor;
voume soio, sin arrimo…
Miña terra, ¡adiós!, ¡adiós!

¡Adiós tamén, queridiña…!
¡Adiós por sempre quizáis…!
Dígoche este adiós chorando
desde a beiriña do mar.

Non me olvides, queridiña,
si morro de soidás…
tantas légoas mar adentro…
¡Miña casiña!, ¡meu lar![8]

스페인에서는 성당 종소리가 하루의 시작과 끝을 알린다. 특히 종교성이 강하게 지배하고 있던, 성자 야고보의 유해가 도착한 파드론에서 산 시인은 '종Las Campanas'에 대해 남다른 애정을 가졌을 것이다. 다음은 그러한 종에 대한 시인의 정감이 묻어나는 시이다.

나는 종을 사랑하고, 종소리에 귀 기울여요,
바람의 윙윙거리는 소리를,
샘의 재잘거림을
아니면 양의 울음소리를 듣듯이 말이지요.
아침의 첫 햇살이 하늘에
얼굴을 드러내자마자
종소리는 새들처럼
메아리로 그에게 인사하지요.
평야와 작은 언덕으로
울려 퍼지며 가는 노래에는
뭔지 모를 천진함과
고즈넉하고 기분 좋은 게 있답니다.
만일 영원히 입을 다물어 버린다면,
하늘과 대기에는 얼마나 많은 슬픔이!
교회에는 얼마만 한 적막이!
죽은 이들에겐 얼마만 한 낯설음이!

Yo las amo, yo las oigo
cual oigo el rumor del viento,
el murmurar de la fuente
o el balido del cordero.
Como los pájaros, ellas,
tan pronto asoma en los cielos
el primer rayo del alba,
le saludan con sus ecos.
Y en sus notas, que van repitiéndose
por los llanos y los cerros,
hay algo de candoroso,
de apacible y de halagüeño.
Si por siempre enmudecieran,
¡qué tristeza en el aire y el cielo!
¡qué silencio en las iglesias!,
¡qué extrañeza entre los muertos!

—『사르 강변에서』 중에서[9]

모더니즘과 98세대

루벤 다리오

후안 라몬 히메네스

안토니오 마차도

루벤 다리오

Rubén Darío, 1867-1916, 니카라과

19세기 말 새로운 문화 움직임인 '모더니즘'이 중남미에서 출발하여 스페인 땅에 닿았다. 첫발을 디딘 사람이 니카라과의 시인 루벤 다리오이다. 앞선 문학의 공허한 수사와 평범함을 거부하고 이를 대신할 새로운 언어, 그리고 새로운 감각을 표현할 전례로 모더니스트들은 19세기 후반 프랑스에 있던 고답파와 상징주의에 주목했다. 고답파에서는 "예술을 위한 예술"이라는 수칙을 취하고, 완벽한 형식에 집착하며 아름다우며, 고전 조각품같이 차갑기도 한 균형 잡힌 시를 이상으로 삼았다. 눈부시고 세련된 언어로 느낌과 감정은 가급적 숨기고자 했다. 상징주의에서는 직관의 중요성과 암시의 힘, 그리스 신화와 중세 그리고 시어의 음악성에 마음이 끌렸다.

그래서 유용성을 앞세우고 평범함과 회색빛이 가득한 당시 삶에서 모더니즘은 최상의 선을 예술과 아름다움으로 보았다. 시어를 혁신하고 풍요롭게 했으며 단조롭고 평범하고 진부한 일상에서 벗어나기 위해 자신들만의 세상을 상상했다. 형식적인 면과 의미적인 면에서 시어의 혁신에 주목하여 색채감과 음악성과 암시와 공감각적 표현 등이 장식으로 차고 넘쳤다. 이전에는 잘 사용되지 않던 11음절, 12음절, 14음절로도 노래했다.

주제적인 면에서는 두 가지 방향으로 정리된다. 하나는 외형적인 면에 치중한 피상적인 모더니즘이다. 환상을 통한 신화, 전설, 중세 및 동양 세계로의 도피와 이국적, 세계주의, 가을적인 정서나 퇴폐적인 분위기에 심취하는 경향이다. 그래서 시는 백조와 공주와 화려한 저녁녘의 정원으로 가득하다.

다른 하나는 앞선 것보다 좀 더 지속된 것으로, 시인의 내적 세계에 눈을 돌린다. 감각적인 분위기의 삶의 기쁨과 생명력이 보이기도 하지만 우울이나 슬픔과 삶의 고뇌를 통해 인간의 심오함을 노래한다. 스페인 후기 낭만주의자들인 벡케르나 로살리아 데 카스트로의 영향을 받되 문체적으로 세련된 우울한 낭만주의 흐름의 연속이라 볼 수 있다.

스페인 모더니즘을 대표하는 작가로는 살바도르 루에다Salvador Rueda(1857-1933), 마누엘 마차도Manuel Machado(1874-1947), 프란시스코 비야에스페사Francisco Villaespesa(1877-1936)가 있고 98세대에 속하는 안토니오 마차도Antonio Machado(1875-1939)와 라몬 데 바예 잉클란Ramón de Valle Inclán(1866-1936)이 있다. 마지막 두 사람은 모더니즘으로 문학의 행보를 시작했다. 후안 라몬 히메네스 역시 모더니즘으로 문학의 세계를 열었다. 스페인 모더니즘은 아득하고 이국적인 세계를 향한 도피보다 후기낭만주의 색채가 짙고 형식적으로도 덜 화려하다. 프랑스적인 것과 스페인적인 것이 혼합되고 박식한 것과 대중적인 것이 섞여 있다. 이후 스페인 시는 주제와 리듬과 어휘 면에서 모더니즘과 상당히 다른 길을 걷게 되지만, 모더니즘으로 인해 창조적 자유와 새로운 감각이 일깨워진 점은 높이 사야 할 것이다.

루벤 다리오로 인해 스페인은 모더니즘으로 결정적이고도 충만한 발걸음을 내딛는다. 시인은 스페인에 머물며 당시 위대한 문인들인 마차도 형제, 바예 잉클란, 우나무노, 히메네스 등과 돈독한 우정을 유지했다. 프랑스에서는 파리에 머물며 일찍부터 새로운 프랑스 시 흐름을 알게 되었다. 이렇게 세계인이자 감각적인 감성의 소유자이며 귀족적 취향의 시인의 삶은 작품에 그대로 반영되어 있다. 방랑기질로 자유롭고 이상주의자였던 시인은 여성과 술에 탐닉하고 종교인이면서도 비종교인으로 열정의 정상에서 우울의 나락으로 떨어지곤 했다. 다음의 세 작품은 시인의 삶을 시세계로 구체화하고 있다. 『푸름Azul』(1888), 모더니즘의 정상을 증명하는 감각과 에로티즘과 스페인 문제들이 비치는 『불경한 산문들Prosas profanas』(1896), 그리고 시인의 가장 중요한 작품으로 평가받는 『삶과 희망의 노래들Cantos de vida y esperanza』(1905)이다. 『푸름』은 프랑스의 영향이 두드러져 보이는, 새로운 양식의 시작을 알린다. 감각적인 아름다움과 장식적인 요소의 등장, 흔치 않은 소재에 화려한 분위기의 시들을 모아 놓았다. 시인의 모더니즘 전반부 모습은 『불경한 산문들』에서 충분히 느낄 수 있다. 14 음절 알레한드리노 형식으로 섬세하고도 세련되게 음악성을 살려 내고 있다.

공주가 슬픔에 젖어 있어요, 공주가 왜 그럴까요?	La princesa está triste, ¿qué tendrá la princesa?
한숨이 미소를 잃고 색깔을 잃은	los suspiros se escapan de su boca de fresa,
딸기 입술에서 도망가네요.	que ha perdido la risa, que ha perdido el color.
공주가 자신의 황금 의자에 창백하게 있어요,	La princesa está pálida en su silla de oro,
음악을 내던 그녀의 건반이 말없이 있어요.	está mudo el teclado de su clave sonoro
그리고 그녀의 잔에는 잊힌 꽃 한 송이가 쓰러져요.	y en su vaso, olvidada, se desmaya una flor.
공작새들의 의기양양함이 정원을 지배하고 있어요	En jardín puebla el triunfo de los pavos reales.
수다쟁이 몸종은 쓸모없는 이야기들을 하고	Parlanchina, la dueña dice cosas banales
붉은 옷을 입은 광대는 발끝으로 돌고 있어요.	y vestido de rojo, piruetea el bufón.
공주가 웃지를 않아요, 공주가 느낌이 없어요;	La princesa no ríe, la princesa no siente;
공주가 동방의 하늘을 눈으로 좇고	la princesa persigue por el cielo de Oriente
잠자리는 막연한 환상으로 떠다니고 있어요.	la libélula vaga de una vaga ilusión.
혹시나 공주가 골콘다나 중국의 왕자를	¿Piensa, acaso, en el príncipe de
생각하고 있는 걸까요?	Golconda o de China? (...)[1]

「작은 소나타Sonatina」라는 제목의 이 시에서 모더니즘의 특징을 모두 만나 볼 수 있다. 나른함과 음악성과 이국적인 향취. 일상 삶에서 만날 수 있는 소재나 이야기에서 동떨어진 감각과 색깔과 이국미가 시를 장식하고 있다. 이를 위해 헬레니즘의 세상, 또는 베르사유 세상이나 환상적인 세상으로 상상의 모험을 떠난다. 시인은 이 시집에서 "나는 그리스인들의 그리스보다 프랑스의 그리스를 더 사랑한다"라고 고백했다. 폴 베를렌(1844-1896)[2]이 죽고 나

서 얼마 되지 않은 시점에 쓴 「베를렌의 명복을 빌며Responso a Verlaine」는 『불경한 산문들』의 문체를 요점적으로 보여 준다.

너의 매혹적인 노래를 올림포스의 악기(수금)와
판의 피리에게 준
아버지이자 매혹적인 스승이며 천상의 수금 연
[주가여!
판의 추종자[3]로다! 당신의 슬픈 영혼을 사랑했던
성스러운 일주문으로 합창을 인도했던 판
[이 바로 당신이오.
시스트로[4]와 북 소리에 맞춰서!

Padre y maestro mágico, liróforo celeste
que al instrumento olímpico y a la siringa agreste
diste tu acento encantador;
¡Panida! ¡Pan tú mismo, que coros condujiste
hacia el propíleo sacro que amaba tu alma triste,
al son del sistre y del tambor![5]

『삶과 희망의 노래들』은 이전에 보이던 프랑스적 분위기와 장식은 완전히 물러가고 스페인계 문화에 대한 열정과 시인 내면의 고뇌가 들어가 있다. 스페인계 문화에 대한 그의 긍지를 표현한 「낙관주의자의 인사Salutación del optimista」는 당시 98세대 인물들을 장악하고 있던 염세주의관과 대조된다.

비옥하기 그지없는 저명한 민족들이여, 풍요한 스페인계 피여,
형제의 정신이여, 빛나는 영혼들이여, 안녕하시라!
영광의 혀가 새로운 찬가를 노래할 순간이
도래하고 있으니. 소문이 광범위하게 분위기를 휩쓸고 있나니.
삶의 매혹적인 밧줄들이 곧 다시 소생하게 될 것이리라.[6]

시인의 스페인계 찬미는 스페인 문화를 형제애로 묶었다. 시인은 「돈키호테에게 드리는

탄원의 기도Letanía de Nuestro Señor Don Quijote」와「고야Goya」, 세르반테스, 공고라, 벨라스케스에게 바치는 소네트도 썼다. 시인이 즐겨 쓴 또 다른 소재는 사랑이다. 정신적인 사랑도 노래했지만 그를 세상에 알린 시는 관능적이고 감각적인「봄에 부르는 가을의 노래Canción de otoño en primavera」이다. 시인이 지난 사랑을 우울하게 회상하는 시이다. 내용상 시인의 행복을 앗는 주체는 열정적으로 사랑했던 여인들이었다. 그런데도, 그 많은 환멸과 이제는 늙었음에도 불구하고 새로운 모험을 찾아 나선다. 이 시에서 특히 매력적인 것은 후렴구이다. 후렴구가 반복될수록 잃어버린 젊음에 대한 시인의 애처롭고 애타는 마음의 정도가 절실하다. 늘 사랑에 실망했음에도 우리가 예견하는 것과 반대로 시인은 "그러나 황금의 여명은 나의 것이야 ¡Mas es mía el Alba de oro!"를 외쳐, 잔인한 시간과 그 폐해보다 궁극적으로 관능이 승리를 거둔다.

젊음, 성스러운 보물이여,	***Juventud, divino tesoro,***
돌아오지 않으려 이제 가 버리는구나!	***¡ya te vas para no volver!***
울고 싶을 때 울지 않고…	***Cuando quiero llorar, no lloro...***
울고 싶지 않은데 가끔은 눈물이 난다…	***y a veces lloro sin querer...***
내 심장의 천상의	Plural ha sido la celeste
이야기는 여럿이었지.	historia de mi corazón.
이 고뇌와 번민의	Era una dulce niña, en este
세상에서 달콤한 아기였어.	mundo de duelo y aflicción
순수한 여명처럼 바라보았고;	Miraba como el alba pura;
꽃처럼 미소 짓곤 했어.	sonreía como una flor.
그녀의 검은 머리카락은	Era su caballera obscura
밤과 고통으로 된 것이었어.	hecha de noche y de dolor.

난 어린아이처럼 소심했지.
그녀는, 당연히, 나의
담비 같은 사랑에
헤로디아[7]와 살로메[8]였어…

Yo era tímido como un niño.
Ella, naturalmente, fue,
para mi amor hecho de armiño
Herodías y Salomé...

젊음, 성스러운 보물이여
돌아오지 않으려 이제 가 버리는구나!
울고 싶을 때 울지 않고…
울고 싶지 않은데 가끔은 눈물이 난다…

Juventud, divino tesoro,
¡ya te vas para no volver!
Cuando quiero llorar, no lloro...
y a veces lloro sin querer...

다른 여인은 더 감각적이고,
훨씬 위로가 되고 훨씬
즐겁고 감정이 풍부했었지,
결코 다시 만날 수 없을 여인이라고 생각했었지.

La otra fue más sensitiva,
y más consoladora y más
halagadora y expresiva,
cual no pensé encontrar jamás.

그녀의 그침 없는 애정에
격렬한 열정이 합쳐졌기에.
순수하고 가볍고 부드러운 무명베의 긴 옷 속에
주신의 제희祭姬가 싸여 있었지…

Pues a su continua ternura
una pasión unía.
En un peplo de gasa pura
una bacante se envolvía...

자기의 품에 나의 꿈을 안아
아기를 구슬리듯 했지…
그러고는 죽여 버려 슬프고도 초라하게
빛도 믿음도 없이 남겨 놓았지.

En sus brazos tomó mi ensueño
y lo arrulló como a un bebé...
Y le mató, triste y pequeño
falto de luz, falto de fe...

젊음, 성스러운 보물이여	***Juventud, divino tesoro,***
돌아오지 않으려 가 버렸구나!	***¡te fuiste para no volver!***
울고 싶을 때 울지 않고…	***Cuando quiero llorar, no lloro...***
울고 싶지 않은데 가끔은 눈물이 난다…	***y a veces lloro sin querer...***
(…)	
난 기다림에 슬픈	En vano busqué a la princesa
공주를 찾았지만 소용없었어.	que estaba triste de esperar.
삶이란 녹록하지 않아. 쓰라리고 고통스러워.	La vida es dura. Amarga y pesa.
이제는 노래할 공주가 없다니!	¡Ya no hay princesa que cantar!
하지만 완고한 세월에도 불구하고	Mas a pesar del tiempo terco,
나의 사랑에 대한 갈증은 끝을 모른다;	mi sed de amor no tiene fin;
난 백발로 정원의	con el cabello gris me acerco
장미원으로 다가간다…	a los rosales del jardín...
젊음, 성스러운 보물이여	***Juventud, divino tesoro,***
돌아오지 않으려 이제 가 버리는구나!	***¡ya te vas para no volver!***
울고 싶을 때 울지 않고…	***Cuando quiero llorar, no lloro...***
울고 싶지 않은데 가끔은 눈물이 난다…	***y a veces lloro sin querer...***
그러나 황금의 여명은 나의 것이야!	¡Mas es mía el Alba de oro![9]

『삶과 희망의 노래들』 마지막을 장식하는 「운명적인 것Lo fatal」을 두고 콜롬비아의 가브리

엘 가르시아 마르케스는 세상에서 가장 훌륭한 시라고 찬양했다.

감각이 무딘 나무는 복이 있으며
딱딱한 돌은 그 복이 더하니, 느낌이 없어서
[이라,
살아 있음의 고통보다 더 큰 고통은 없으며
삶을 의식하는 것보다 더 큰 괴로움은 없나니,
존재하면서 아무것도 알지 못하고 확실
[한 방향도 없는 존재,
그리고 존재했음에 대한 두려움과 미래
[의 공포…
그리고 내일은 분명 죽어 있을 것이며,
삶과 그림자와
우리가 알지 못하면서 거의 의심조차 하
[지 않은 것과
육체의 신선한 송이들을 찾는 육체와
육체의 음산한 가지들을 지키는 무덤과
우리가 어디로 가는지 모르고
어디서 오는지조차도 모르는 것으로 정
[녕 고통받을 경악이라니!…

Dichoso el árbol, que es apenas sensitivo,
y más la piedra dura porque esa ya no siente,
pues no hay dolor más grande que el dolor de ser vivo
ni mayor pesadumbre que la vida consciente.
Ser y no saber nada, y ser sin rumbo cierto,
y el temor de haber sido y un futuro terror...
¡Y el espanto seguro de estar mañana muerto,
y sufrir por la vida y por la sombra y por
lo que no conocemos y apenas sospechamos,
y la carne que tienta con sus frescos racimos,
y la tumba que aguarda con sus fúnebres ramos
y no saber adónde vamos,
ni de dónde venimos...![10]

후안 라몬 히메네스
Juan Ramón Jiménez, 1881-1958

시인의 첫 작품집인 『오랑캐꽃의 영혼들Almas de violeta』과 『수련Ninfeas』이 1900년에 빛을 본 이후 노벨 문학상을 받은 해인 1956년까지 시인의 작품은 천천히, 그러나 쉼 없이 계속 성장해 갔다. 그렇게 후안 라몬 히메네스는 20세기 서정시 역사에 가장 길고도 분명한 한 획을 그었다. 안달루시아의 모게르에서 태어난 시인에게 시는 하늘이 부여한 일이었다. 그에게 삶은 시였다. 산다는 것은 시를 짓는 일로, 시로써 자신의 정체성을 이루고자 했으므로 시가 바로 그의 존재를 말한다. 살면서 일어난 모든 사건 하나하나가 그에게 시를 쓰게 한 동기였으며, 동시에 시로써 산 시인의 삶은 자신이 몸담고 있는 세상으로부터의 고립을 의미하기도 한다.

고독?, 그리고 새는 나무에 있다.
고독?, 그리고 물은 강가에 있다.
고독?, 그리고 바람은 구름에 있다.
고독?, 그리고 세상은 우리와 함께 있다.
고독? 그리고 넌 나하고만 있다.[11]

세상 속에 살지만 시로 세상과 지속적으로 교류하는 시인이었던 까닭에 작품이 많고, 하나의 경향에 머물지 않고 계속해서 바뀌어 갔다. 초창기 시는 모더니즘이 승리를 거두고 있을 때 그에 동조하여 나온 작품들로 모더니즘 색채가 짙지만 점점 장식적인 요소들을 배제해 나간다. 독자에게 쉽게 다가갈 수 있는 단순하면서 감상적인 시가 등장한다. 자신과 자연과 사랑과 죽음 앞에서 시인의 친밀한 토론이 빛과 색깔을 입으며 감상적으로 된다. 아래는 1905년에서 1914년까지의 시를 모은 『아득한 정원들Jardines lejanos』 중 「사랑스러운 정원들Jardines galantes」의 일부이다.

오후의 접시꽃에는
달콤하고도 신선한 한 황금이 있어
공원의 아름다운
화려함에 존엄을 더해 주고
그 접시꽃과 황금 아래
봄의 새싹으로
초록빛과 장밋빛과 푸른
나무들이 들어가 있다.[12]

다음은 1908년의 「울려 퍼지는 고독La soledad sonora」이다.

바람은 슬픔의 구름을 갖고 가 버렸고
정원의 녹음은 신선한 보물.
새들은 아름다움 뒤로 돌아가 버렸고
맑은 낙조에서 황금의 정원이 솟아난다.
석양이여 나를 불태워, 나를 향기와 화염으로 만들어 주렴!
석양이여, 내 가슴이 너와 같게 해 주렴![13]

상징성도 뛰어나다. 『여름Estío』에 실린 91번째 시는 시인의 시적 영감이 주인공이다.

나의 시력을 한 순간	¡Lumbrarada de oro
앗아 가는	que deshace mi vista
황금의 화롯불, 그런데 그 즉시	un instante, y al punto
넌 사그라드는구나…!	te disipas...!
지나가며 나의 감각을	¡Fragancia indescriptible
애무하는 형언할 수 없는	que, pasando, acaricias
향기 그런데	mi sentido, y te sumes
넌 미풍에 가라앉는구나…!	en la brisa...!
나의 가장 깊은 곳에서	¡Maravillosa música
전율하는 마법 같은 음악	que en mi más hondo vibras,
그런데 추억도 남기지 않고	y sin dejar recuerdo
넌 시들어 버리는구나…!	te marchitas...!
빛이여, 태양이 되고, 장미여, 향기가 되고	¡Luz, sé sol, sé olor, rosa;
멜로디여, 수금이 되어라.	melodía, sé lira,
수금, 장미, 태양, 나의	lira, rosa, sol, cumbre
삶의 절정!	de mi vida![14]

1917년에 완성된 산문시 「플라테로와 나Platero y Yo」를 말하지 않고서는 시인의 시를 이야기한다고 할 수 없을 것이다. 안달루시아의 풍경과 그곳의 어린아이와 짐승들과 시인의 삶을 노래한 이 작품은 27시대 시인들이 안달루시아를 재발견하는 데 일조했다. 보송보송한 하얀 털과 여리고 부드러우며, 자그마한 까만 눈을 가진 사랑스러운 나귀인 플라테로와 시인간의 우정이 예순세 개의 이야기로 엮어져 있다. 사건 묘사가 아니라 사건을 통한 시인의

인상을 적은 것이다. 플라테로와 시인은 자연적인 것과 인간간의 애정 관계를 상징한다. 서로 의지하여 위로받고 안식을 얻으며, 말은 없지만 서로를 이해하고 보듬는다. 이들 주위로 세상의 온갖 소음이 몰려들지만 그 속에 동화되지 못하는, 그래서 인간이 아닌 자연적인 것에 침몰하는 시인의 고독을, 쓸쓸함을 특이한 방법으로 표현하고 있는 작품이다. 비범할 정도의 아름다움으로 스페인 문학의 고전으로 일컬어진다. 11번째 이야기인 '카나리아 날다'를 감상해 본다.

> 한 날, 어떻게 왜 새장에서 나왔는지 모를 초록 카나리아가 날았다. 서글픈 죽음을 기억하게 할 만큼 늙어서, 혹시나 굶주림으로 아니면 추위로, 그것도 아니면 고양이에 먹힐까 봐 풀어 주지 않고 있었던 터였다.
>
> 오전 내내 과수원의 석류나무들 사이로 날다 입구의 소나무에 앉았다가 라일락 사이를 노닐었다. 아이들 역시 오전 내내 회랑에서 노란기가 도는 그 새의 짧은 비행에 정신이 팔려 앉아 있었다. 플라테로는 장미원 옆에서 나비 한 마리와 자유롭게 놀고 있었다.
>
> 저녁이 되자 카나리아는 커다란 집 지붕으로 날아와 저물고 있던 희미한 태양에 가슴 떨며 오랫동안 머물렀다. 갑자기, 그리고 어떻게 그리고 왜인지는 어느 누구도 모른 채 다시 새장에 즐거운 모습을 드러냈다.
>
> 정원에서는 이런 난리가! 아이들은 여명처럼 새빨간 얼굴로 손뼉을 치고 생글거리며 깡충깡충 뛰었고, 디아나는 자기 목에 달린 작은 종소리의 웃음에 짖어 대며 미친 듯 아이들을 따라다녔다. 은색 육체의 물결에 전염된 플라테로는 새끼 산양처럼 팔딱팔딱 뛰다 서투른 왈츠를 추듯 두 다리 위로 돌았다. 그리고 손을 짚어 맑고도 부드러운 대기에 뒷발질을 해 댔다.[15]

이러한 분위기의 시는 1916년 세노비아 캄프루비와의 결혼과 미국 여행으로 전환점을 맞이한다. 이때 탄생된 시집이 『갓 결혼한 한 시인의 일기Diario de un poeta recién casado』이다. 그때까지 보여 줬던 모호하고 감상적이며 장식적인 모더니즘적 요소는 사라지고 수수하고 헐벗은, 시인만의 시가 등장한다. 시인의 두 번째 단계의 본질적이자 영원한 순수시가 탄생한 것이다. 다음은 하얀 백양나무에게 바치는 시로 세상의 완벽함을 노래하고 있다. 훗날 호르헤 기옌도 같은 입장이었다. 공간이 새와 물의 조화로운 멜로디로 인해 위 아래에 대한 생각이 섞인다. 마지막 순간 우주가 시인의 영혼으로 창조된다.

하얀 백양나무

위에서는 새가 노래하고
아래에서는 물이 노래한다.
(위와 아래
나의 영혼이 열린다.)

두 개의 멜로디 사이,
은 기둥이!
잎, 새, 별,
아래는 꽃, 뿌리, 물.
두 개의 감동 사이에
은 기둥이!
(그리고 너, 이상적인 줄기는
내 영혼과 내 영혼 사이에!)

진동이 별을 흔든다,
파동이 꽃으로 내려온다.
(아래와 위,

Álamo blanco

Arriba canta el pájaro
y abajo canta el agua.
(Arriba y abajo,
se me abre el alma).

¡Entre dos melodías,
la columna de plata!
Hoja, pájaro, estrella;
baja flor, raíz, agua.
¡Entre dos conmociones,
la columna de plata!
(¡Y tú, tronco ideal,
entre mi alma y mi alma!)

Mece a la estrella el trino,
la onda a la flor baja,
(Abajo y arriba,

내 영혼이 전율한다.)

me tiembla el alma).[16]

1918년의 『영원들Eternidades』, 1919년의 『돌과 하늘Piedra y cielo』, 1923년의 『시Poesía』와 『아름다움Belleza』이 '순수시'의 진열장이다. 사물의 본질을 찾느라 색깔과 음악과 일화를 배제한 지적인 시이다. 훗날 오르테가가 『예술의 비인간화』에서 말한 '비인간화된 예술'이다. 연과 운의 구분이 없다. 형식적으로 자유롭고, 짧으며 의미가 응축되어 있다. 시인은 '이름들' 중에서 건져 올린 '이름'으로 사물을 그리려 한다.

지성이여, 나에게
사물들의 정확한 이름을 다오!
…나의 말이 나의 영혼으로
새로이 창조된 사물
그 자체가 되도록.
사람들이 모르는 모든 것들이
나로 인해 사물들에 갈 수 있도록,
이미 잊어버린 모든 것들이
나로 인해 사물들에 갈 수 있도록,
사랑하는 모든 것들이
나로 인해 사물들에 갈 수 있도록…
지성이여, 나에게 사물들의
정확한 이름을, 그리고 너의,
그의 그리고 나의 이름을 다오!

¡Intelijencia, dame
el nombre exacto de las cosas!
...Que mi palabra sea
la cosa misma,
creada por mi alma nuevamente.
Que por mí vayan todos
los que no las conocen, a las cosas;
que por mí vayan todos
los que ya las olvidan, a las cosas;
que por mí vayan todos
los mismos que las aman, a las cosas...
¡Intelijencia, dame
el nombre exacto; y tuyo,
y suyo, y mío, de las cosas!

—『영원들』 중에서[17]

시의 정수가 아닌 것은 배제해 나가다 보니 초기 모더니즘의 음악, 색깔, 삶에 대한 이야기가 보이지 않으며, 더 이상 나무, 빛, 새나 물이 미화되지 않는다. 절대적 아름다움을 찾아 감상을 버리고 지적이자 시의 정수만을 추구하는 시, 헐벗은 시로 나아간다. "이제 더 이상 만지지 마,/그 자체로 장미야.¡No le toques ya más,/ que así es la rosa!"

스페인 내란이 발발하자 시인은 스페인을 떠났다. 중남미 국가들을 전전하다 1951년에 푸에르토리코에 정착하고 1956년 그곳에서 노벨상을 받았다. 수상 후 며칠 뒤, 남편을 위해 자신의 재능과 삶을 희생했던 아내 제노비아 캄프루비가 사망하자 시인은 엄청난 충격에 빠진다. 2년 뒤 시인도 세상을 떠난다.

망명 생활을 하는 와중에서도 사물의 핵심을 찾고 아름다움을 추구하고자 하는 노력은 1946년의 『완전한 계절Estación total』과 1949년의 『근본의 짐승Animal de fondo』으로 그 절정에 이른다. 이렇게 시인의 긴 시적 여정은 일종의 신비주의로 막을 내린다. 기독교를 믿는 사람이면 인간을 창조한 자는 신이라고 믿는다. 후안 라몬 히메네스는 그런 신을 필요로 하는 자가 시인이라 한다. 물론 소문자 신이다. 시인에게 신은 바로 힘과 희망으로 가득한 말이다. 인간화된 아름다움이다. 자연과 자신의 영혼에서 고동치는 신이다. 내부의 신인 영혼의 신과 외부의 신, 즉 자연의 신과의 교통으로 이루어지는 아름다운 것에 대한 시인의 의식이다.

이것이 나의 삶, 위의 삶,	¡Esta es mi vida, la de arriba,
순수한 미풍의 삶	la de la pura brisa,
마지막 새의 삶,	la del pájaro último,
어두운 것의 황금 정상의 삶!	la de las cimas de oro de lo oscuro!
이것이 나의 자유, 장미 내음을 맡는 것,	¡Esta es mi libertad, oler la rosa,
나의 미친 입으로 차가운 물의 흐름을 막는 것,	cortar el agua fría con mi boca loca,
숲을 벗기는 것,	desnudar la arboleda,

태양에서 그의 영원한 빛을 잡는 것!　　　　cojerle al sol su luz eterna!

—『시』 중에서[19]

이렇듯 시인은 유행이나 일시적인 호기심이나 취향을 떠나 아름다움을 찾아 평생 동안 시를 쓰고 고쳐 나갔다. 시인의 예민한 감각과 미적인 것에 대한 욕망과 쉼 없는 혁신은 27세대의 스승이 되는 데 부족함이 없어 보인다. 시를 종교로 승화시키고, 시를 위해 시로 인해서만 살며 후대의 시인들을 자신의 본보기로 매혹시켰다. 그 결과로 시인은 루벤 다리오와 함께 스페인 20세기 시를 혁신하는 데 크게 공헌했으며, 이후 시인들은 모두 그의 영향을 직간접적으로 받으며 작품 활동을 했다.

안토니오 마차도

Antonio Machado, 1875-1939

안토니오 마차도는 98세대를 대표하는 시인으로 명상과 독서의 단순한 삶을 살았다. 그의 「자화상Retrato」이 시인의 삶을 들려준다.

　나의 유년기는 세비야 뜰에서의 기억들과
레몬나무가 무르익는 맑은 과수원.
나의 청년기는 카스티야 대지에서의 20년,
내 인생사는, 기억하고 싶지 않은 몇 경우들.
....
난 좋은 의미로 착한 사람.
....
난 늘 나와 함께 가는 사람과 대화를 나누는데,
-혼자 말하는 사람은 언젠가 신과 말하기를 기다리지.
....
내 일을 하고 내 몸을 덮는 옷과
내가 거주하는 집과 내가 먹는 빵과
내가 눕는 침실은 내 돈으로 지불하지.

그리고 마지막 여행 날이 올 때면

....

바다의 자식들처럼 거의 헐벗은,

짐 없이 승선하는 나를 보게 될 것이야.[20]

세비야에서 태어나 마드리드에서 청춘을 보낸 뒤 파리에 잠깐 머물다 소리아에서 프랑스어를 가르치며 5년을 살았다. 그곳에서 스페인의 풍경을 발견하고 결혼을 하지만 곧 아내를 잃고, 이후 바에사와 세고비아 다시 마드리드에서 살게 된다. 내전에서 공화당 군이 패배하자 프랑스로 가서 스페인과 국경을 맞대고 있는 해안가 작은 마을 콜리우흐에서 생의 마지막을 맞이한다. 1903년에 발표한 『고독들Soledades』을 시작으로, 1907년의 『고독, 회랑과 다른 시들Soledades, galerías y otros poemas』, 1912년에서 1917년까지의 시를 모은 『카스티야의 평원들Campos de Castilla』과 1924년에 발표한 『새로운 노래들Nuevas Canciones』이 있다. 생의 마지막 순간에 가상의 시인들인 '아벨 마르틴'과 '후안 데 마이레나'에게 쓴 몇 편의 시가 있다.

시인의 초기 시집인 『고독들』에는 당시 유행하던 모더니즘의 흔적이 발견되지만 위의 「자화상」에서 밝혀 놓았듯이 자신만의 색채를 찾아 간다.

그러나 현재의 화장은 사랑하지 않으며

새롭고 즐겁게 지저귀는 그런 것들의 새도 아니니다.

난 속이 빈 노래의 로맨스 악곡과

달을 노래하는 귀뚜라미의 합창을 경멸한다.[21]

그러면서 시인은 다음과 같이 고백한다.

나는 시적 요소란 소리나 색깔, 행, 복잡한 감각이 아니라 정신의 심오한 고동이라고 생각했다.

단단하고도 영원한 대리석도
음악도 미술도 아닌
시간에서의 말이다. — sino palabra en el tiempo.[22]

마차도의 시간은 시인이 산 개인적인 시간이다. 추상적인 개념에 대한 이야기가 아니라 시인이 실제로 산 삶에 대한 이야기로, 인간이 자기 시간과 나누는 대화가 시다. 주어진 상황마다 갖는 심오한 영혼의 고동이 시다. 그러니 시인의 삶은 시간을 떠나면 남는 게 없게 된다. 직접적으로 아침, 저녁, 밤, 여명과 대화를 나누고, 꽃, 물이나 샘의 이미지를 빌려 오기도 한다.

봄의 한 여명이 내게 이렇게 말했지.	Me dijo un alba de la primavera:
길가의 꽃을 꺾지 않는	Yo florecí en tu corazón sombrío
늙은 나그네인 너의 우울한 가슴에	ha mucho años, caminante viejo
내가 꽃을 피운 지가 오래 되었다.	que no cortas las flores del camino.
너의 그늘진 가슴은, 혹시나	Tu corazón de sombra ¿acaso guarda
내가 오래 전 피웠던 그 붓꽃들의 오래된 향내를 간 [직하고 있는 것인가?	el viejo aroma de mis viejos lirios?
아직도 나의 장미들은 너의	¿Perfuman aún mis rosas la alba frente
금강석 꿈의 요정의 하얀 이마를 향긋하게 만들 [고 있는가?	del hada de tu sueño adamantino?
난 아침에 이렇게 대답했지.	Respondí a la mañana:
내 꿈만이 유리를 갖고 있어.	Sólo tienen cristal los sueños míos.
나는 내 꿈의 요정을 알지 못해.	Yo no conozco el hada de mis sueños;

내 심장이 만개해 있는지조차도 난 몰라.

ni sé si está mi corazón florido.[23]

98세대 시인으로서 가장 즐겨 사용한 테마는 카스티야이다. 『카스티야의 평원들』에서 시인은 이 땅을 이렇게 노래한다.

아, 이득 없고 강인한 땅, 나의 대지여!
카스티야, 너의 노쇠한 도시들이여!
너의 우울한 고독을 심는
쓰라린 우수여!

¡Oh tierra ingrata y fuerte, tierra mía!
¡Castilla, tus decrépitas ciudades!
¡La agria melancolía
que puebla tus sombrías soledades!

남성다운 카스티야, 작열하는 대지여!
운명을 경멸하는 카스티야여!
고통과 전쟁의 카스티야여!
불멸의 대지, 죽음의 카스티야여!

¡Castilla varonil, adusta tierra,
Castilla del desdén contra la suerte,
Castilla del dolor y de la guerra,
tierra inmortal, Castilla de la muerte![24]

마차도의 '꿈' 역시 즐겨 찾던 주제이다. 잠자는 꿈이 아니라 기억과 추억으로서의 꿈이다.

꿈의 문턱에서 나를 불렀다…
멋진, 사랑하는 목소리였다.
-나랑 영혼을 보러 갈래?
내 심장에 사랑이 들어왔다.
-언제나 너와 함께… 그리고 난 내 꿈으로
길고도 아무것도 없는 회랑으로 나섰다.

마지막으로 우리의 시인을 지배했던 테마는 사랑이다. 34살 시인이 16살 레오노르와 결혼하고, 2년 만에 레오노르가 세상을 떠났으니, 시인은 "늘 자기와 함께 간다"고 했다. 이후 새로이 찾은 인연인 기오마르에게 바친 시들에서는 추억과 고독으로 읽히는 사랑이 등장한다.

이러한 시들을 시인은 무엇보다 상징으로 표현했다. 그러니까 시인의 대표적인 수사법이 상징이다.

너의 시에다 두 배의 빛을 주어라
앞에서 읽고
비스듬히 읽도록.

앞에서 읽으면 액면 그대로 보는 것이고 비스듬히 보는 것은 상징이 갖는 의미를 찾으라는 것이다. 예로, '죽은 물'은 사라진 꿈, 사멸한 기쁨이다. 이외 다른 난해한 수사는 없다. 오히려 단순하다. 장식적이거나 과한 은유는 불필요한 것으로 모두 배제했다. 엘리엇이 꿈꾸던 바로 그러한 시를 현실로 보인지도 모른다. 시적인 것이 아무것도 없는, 기본적으로 시인 시. 아무 것도 남지 않은 뼈 위에 누운 시, 너무나 투명해서 시가 보이지 않고 시로써 시인이 보여 주고자 한 것만이 보이는 시. 너무나 투명해서 읽을 때 시가 아니라 시인이 가리키는 것을 보게 되는 시를 말이다.

　나그네여, 길이
당신의 흔적이오, 그게 다요.
나그네여, 길은 없나니,
걸을 때 길이 되나니.
걸을 때 길이 되어
시선을 뒤로 돌리면

다시는 밟지 않을
길이 보이지.
나그네여, 길은 없네.
오직 바다 위에 항적만이.

—『카스티야의 평원들』 중에서[25]

모든 것은 지나가고 모든 것은 남지만
우리의 것은 지나가는 것.
바다 위에 길을 만들며
지나가는 것.

—『카스티야의 평원들』 중에서[26]

『카스티야의 평원들』에는 카스티야와의 만남과 함께 인간 실존의 문제도 있다. 위 시에서 볼 수 있듯이 삶은 길이 없는 길이라는 상징으로 읽힌다. 인간의 삶이란 바닷물에 쓰인 항적처럼 거의 흔적이 남지 않는다. 이외 스페인 문인들인 베르세오, 호르헤 만리케, 루벤 다리오, 후안 라몬 히메네스, 우나무노, 아소린 등을 찬양한 시도 들어 있다. 마차도의 1924년 『새로운 노래들』에서도 삶의 철학이 경구로 소개된다.

주의를 기울이세요:	Poned atención:
고독한 가슴은	un corazón solitario
가슴이 아니예요.	no es un corazón.

—『새로운 노래들』 중에서[27]

내가 고독할 때	Tengo a mis amigos

찾는 친구들이 있어요;
그 친구들과 함께 있는데
왜 그리도 그들이 멀리 느껴지는지요!

en mi soledad;
cuando estoy con ellos
¡qué lejos están!

—『새로운 노래들』 중에서[28]

삶과 꿈꾸는 것 뒤로
가장 중요한 것이 있다.
깨어나는 것이다.

—『새로운 노래들』 중에서[29]

진실을 반만 말했다고?
두 번 거짓말한다고 하겠네.
진실의 나머지 반을 말하면 말이야.

—『새로운 노래들』 중에서[30]

끝으로 시인이 사랑했던 땅, 「소리아의 평원Campos de Soria」의 일부에서 시인의 시 특징을 정리해 본다.

VII

은빛의 언덕들,
회색의 비탈길, 쥐색 바위투성이로
두에로 강이
소리아 주변으로
활 곡선을 긋는구나.

¡Colinas plateadas,
grises alcores, cárdenas roquedas
por donde traza el Duero
su curva de ballesta
en torno a Soria, oscuros encinares,

어두운 떡갈나무 숲, 거친 자갈밭, 민둥산들,	ariscos pedregales, calvas sierras,
하얀 길들과 강변의 포플러들,	caminos blancos y álamos del río,
신비하고 전사인 소리아의 오후들.	tardes de Soria, místico y guerrera.
너희들로 인해 오늘 난 심장	Hoy siento por vosotros, en el fondo
깊숙한 곳에서 슬픔을 느낀다.	del corazón, tristeza,
사랑인, 슬픔! 바위들이 꿈을 꾸고 있는 것 같은	tristeza que es amor! ¡Campos de Soria
소리아의 평원들이	donde parece que las rocas sueñan,
나와 함께 가는구나! 은빛의 언덕들,	conmigo vais! ¡Colinas plateadas,
회색의 비탈길, 쥐색 바위투성이…!	grises alcores, cárdenas roquedas...![31]

시인은 어느 날 오후 카스티야의 거칠고 헐벗은 풍경을 대변하는 소리아의 풍경을 주관적인 서글픈 사랑의 감정으로 바라보고 있다. 카스티야의 객관적인 모습과 시인의 개인적 감정이 교차한다. 카스티야는 종교와 전사의 땅이었음이 "활, 신비, 전사"에서 상징으로 만난다. 말없음표에는 작가의 눈앞에 그려지는 것 이상이 있을 것으로 유추되며, 호격으로 열거된 명사들이 그러한 가능성을 높인다. 스페인의 핵심이 시인과 함께 한다. 바위에 시인의 감정을 투영하고 의인화하며, 쉼표로 이어지는 형용사로 꾸며진 명사구로 시인의 감정 밑바닥까지 소리아에 대한 사랑이 읽힌다. 7음절과 11음절을 교대로 사용하여 속도감과 감정이 생생하게 살아나고 있다. "슬픔"이 한 행에서 다음 행으로 이어짐으로써 강조되어, 시인과 소리아가 동일시된다. 단순한 형식과 쉽고 분명한 언어로 시인의 영혼에 각인된 카스티야의 한 마을인 소리아가 시인을 통해 스페인의 역사와 당시 현실을 알리고 있다. 바로 98세대의 특징이다.

27세대

호르헤 기옌

페데리코 가르시아 로르카

라파엘 알베르티

루이스 세르누다

미겔 에르난데스

다마소 알론소

비센테 알레이산드레

세사르 바예호

파블로 네루다

호르헤 기옌

Jorge Guillén, 1893-1984

20세기 초중반 유럽은 온갖 예술 움직임을 내세우며 투쟁적이고 도발적인 분위기에 휘말려 있었다. 지난 예술, 심지어 당시 현존하던 미학과는 완전히 다른 미학을 모색하는 우상파괴주의자들의 전성기이다. 소위 전위주의자들의 등장이다. 논리와 이성의 반대편에 서서 아무런 구속이 없는 창조적 상상력을 추구하고, 독자의 이목을 끌고 당황스럽게 할 정도의 독창성을 부추기고, 예술을 단순한 놀이로 여겨 인간적인 일화나 감정을 철저하게 배제한 비인간화된 예술을 위한 예술의 시대가 열린 것이다. 미래주의, 큐비즘, 다다이즘, 초현실주의의 출현이다.

스페인에는 이 모든 주의를 과격주의라는 '울트라이스모Ultraísmo'란 이름으로 대신하며, 그 선두에 라몬 고메스 데 라 세르나Ramón Gómez de la Serna가 있다. 전위주의자들은 현대 삶에서 동기와 테마를 취하되 자유시 형태와 비논리적 사고로 인한 비논리적 언어로의 연계와 독창적 이미지, 마침표의 생략과 시각적 효과를 거두기 위한 글자의 배치, 문장을 도형화하고 글꼴을 달리하는 캘리그램과 같은 방법들을 동원해 혁신을 추구했다. 특히 초현실주의는 스페인 시 역사에 중요한 흔적을 남겼다. 당시 예술론은 오르테가가 『예술의 비인간화La deshumanización del arte』(1925)[1]로 정리해 놓았다.

스페인에서는 이러한 움직임과 후안 라몬 히메네스의 순수시를 향한 걸음에 자극받은 새로운 시 그룹이 형성된다. 1892년과 1905년 사이에 탄생된 시인들로, 이들은 스페인 시의 새로운 황금세기라 이름할 만큼 창조적이며 풍요로운 작품들을 생산했고 그만큼 영향력을 행사했다. 공고라 서거 300년을 세비야의 아테네오에서 같이 기념했다 하여 이들을 '27세대'라고 불렀다. 주요 시인으로, 페드로 살리나스Pedro Salinas(1892-1951), 호르헤 기옌Jorge Guillén(1893-1984), 헤라르도 디에고Gerardo Diego(1896-1987), 페데리코 가르시아 로르카Federico García Lorca(1898-1936), 비센테 알레이샨드레Vicente Aleixandre(1898-1984), 다마소 알론소Dámaso Alonso(1898-1990), 루이스 세르누다Luis Cernuda(1902-1963), 그리고 라파엘 알베르티Rafael Alberti(1902-1999)가 있다. 이들은 나름대로 각각의 특징을 갖고 있지만 세대로 묶을 수 있는 공통된 특징 역시 존재한다. 이들은 스페인 시 전통과 단절됨이 없이 예술적 혁신을 도모했다. 앞선 중세로부터 바로크까지 스페인 시인들을 찬미함은 물론이요, 루벤 다리오에서 언어의 조형적 가치를 배웠고, 벡케르, 특히 후안 라몬 히메네스의 영향을 크게 받았다. 우나무노와 마차도 시에 대한 존경도 무시할 수 없다. 스페인 전통 대중 시 형식을 재평가하여 고양시켰다는 점에서 신대중주의라는 용어를 탄생시키기도 했다. 이에 대표되는 시인이 로르카와 알베르티이다. 소네트와 같은 고급 시 형식과 함께 비얀시코나 로망스 같은 대중 시 형식은 물론이요, 장시나 자유시 형식도 수용했다. 물론 이들은 시를 예술 작품으로 인식하여 시 어휘에 많은 공을 들였다. 교양어를 사용하면서도 동시에 구어적인 표현과 시어로 받아들일 수 없는 언어를 시로 끌어와 시적 효과를 극대화했다. 당연히 이목을 사로잡는 신선한 은유를 창조하여 이미지의 가치를 회복시켰다. 이들은 초반기에는 예술을 비인간화시키고 기지의 놀이이자 예술을 위한 예술로 보았으나 1930년 이후에는 인간적인 깊이를 추구하는 시를 창조해 낸다. 고통과 고뇌와 기쁨과 추억과 사랑과 죽음 앞에 울고 웃는 시인으로 바뀌어 간다.

스페인 내란은 이들의 삶과 작품에도 당연히 영향을 미쳐 세대에 종말이 온다. 로르카는 내란이 발발한 해에 총살당하고, 살리나스, 기옌, 세르누다와 알베르티는 길고도 힘든 망명 생활에 들어간다. 다마소 알론소, 알레이샨드레, 그리고 헤라르도 디에고는 스페인에 남는다. 세대가 해체되고도 살아남은 자들은 작품 활동을 계속해 나가고, 조국을 떠난 자들은 작품으로 잃어버린 조국을 그리워하고, 남은 자들은 새로운 세대들의 스승이 되었다.

'27세대'를 대표하는 호르헤 기옌은 바야돌리드에서 태어나서 마드리드와 그라나다에서 학업을 하고 스위스와 독일에서 공부를 이어 갔다. 무르시아와 세비야 대학 교수로 지내다 훗날 미국에서 교수로서 강단에 섰다. 1928년 『찬가Cántico』를 발표하고 이후 1950년까지 탄생한 시들 역시 같은 제목하에 두었다. 75편의 시가 332편으로 늘어나 있다. 시인의 시는 형식 면에서 완벽하여 시의 고전으로 여겨지며, 표현은 정제되고 깔끔하며 생략으로 간결하고 정확하다.

그러한 시어로 시인은 자신이 찬미했던 폴 발레리처럼 순수시인, 지적 시인이라는 평을 들었다. 1926년에 시인은 '순수시'를 이렇게 정의하고 있다.

> 순수시란 시가 아닌 모든 것을 제거하고 난 뒤에 시에 지속되는 모든 것이다. '순수'란 화학적으로 '단순'과 같은 것이다. (…) 유일하게 시적 요소로만 구성된 시. 시적 시, 순수시. 나는 사제들의 애매모호함을 피하기 위해 단순한 시를 선호한다. (…) 결론적으로 "충분히 순수한 시", "마 논 트로포(그러나 지나치지 않게)"이다. 논리적으로 가능한 비인간적, 인간을 초월한 엄격성을 갖는 모든 것에서의 단순한 요소를 비교로 취한다.[2]

시인에게 시적 창조란 일상에 경험하는 사건들의 정수만을 드러내기 위해 명료한 지성으로 지적으로 분석하여 의미적으로 응축시키는 일이다. 그러나 '마 논 트로포'를 통해 시인이 주고자 하는 메시지는 '순수'하고 '정제된' 표현으로 시의 정수만을 길러 올려야 하지만, 감정이 전적으로 배제되지 않는 작은 공간은 허락된다는 것이다.

발코니, 유리창들
몇 권 책들, 테이블
이게 다야? 그래,

구체적인 경이로움들

세상을, 세상의 작은 것들을 사랑하고 삶의 기쁨에 빠진 시인의 심오한 감각이 드러난다. 시인의 "구체적인 경이로움들"은 일상 삶에서 친숙하고 단순하며 소소한 물건들이다. 시인은 빛과 태양과 대기와 담과 정원과 우리를 둘러싸고 있는 것들, 우리가 사용하는 물건들을 즐긴다. 시인이 보고 만지고 인상으로 받은 모든 것들을. 그럼으로써 시인은 단언한다. "세상은 잘 만들어져 있다"고. 현실과 세상에 대한 즐거운 긍정이다.

"있다는 것, 그게 다야. 그리고 그것으로 충분해. 절대적인 행운이다"란 표현으로 알 수 있듯이 시인은 그렇게 느낀 감각적인 감정들을 간결하고 정확한 개념으로 옮겨 엄하리만큼 훈련되고도 간명하고 정제된 구조로 표현한다. 시어 역시 순수시의 개념에 따라 지적으로 단련된 기술을 보여 준다.

『찬가Cántico』 이후 나온 작품이 『외침Clamor』(1957, 1960, 1963)이다. '찬가'에서와 달리 이 작품에서는 시인의 고뇌가 무게로 느껴진다. 즐거운 비명이 전작이라면 지금은 전후 세상 앞에서 시인의 고통의 절규가 들려온다. 악과 무질서와 불의와 배고픔과 전쟁과 죽음의 인간 세계가 들어선다. 늙은 시인은 혼돈과 불안 앞에 무엇으로도 보호받지 못하고 있음을 느낀다. 물론 앞선 작품에서 노래했던 삶의 기쁨에 대한 희망이 완전히 사라지는 것은 아니다. 그 모든 아픔을 이겨 낼 의지가 인간에게는 늘 있기 때문이다.

　본원의 조화. 그리고 그럼에도 불구하고
일어나는, 우리에게 일어나는…. 우리는 그것을 알고 있다.
암담한 날이 쓰라리게 될 것이다.
훌륭한 뱃사람에게서 노들이 떠나간다.

　그리고 고통이 습격하여 월권으로

우리를 불길한 세력으로 밀어 넣어,
결국 끝이 둥그런 구를 어지럽힌다.
불경한 악으로, 쓸개진으로, 반란으로.

　분노로 하는 구역질의 기원,
불어나는 분노. 모래 먼지가
우리를 못 보게 덮고, 우리를 들이마신다.
그리고 아침이 아프다, 데뷔하지 않는다.[3]

시인의 세 번째 작품인 『경의Homenaje』(1967)는 예술과 시와 문화와, 그것들을 만들어 낸 인간과 시인 자신이 옹호했던 사랑과 우정과 작가들에 대한 찬미의 노래이다. 시인의 시세계를 모두 품어 내듯 '찬가'와 '외침'의 중간 지점에 위치한다. 시인은 자신의 이러한 작품들을 모두 아울러 하나의 표제로 정리하는데, 『우리들의 대기Aire nuestro』이다. 이후 나온 작품들은 『그리고 다른 시들Y otros poemas』(1973) 이란 제목으로 발표했다.

아래 작품은 시인의 낙관적인 우주관을 종합적으로 보여 주는 「저 너머Más allá」이다. 눈을 뜨면 빛에 눈이 부시다. 그러면서 감각적인 세상의 현실이 새로이 조형된다. 시인은 정확하고 다양하게 자신의 시각, 청각, 촉각 등, 체감의 감각에 충실해진다. 추상적인 것은 구체적이고 손으로 만질 수 있는 게 된다. 시간은 응축되고 행복으로 확장된다. "기원에서부터 수세기에 걸친 모든 것이 이 순간에 영원히 그리고 나를 위해 집중된다." 이렇게 보면 호르헤 기옌은 케베도와 정반대 입장에 있다. 케베도는 "나는 한 과거였고, 그리고 한 미래가 될 것이며 어느 한 피곤한 자"라고 노래했다. '찬가'의 시인은 "나는 공중에 떠 있는 영원성인 현재를 구하며 사노라"고 하고 있다.

I

(영혼이 육체로 돌아와
눈으로 향하며
부딪힌다.) – 빛이다! 나의 모든
존재를 침범한다. 경이롭도다!

아직 순수한 거대한
모습으로 시간을 둘러싼다… 소음들이
침입한다. 어찌나
날 밝은 햇살의,

태양이 만든
여림으로 아직 날카롭지 않은
노란빛 위로 넓게
머물고자 도약하는지!

그러는 동안 모든 견고성들이
등장하여
사물로 갖출 때
나의 한계를 정하고 나를 중심에 두도다!

혼돈이 있었다고? 그 기원으로부터
아주 멀리 빛의 비등 사이로
불꽃들의 신선함이

(El alma vuelve al cuerpo,
se dirige a los ojos
y choca). -¡Luz! Me invade
todo mi ser. ¡Asombro!

Intacto aún, enorme,
rodea el tiempo… Ruidos
irrumpen. ¡Cómo saltan
sobre los amarillos

todavía no agudos
de un sol hecho ternura
de rayo alboreado
para estancia difusa,

mientras van presentándose
todas las consistencias
que al disponerse en cosas
me limitan, me centran!

¿Hubo un caos? Muy lejos
de su origen, me brinda
por entre hervor de luz

내게 건배를 한다. 낮이다!

어떠한 안전함이
확장되고, 팽창되고, 보낸다.
광채가 시사된 아침을
늘어뜨린다.

그리고 아침이 무게로
내 눈 위로 진동한다.
내 눈들은 비범한 것을
다시 보게 될 것이다. 모두를.

기원에서부터
수세기에 걸쳐
모든 것이 이 순간에
영원히 그리고 나를 위해 집중된다.

그리고 계속해서 지나는
순간들 위로
공중에 떠 있는 영원성,
현재를 구제하며 난 간다.

피가 달린다, 숙명적인
목마름으로 달린다.

frescura en chispa. ¡Día!

Una seguridad
se extiende, cunde, manda.
El esplendor aploma
la insinuada mañana.

Y la mañana pesa,
vibra sobre mis ojos,
que volverán a ver
lo extraordinario: todo.

Todo está concentrado
por siglos de raíz
dentro de este minuto,
eterno y para mí.

Y sobre los instantes
que pasan de continuo
voy salvando el presente,
eternidad en vilo.

Corre la sangre, corre
con fatal avidez.

맹목적으로 나는 운명을 축적한다:	A ciegas acumulo
존재하고 싶다.	destino: quiero ser.
있다는 것, 그게 다다.	Ser, nada más. Y basta.
그리고 그것으로 충분하다. 절대적인 행운이다.	Es la absoluta dicha.
침묵으로 그토록	¡Con la esencia en silencio
정수와 동일시된다는 것!	tanto se identifica!
뭔지 모를 웅성거림의	¡Al azar de las suertes
유일한 운명들이 되어 가는 대로	únicas de un tropel
세월 사이로 떠오르는 것,	surgir entre los siglos,
존재로 승리하는 것,	alzarse con el ser,
그리고 필연적으로	y a la fuerza fundirse
가장 고집스러운 소리인	con la sonoridad
바다의 말인 그래, 그래, 그래와	más tenaz: sí, sí, sí,
융합하는 것!	la palabra del mar!
모든 것이	Todo me comunica,
승리자로, 세상이 되어	vencedor, hecho mundo,
승리로, 진실로 실제적 존재가 되기 위해	su brío para ser
자신의 용기를 내게 전달한다.	de veras real, en triunfo.
나이고, 더 하여 난 있다. 난 숨을 쉰다.	Soy, más, estoy. Respiro.

심오한 것은 공기이다.	Lo profundo es el aire.
현실은 나를 발명한다,	La realidad me inventa,
난 그의 전설이다. 만세!	soy su leyenda. ¡Salve!

II

아니야, 내가 꿈꾸는 게 아니야. 창조의	No, no sueño. Vigor
활력이 여기 자기의 낙원을	de creación concluye
마무리 짓는다:	su paraíso aquí:
늘 그렇듯 희미한 불빛.	penumbra de costumbre.
그리고 이 가차 없는 존재는,	Y este ser implacable
지금 새로이 내게,	que se me impone ahora
강요된다	de nuevo -vaguedad
- 린넨의 순백으로,	resolviéndose en forma
이불 깃 위의 손으로,	de variación de almohada,
베게의 변천의 형태로	en blancura de lienzo,
더욱이 유성들을 기억하고	en mano sobre embozo,
멋지게 인력에 끌리는,	en el tendido cuerpo
뻗은 육체로	que aun recuerda los astros
해결되는 모호함-	y gravita bien- este
이 우주의 굴복시키는, 이 존재는	ser, avasallador
알 수 없는 것으로	universal, mantiene

자신의 충만함 역시
유지한다: 진실로
알 수 없고 너무나 사실적인
저 너머에다.

también su plenitud
en lo desconocido:
un más allá de veras
misterioso, realísimo.

III

저 너머! 가끔은 가깝게,
아주 가깝고 친근하게
몇 개의 수수께끼를 언급한다.
저기 정중하게 있다.

¡Más allá! Cerca a veces,
muy cerca, familiar,
alude a unos enigmas.
Corteses, ahí están.

원상으로 돌아갈 수 없는, 그러나
길고 넓고 심오한
수수께끼들 - 무더기로.
내가 그것들을 만지고, 그것들을 사용한다.

Irreductibles, pero
largos, anchos, profundos
enigmas -en sus masas.
Yo los toco, los uso.

방이 나의 동반자를 향해
집중한다.
이 많은 물건들이라니! 이름 지어져,
생각에 복종한다.

Hacia mi compañía
la habitación converge.
¡Qué de objetos! Nombrados,
se allanan a la mente.

수수께끼들이고 여기서
나에게 도움이 되고자 살고 있다,
매 순간 자기의 균형을

Enigmas son y aquí
viven para mi ayuda,
amables a través

닫고 마는

어떠한 연결들의 불안전한 관계로 쉼 없이
나를 둘러싸고 있는
모든 것들을 통하여
친절하게.

IV

발코니, 유리들,
책 몇 권, 테이블
이게 다야? 그래,
구체적인 경이로움들이지.

기뻐하는 물질을
표면화하고
늘 보이지 않는,
자신의 슬픈 미립자들에게 언명한다.

그리고 살풍경한 날로
아니면 자루의
곡선의 사랑으로
에너지가 충만하게 작용한다.

에너지 아니면 에너지의 영광이여!

de cuanto me circunda

sin cesar con la móvil
trabazón de unos vínculos
que a cada instante acaban
de cerrar su equilibrio.

El balcón, los cristales,
unos libros, la mesa
¿Nada más esto? Sí,
maravillas concretas.

Material jubiloso
convierte en superficie
manifiesta a sus átomos
tristes, siempre invisibles.

Y por un filo escueto,
o el amor de una curva
de asa, la energía
de plenitud actúa.

¡Energía o su gloria!

나의 지배로
그토록 현실인 것 안에서
추문 없이 빛난다, 오늘 월요일에.

En mi dominio luce
sin escándalo dentro
de lo tan real, hoy lunes.

그리고 잽싸고 겸허하게
물질은 '출현'의 우아함을
채비한다:
이것이 석회이고 이것이 버들가지이다.

Y ágil, humildemente,
la materia apercibe
gracia de Aparición:
esto es cal, esto es mimbre.

V

가열된 맑음을
어둡게 하고 노랗게 물들이며
흩뿌리는 태양 아래
그 담으로

Por aquella pared,
bajo un sol que derrama,
dora y sombrea claros
caldeados, la calma

볕에 쬐인 고요가 바뀐다.
웃음 띤 태양이
담으로 간다. 관계 맺은
즐거운 물질이여!

soleada varía.
Sonreído va el sol
por la pared. ¡Gozosa
materia en relación!

그리고 그러는 동안, 어느 나무의
가장 높은 곳은 - 잎 하나
하나 볕에 쬐이며 모든 것을
현실로 만들어 내면서- 나에게 사랑을 느끼게 만든다.

Y mientras, lo más alto
de un árbol -hoja a hoja
soleándose, dándose,
todo actual- me enamora.

난 초록으로 방황하는
향기를 예감하니,
그것의 물성을 내게
선물할 것이다: 남의 것,

Errante en el verdor
un aroma presiento,
que me regalará
su calidad: lo ajeno,

저기서 그 자체로 존재할
만큼 너무나 다른 존재의 것.
대체할 수 없는 세상의 선물이니
내가 그 세상을 통해 내 영혼으로 가노라!

lo tan ajeno que es
allá en sí mismo. ¡Dádiva
de un mundo irremplazable:
voy por él a mi alma!

VI

오, 완벽함이여: 난 총체적
저 너머에 매이도다!
사물들에 매이도다!
나 없이 실존하고 이미

¡Oh perfección: dependo
del total más allá,
dependo de las cosas!
¡Sin mí son y ya están

손조차 꿈꾸지 못한,
놀라움을
해결할 행복한 부피를
행위로 내보이면서 있도다!

proponiendo un volumen
que ni soñó la mano,
feliz de resolver
una sorpresa en acto!

기쁨으로 난 발코니의
유리에,
자기의 유괴자에게

¡Dependo en alegría
de un cristal de balcón,
de ese lustre que ofrece

갈망하던 것을 제공하는 그 광택에 매이도다!

그리고 정말 아침의
투명한 대기,
한 추녀, 지붕들
저기 구름들, 거리들이다!

4월의 가장자리에서
가벼운 잎들 사이로
흩어지는 지저귐
소리가 울린다. (이슬이 있다.)

그러나 날은 결국
건물의 인간적인 단호함을
이루고 나의 거주지에게
자기의 힘을 이야기한다.

이렇게 날은
먼 곳들을 가져오며 맞추어 가고,
먼 곳들은 나라들을 경유하면서
발코니로 미끄러져 내린다.

하늘은 결코 나누지 않는다.
지금의 그 하늘은

lo ansiado a su raptor,

y es de veras atrmósfera
diáfana de mañana,
un alero, tejados,
nubes allí, distancias!

Suena a orilla de abril
el gorjeo esparcido
por entre los follajes
frágiles. (Hay rocío.)

Pero el día al fin logra
rotundidad humana
de edificio y refiere
su fuerza a mi morada.

Así va concertando,
trayendo lejanías,
que al balcón por países
de tránsito deslizan.

Nunca separa el cielo.
Ese cielo de ahora

-내가 숨 쉬는 대기-
나를 유성으로 채운다.

어디서 길을 잃을 것인가, 어디서?
나의 중심은 이 점이다.
무엇이 되든 간에. 세상은
언제나 너무나 온전하게 나를 기다리도다!

지속적인 긍정의
평온함이
모든 존재들을 안내하나니,
모든 존재들은

그 많은 총체적 관계 속에서
영원한 여정의 포로가 되어
태양 아래 존재하고자 하며
땅과

무한대로 솟아오를 바다로
행복해하며 자신의 사랑에
운명적으로 몰두한다.
한 줄기 햇살이 더.

첫 번째 화단의 빛이,

-aire que yo respiro-
de planeta me colma.

¿Dónde extraviarse, dónde?
Mi centro es este punto:
cualquiera. ¡Tan plenario
siempre me aguarda el mundo!

Una tranquilidad
de afirmación constante
guía a todos los seres,
que entre tantos enlaces

universales, presos
en la jornada eterna,
bajo el sol quieren ser
y su querer se entregan

fatalmente, dichosos
con la tierra y el mar
de alzarse a lo infinito:
un rayo de sol más.

Es la luz del primer

이곳에서,	vergel, y aun fulge aquí,
내 얼굴 앞에서, 그 꽃 위에서,	ante mi faz, sobre esa
그 정원에서 여전히 빛난다.	flor, en ese jardín.
그리고 사랑하는 쇄도들로	Y con empuje henchido
충만해진 기력으로	de afluencias amantes
모든 창조를 지속시키는	se ahínca en el sagrado
신성한 현재를	presente perdurable
갈망하니,	toda la creación,
한 인간이 깨어날 때	que al despertarse un hombre
조화의 소용돌이 속으로	lanza la soledad
고독을 날린다.	a un tumulto de acordes.[4]

질서와 조화와 통일과 분명함과 충만함으로 인한 환희와 즐거움이다. 시인의 가장 중요한 작품이자 근대 서정시의 대표작이다.

페데리코 가르시아 로르카

Federico García Lorca, 1898-1936

페데리코 가르시아 로르카는 시인이자 극작가로 안달루시아에서 태어나 대학에서 법학과 문학을 공부했다. 스페인 전통 시와 교양 시를 안달루시아 대중 노래인 칸테 혼도에 절묘하게 융합하고 자신의 스타일로 정제 가공하여 새로운 미학을 창출한 시인이다. 주로 좌절로서의 사랑, 고독, 고뇌와 죽음 같은 인간의 비극적 운명을 노래했다. 물론 시인의 외향적 성격에 어울리는 재미있고 즐거운 시도 있다. 시어는 혁신적이고 음악성이 뛰어나며, 그만의 느낌을 비유와 은유로 살리어 스페인 서정시 역사에 놀라운 결과물을 만들어 냈다. 1936년 파시스트들의 손에 죽임을 당한 후 시인은 자유의 순교자로 그의 삶은 전설화되다시피 되었고 이로 인해 세계적으로 알려졌다고 한다. 하지만 예술인들 사이에서는 스페인의 영혼을 가장 잘 그려 낸 작가로 평가받고 있다. 이들은 로르카를 상징주의, 초현실주의, 신대중주의, 27세대 등 온갖 부류의 그룹에다 넣으려 하지만 로르카 자신은 자신의 시론으로 작품을 설명하고 있다.

> 시? 시가 무엇이냐고 묻는다면 그러니까, 사람이 결코 같이 합칠 수 없다고 생각하는 두 단어의 연합이다. 그렇게 함으로서 하나의 신비를 만들어 내는 일이다. 뱉으면 뱉을수록 더 많은 암시만을 줄 뿐으로, 예를 들자면 시란 '상처 받은 사슴'이다.

이렇게 그는 논리로 파악할 수 없는 시를 세상에 만들어 내는데 작품은 다음과 같다. 벡케르와 모더니즘의 영향으로 아직 자신의 시세계를 확립하지 못한 『시서Libro de poemas』(1921)와 『노래들Canciones』(1927), 그리고 안달루시아의 집시들을 노래한 『집시 로망스 집Romancero Gitano』(1928), 인간의 비극적 운명을 노래한 『칸테 혼도 시집Poema del Cante Jondo』(1931), 시우다드 레알의 만사나레스 투우장에서 1934년 8월에 죽은 시인의 친구이자 투우사의 죽음을 노래한 『이그나시오 산체스 메히야스의 죽음을 통곡하며Llanto por Ignacio Sánchez Mejías』(1935), 뉴욕을 방문하고 그곳에 대한 인상을 토로한 『뉴욕에서의 시인Poeta en Nueva York』(1935), 그라나다의 아랍 시인들에게 경의를 표하기 위하여 사랑과 죽음을 초현실적이자 안달루시아 대중의 노래로 소화한 『타마릿의 시집Diván del Tamarit』(1936), 끝으로 1929년과 1936년 사이에 사랑으로 인한 고통과 충만함을 노래한 『어두운 사랑의 소네트Sonetos de los amores oscuros』(1985)가 있다.

로르카는 스페인 남부, 아랍문화와 고대 그리스, 로마, 집시 문화가 공존하고 다시스라는 유럽 최초의 문명이 존재했던 안달루시아에 있는 푸엔테 바케로스에서 태어났다. 다시 말해 그는 안달루시아에서 태어나고 자랐다. 비제의 오페라로 인해 기타와 탬버린, 집시와 플라멩코의 고장으로 알려진 지역이다. 하지만 이것은 단지 한 면일 뿐이다. 안달루시아는 서양 문화권에서 가장 오래된 역사를 가진 곳으로, 진정한 안달루시아는 이방인들의 눈 저 너머에 존재하고 있다. 유구한 역사 속에서 만들어진 신비와 그런 땅의 기운을 먹고 마시고 자라는 식물처럼, 이성보다 감각을 통해 몸 전체로 느끼면서 살아가는 사람들의 대지가 바로 안달루시아이다. 로르카는 자기 안에, 그리고 자기 앞에 있는 안달루시아의 산과 하늘과 인간과 환영을 노래하고 꿈꾸고 재창조한 시인이다. 시인의 말에 따르면 안달루시아의 테마가 감각을 통해 신과 교감하듯 시인에게 내려왔다. 그래서 안달루시아가 시인의 무의식 세계를 신화마냥 지배하고 있다. 이렇게 보면 시인의 시어는 이성으로는 이해할 수 없는, 이해할 수 없으면서도 이해한다는 16세기 스페인 신비주의자들을 닮았다. 비합리적인 시어의 연합은 가슴으로 느끼고 절규하게 만드는 매력이 있다. 로르카는 19세에 자신의 『인상과 풍경』에 안달루시아에 대해 이렇게 적었다. "종교적이며 또 비종교적임에 틀림없다. 이교 그리스의 신비와 엄숙한 고딕 성당의 신비주의를 합친 것이다." 그 이유를 자신의 예술론을 밝힌 「귀신의 이론과 놀이」에서 다음과 같이 설명하고 있다. "안달루시아 예술의 정서는 능력, 자질의 문제가 아니라, 진정 살아 있는 스타일이다. 즉, 피의 문제. 다시 말해 아주 오래된 문화의 문체이다. 행동으로 창조하는 문화의 문제이다. 그 모두가 느끼지만 어느 철학자도 설명하지 못하는 그 신비스러운 힘, 그것이 바로 그 땅의 정신이다." 그 땅의 정신을 "피의 마지막 방에서 깨워야 할" 대지의 영혼이라고 하며, 두엔데라고 이름한다. "모든 예술에, 그리고 나라마다 천사니 뮤즈와 같은 성질의 영혼이 있을 수 있다. 독일은 예외도 있지만 뮤즈신이 있고 이탈리아는 언제나 천사를 가지고 있다. 스페인은 언제나 두엔데가 있다. 두엔데가 새벽 나절 레몬 즙을 짜내는 수천 년의 춤과 음악의 나라. 그리고 죽음의 나라가 스페인이다. 죽음에 열려 있는 나라가 스페인이다." 플라멩코 춤과 플라멩코 음악인 칸테 혼도와 투우를 두고 하는 말이다. 죽음에 열려 있는 나라, 즉 검은 고통의 소리를 갖고 있는 나라만이 두엔데를 이해한다. 이 검은 소리는 신비이며 알면서도 모르게 흙에 박히는 뿌리로 이것이 예술에서 가장 핵심적으로 작용할 때 진정한 예술이 탄생한다고 시인은 말한다. 괴테 역시 파가니니를 이야기할 때 로르카가 두엔데에 대해 정의한 것처럼 "모두가 느끼나 어느 철학가도 설명하지 못한 신비로운 힘"임을 지적했다. 인간에게 있을 수 있는 가장 큰 분노와 쓰라림과 통곡, 그리고 죽음을 아는 민족에게만 두엔데가 있다. 작가는, 반복하지만, 그런 두엔데를 천사들의 손과 나무들의 손에서 보았다 한다. 하지만 더 이상 그 의미를 어떻게 설명해야 할지는 모르겠노라고 고백했다. 그냥 그래서 그렇단다. 이렇게 함으로써 인간은 철학자나 수학자가 말없이 등을 돌리는 곳으로 더 빨리 다가갈 수 있다고 한다. 이렇게 시인이 사랑한 안달루시아의 집시와 죽음과 사랑이라는 비극적 운명이 초현실적 글쓰기 기법과 만나 아래의 시가 탄생했다.

몽중방황의 로망스	Romance sonámbulo
초록, 나는 초록인 너를 사랑한다.	Verde que te quiero verde.
초록 바람. 초록의 나뭇가지들.	Verde viento. Verdes ramas.
바다 위의 배	El barco sobre la mar
그리고 산에 있는 말.	y el caballo en la montaña.
그녀는 자신의 난간에서	Con la sombra en la cintura
허리에 그림자를 꿈꾸고 있다.	ella sueña en su baranda,
초록의 육체, 초록의 머리카락.	verde carne, pelo verde,
차가운 은빛의 눈으로.	con ojos de fría plata.
초록, 나는 초록인 너를 사랑한다.	Verde que te quiero verde.
집시 달 아래	bajo la luna gitana,
사물들이 그녀를 바라보고 있고	las cosas la estan mirando
그녀는 그 사물들을 바라볼 수 없다.	y ella no puede mirarlas.
초록, 난 초록인 너를 사랑한다.	Verde que te quiero verde.
서리로 된 커다란 별들이	Grandes estrellas de escarcha,
새벽의 길을 여는	vienen con el pez de sombra
그림자의 물고기와 함께 온다.	que abre el camino del alba.
무화과나무가 자신의 바람을	La higuera frota su viento
자기의 나뭇가지로 문지르고	con la lija de sus ramas,
산에는 살쾡이가	y el monte, gato garduno,
자신의 사나운 털을 세우고 있다.	eriza sus pitas agrias.
근데 누가 오는 게지? 그리고 어디로…	¿Pero quién vendrá? Y ¿por donde...?

그녀는 자신의 난간에 계속 있다,
초록 육체, 초록 머리
쓰라린 바다를 꿈꾸면서.

아버님, 전 당신의 집과
내 말을, 당신의 거울과
나의 안장을, 당신의 담요와
나의 칼을 바꾸고 싶어요.
아버님, 제가 카브라 산에서부터
피를 흘리며 왔거든요.
내가 할 수만 있다면, 젊은이,
이 거래는 성사될 텐데.
하지만 난 이미 내가 내가 아닐세.
내 집도 이미 내 것이 아니네.
아버님, 전 제 침대에서
품위 있게 죽고 싶어요.
가능하다면 네덜란드산 시트가
깔린 쇠 침대에서.
가슴에서 목까지
난 제 상처가 보이지 않으세요?
자네의 흰 가슴팍이
3백 송이의 갈색 장미를 갖고 있구먼.
자네 피는 배어나와 자네
허리띠 주위로 피 냄새를 풍기는구먼.

Ella sigue en su baranda,
verde carne, pelo verde
soñando en la mar amarga.

Compadre, quiero cambiar
mi caballo por su casa,
mi montura por su espejo
mi cuchillo por su manta.
Compadre, vengo sangrando,
desde los puertos de Cabra.
Si yo pudiera, mochito,
este trato se cerraba.
Pero yo ya no soy yo.
Ni mi casa es ya mi casa.
Compadre, quiero morir
decentemente en mi cama.
De acero, si puede ser,
con las sábanas de holanda.
¿No veis la herida que tengo
desde el pecho a la garganta?
Trescientas rosas morenas
lleva tu pechera blanca.
Tu sangre rezuma y huele
alrededor de tu faja.

하지만 난 이미 내가 아니고
내 집도 이제 내 집이 아닐세.
적어도 높은 난간으로
저를 올라가게 해 줘요.
올라가게 해 주세요.
초록 난간들까지요.
달의 난간들로 물이
사방으로 울려 퍼진다.

이제 그 두 명의 사내가
높은 난간을 향하여 올라가고 있다.
피의 흔적을 남기면서.
눈물의 흔적을 남기면서.
지붕에서는 양철로 된 작은
등들이 떨고 있었다.
유리로 된 천개의 탬버린이
새벽에게 상처를 입히고 있었다.

초록, 초록인 너를 난 사랑한다,
초록의 바람, 초록의 가지들.
그 두 명의 사내는 올라왔다.
긴 바람은 입안에
쓸개와 박하의
희한한 맛을 남기곤 했다.

Pero yo ya no soy yo.
Ni mi casa es ya mi casa.
Dejadme subir al menos
hasta las altas barandas
dejadme subir, dejadme
hasta las verdes barandas.
Barandales de la luna
por donde retumba el agua.

Ya suben los dos compadres
hacia las altas barandas
Dejando un rastro de sangre
Dejando un rastro de lágrimas
Temblaban en los tejas.
farolillos de hojalata.
Mil panderos de cristal,
herían la madrugada.

Verde que te quiero verde
verde viento, verdes ramas.
Los dos compadres subieron.
El largo viento, dejaba
en la boca un raro gusto
de hiel, de menta y de albahaca.

아버님!, 어디 있는지, 말씀 좀 해 주세요.	¡Compadre! ¿Dónde esta, dime?
아버님의 비통한 딸은 어디에 있나요?	¿Dónde esta tu niña amarga?
걔가 얼마나 자네를 기다렸는데!	¡Cuántas veces te espero!
언제까지나 기다리고말고,	¡Cuántas veces te esperara,
시원한 얼굴, 검은 머리,	cara fresca, negro pelo,
이 초록의 난간에서!	en esta verde baranda!
물탱크 수면 위로	Sobre el rostro del aljibe
집시여인이 흔들렸다.	se mecía la gitana,
초록빛 육체, 초록 머리,	Verde carne, pelo verde,
차가운 은빛 눈으로	con ojos de fría plata.
달의 고드름이	Un carambano de luna
그녀를 물 위로 받들고 있다.	la sostiene sobre el agua.
밤은 자그마한 광장처럼	La noche se puso íntima
친밀해졌다.	como una pequeña plaza.
술에 취한 민병대들이	Guardias civiles borrachos
문을 두드리고 있었다.	en la puerta golpeaban.
초록, 난 초록인 너를 사랑한다.	Verde que te quiero verde.
초록 바람. 초록 가지들.	Verde viento. Verdes ramas.
배는 바다 위에	El barco sobre la mar.
그리고 산에는 말이.	Y el caballo en la montaña.[5]

비교나 은유를 통해 의미를 전달하는 일은 시의 고유 작업이다. 하지만 이 시에는 은유와 비유가 그 정도를 넘어, 제2, 제3의 의미로도 전혀 관련이 없어 보이는 단어들로 넘쳐 난다.

우리 삶에서 만날 수 있는 상식의 선을 넘어서는 단어들의 조합과 비현실적인 용어들로 도저히 해독될 수 없는 사물들을 부르고 있다. 시의 시작부터 의미 관계가 전혀 없는 단어들이 나열되며 현실이 왜곡된다. "초록의 너", "초록의 바람", "초록의 나뭇가지들" 등으로 사람과 자연을 언급하는, 명사와 병치된 형용사가 논리의 한계를 넘고 있다. 시가 초록의 색깔로 뒤덮인다. 반복되어 언급되는 초록색이 갈수록 확장된다. 초록색에 대한 시인의 집착이 느껴진다. 초록색이 시인의 사랑과 삶과 죽음 및 시인의 특별한 시적 감성을 표현하는, 다시 말해 아주 다양한 의미를 갖는 색으로 등장한다. 분석 대상인 이 시와 유사한 내용과 분위기와 테마를 시인의 「안토니토 엘 캄보리오의 세비야 길에서의 체포」에서 만날 수 있다. 시인은 이 시의 등장인물인 집시 안토니토 토레스 에레디아를 "초록달의 갈색인 그는(moreno de verde luna)"이라고 적고 있다. 「베르나르다 알바의 집」에 등장하는 인물인 아델라는 초록색 부채를 들고 초록색 옷을 입고 등장한다. 그녀는 반항아에 결국 죽음을 맞는다. 시인의 시에 등장하는 집시는 범죄자로 추적당하고 죽임을 당하거나 민병대의 체포 대상이다. 다시 말해 로르카의 초록색에는 반항과 집시와 죽음의 의미가 있다. 시를 해석해 본다.

1행과 2행은 로망스 작법 중의 하나로 시인이 직접 작품 속에 들어가 주인공에게 말을 건네는데, 시인은 집시를 사랑한단다. 로르카의 집시에 대한 특별한 애정은 자신 역시 집시들처럼 소외된 인간이었다는 점과 집시는 명예를 위해 목숨을 두려워하지 않으며 기존 질서에 대항한다는 데 기인하고 있다. 그의 초록은 주변의 자연까지 초록으로 바꾼다. 세상의 집시화이다. 이 집시 화는 같은 내용의 후렴구로 시 전체를 물들이며 강조된다. 이어 상황에 대한 묘사가 이어진다. 5행에서 8행까지는 로르카 특유의 은유로 "허리에 그림자를 꿈꾸다", 즉 그림자는 죽음으로 죽어 가는 집시 여인이다. 10행에서 13행까지는 로르카의 「달의 로망스」에서와 같이, 또 다른 죽음의 상징인 달과 집시와의 관계이다. 바람과 나뭇가지, 육체, 머리카락뿐만 아니라 달까지 모두 집시로 변한다. 그 아래 집시 여인이 누워 있다. 시인은 죽음을 부르는 단검이나 죽음인 달을 차가운 은빛으로 묘사했는데, 그러한 죽음의 분위기에 동조하듯 14행에 보면 밤이 서릿발로 매끄러운 물고기마냥 다가오고 있다. 25행에서 '대부'로 번역되는 스페인어 '콤파드레'를 문맥상 "아버님"으로 번역했다. 로망스 형식의 또 다른 특징인 대화가 25행에 등장한다. 집시들의 무기인 칼과 그들의 운송 도구인 말과 그것의 부속품인 안장에 대한 언급이 다시 이 등장인물이 집시임을 암시하고 있다. 29행에서 그런 그가 카브라 산에서부터 피를 흘리며 왔단다. 카브라 산은 코르도바 주 남쪽 지역으로 그라나다와 경계를 이루며, 그 근처에서 태어난 호세 마리아가 이끄는 도적들로 유명하다. 로르카는 이런 상처 입은 집시들을 자신의 「기수의 노래」에서 노래하고, 1926년 친구인 디에고 코리엔테스에게 보낸 편지에서도 "우리 식구들의 머릿속에는 집시 도적들에 대한 이야기로 가득하고, 그 이야기들을 풀어 나가는 게 좋았다"라 적고 있다. 범죄자인 집시가 자기 여인의 아버지에게 "당신의" 것과 자기가 갖고 있는 것을 바꾸고 싶단다. 다시 말해 안정적으로 가정을 꾸려 살고 싶다고 한다. 그런데 아버님의 대답이 부정적이다. 자기는 명예를 알고 위엄 있던 그 옛날의 집시가 아니란다. 사회적으로 초라하고 소외된 존재가 되어 버렸다. 연인 집시의 말에 이어 41행부터 집시 여인의 아버지 말이 46행까지 이어진다. 그러자 딸의 연인인 집시가 로르카의 죽음의 상징인 달의 난간까지 올라가게 해 달라고 한다. 그곳으로는 물소리가 사방에 울려 퍼진단다. 로르카 고유의 시적 감성이다. 결국 53행부터 집시 아버지와 자기 딸의 연인인 사내, 이 두 사내가 한 사람은 피의 흔적을 남기고 다른 한 사람은 눈물을 남기며 딸이 누워 있는 난간으로 올라간다. 그러자 지붕에서는 초롱불이 떨고 수천 개의 유리로 된 탬버린이 새벽에게 상처를 입히고 있다. 청각적, 시각적, 감각적 이미지에서 차가움과 날카로움과 두려움이 넘쳐 난다. 이 59행과 60행을 두고 로르카는 "내가 왜 그렇게 말했는지 여러분들이 물으신다면 말씀드리죠. 제가 천사들과 나무들의 손에서 그것들을 봤거든요. 이 이상 더 드릴 말씀은 없네요. 물론 그것의 의미를 설명드릴 방도도 모르겠습니다. 그냥 그래서 그런 겁니다. 인간은 시를 통해 철학자와 수학자가 말없이 등을 돌리는 곳으로 훨씬 빨리 다가간답니다"라 한다. 느낌은 있되, 논리적인 설명이 불가능한 이러한 부분들을 로르카는 두엔데로 이야기하는데, 이 두엔데 역시 설명이 불가능한 존재이다. 67행의 집시 사내와 여인의 아버지와의 대화에 이어 로르카 고유의 메타포인 달과 차가운 은빛 눈과 죄어 오는 어둠으로 시가 죽음의 색깔로 뒤덮인다. 드디어 집시를 다룬 다른 로르카 시들에서처럼 집시들을 쫓는 민병대가 등장한다. 그들이 집시 사내를 찾아 문을 두드리고 있다.

이 시에서 죽는 자는 집시 사내의 여인만이 아니다. 그 사내도 죽어 가고 있다. 난간에는 죽음이 있고 그 난간으로 그는 오르고 있다. 시에서 반복되는 '배'와 '말'은 집시 사내가 범죄자이므로 그와 연관된 것이자 로르카 작품에서, '말'은 대부분 죽음과 연결된다. '배' 역시 죽음을 상징하는 요소이다. 고대 그리스 신화에 보면 인간은 죽으면 레테 강물을 마시고 배를 타고 저 세상으로 들어간다. 이렇게 이 시는 분명하지 않은, 시인의 특유한 감성에서 탄생된 시어들의 조합으로 집시의 세상과 죽음의 세상이 신비에 싸여 드라마마냥 펼쳐지고 있다. 집시들은 자기들만의 아름답고 자유로운 세상을 갖고 있지만, 결국 이들은 죽음과 소외로 치닫는다. 이야기, 묘사, 서정성, 극적미, 무모한 은유와 상징으로 난해하지만, 알베르티는 이 작품을 스페인 시 역사상 최고의 작품으로 치켜세웠다.

"시적 신비는 시인에게도 신비"라고 말한 로르카의 이 시는 설명이 불가능해 보인다. 이해는 되지만 그것의 의미를 정확하게 설명한다는 것은 아마도 제대로 이해하지 못한 게 될 것 같다. "결코 합칠 수 없다고 생각하는 두 단어의 결합, 그로써 신비를 만들어 내는 것"이라는 로르카의 시에 대한 정의에 기대 보면 시인의 시를 이해했노라고 설명을 한다면 제대로 이해한 것이 아닌 게 된다. 그런데 카를로스 보우소뇨는 『시적 표현에 대한 이론서Teoría de la expresión poética』에서 의미 없는 시는 없다고 적고 있다. 우리가 시를 읽고 우리의 마음이 무엇인가를 느꼈거나 감동받았다면 그 안에 의미가 있고 메시지가 있다고 말하고 있다. 그는 불합리한 언어의 연합으로 논리적 의미를 가능하게 할 수 있는 것은 시인의 다른 작품들과 앞 선 다른 시인들의 전통이 있기 때문이라는 논리로, 설명되지 않는 시는 없다고 단언한다.

따라서 로르카의 시는 스페인 시의 전통에서보다는 작가의 전작들에서 이해의 코드를 찾을 수 있을 것 같다. 「몽중방황의 로망스」의 경우 「기수의 노래」와 「안토니토 엘 캄보리오의 세비야 길에서의 체포」와 「달의 로망스」가 이해를 돕는 대표 전작일 수 있다. 이 자리에서는 「기수의 노래」를 보면서 로르카 시 세계를 좀 더 이해해 보도록 한다. 이 노래는 초록색이 아닌 죽음을 알리는 검은색으로 시작한다.

기수의 노래	Canción de jinete
도적들의 검은	En la luna negra
달에서 박차가	de los bandoleros
노래를 하고 있다.	cantan las espuelas.
검은 말	***Caballito negro***
죽은 기수를 어디로 데려가는 거니?	***¿dónde llevas al jinete muerto?***
고삐를 잃은	Las duras espuelas
움직임이 없는 도적의	del bandido inmóvil
딱딱한 박차들.	que perdió las riendas.
차가운 말	Caballito frío
칼 꽃의 냄새여!	¡Qué perfume de flor de cuchillo!
시에라 모레나의 옆구리가	En la luna negra
검은 달에서	sangraba el costado
피를 흘리고 있었다.	de Sierra Morena.
검은 말	***Caballito negro***
네 죽은 기수를 어디로 데려가는 거니?	***¿Dónde llevas tu jinete muerto?***
밤은	La noche espolea
별들에 찔리며	sus negros ijares
그의 검은 옆구리에 박차를 가한다.	clavándose estrellas.
차가운 말	Caballito frío
칼 꽃의 냄새여!	¡Qué perfume de flor de cuchillo!

검은 달에
외마디 외침! 그리고
모닥불의 긴 뿔.
검은 말,
네 죽은 기수를 어디로 데려가는 거니?

En la luna negra
¡un grito! y el cuerno
largo de la hoguera.
Caballito negro
¿Dónde llevas tu jinete muerto?[6]

인간의 비극적이자 고뇌에 찬 운명을 보여 주고자 집시 도적에 대해 이야기하고 있는 이 시는 우리를 데리고 갈, 검은 색으로 형상화된 죽음이 작품 전체를 지배하고 있다. 「몽중방황의 로망스」에서처럼 반복되는 후렴구가 긴장감을 불러일으키면서 죽음과 인간 운명의 불확실성을 강하게 부각시킨다. 우리가 알지 못하는 곳으로 죽은 기수를 데리고 가는 말로 인해 주변의 자연까지 모두 같은 비극으로 동화되고 있다. 이 작품 역시 시인이 애정을 가졌던, 소외된, 그리고 추적당하는 범죄자인 집시가 주인공이다. 그는 칼에 찔려 죽었고 그의 말이 그의 주검을 싣고 가니 힘없이 늘어진 발의 박차가 말의 옆구리에 찔린다. 시에라 모레나가 의인화되어 주인공의 운명을 같이하고 있다. 산에게 박차는 별이다. 로르카의 감성이 그의 특유한 언어를 입고 극적으로 펼쳐지고 있다. 집시들의 무기인 칼이 피로 물들었고, 검은 달 아래 외침이 일지만, 누구의 외침인지 모른다. 모닥불의 연기가 긴 뿔 모양으로 허공을 가른다. 그런데 왜 말은 차가울까? 달은 왜 검을까? 박차 역시 왜 검을까? 이렇게 작품은 검은 색으로 죽음을 도배하여 알 수 없는 인간의 운명을 노래한다. 마지막 21행 에필로그에 들면 로르카의 신비는 말 그대로 신비이다. 후렴구 역시 무기로 인한 죽음을 암시하면서 죽음과 전혀 관계없을 것 같은 냄새와 꽃으로 연관된다.

이러한 시인의 영혼이 뉴욕의 브루클린 브리지의 밤과 만났을 때 가슴은 요동친다. 『뉴욕에서의 시인』에 들어 있는 「잠이 없는 도시Ciudad sin sueño(브루클린 브리지의 밤에Nocturno del Brooklyn Bridge)」이다.

하늘에서는 아무도 잠을 자지 않아, 어느 누구도, 아무도
아무도 잠을 자지 않아.
달의 자식들은 냄새를 맡고 자신들의 거주지로 방황하고 있다.
꿈을 꾸지 않는 사람들을 물려고 살아 있는 이구아나가 올 것이고,
부서진 심장을 안고 도망가는 자는 모퉁이마다
행성들의 부드러운 저항 아래 말없이 있는 믿을 수 없는 악어를 만나게 될 것이다.
세상에는 아무도 잠을 자지 않아, 아무도, 아무도.
어느 누구도 잠을 자지 않아.
가장 먼 무덤에서는 무릎에
마른 풍경을 가지고 있다고
십 년을 불평하는 한 죽은 자가 있다;
그리고 오늘 아침에 묻은 아기가 너무나 울어
달래려고 개를 불러야 했다.
삶은 잠이 아니야. 깨어 있어!, 깨어 있어!, 깨어 있어!
우리는 습한 흙을 먹으러 계단으로 떨어지거나
죽은 달리아의 합창으로 눈雪의 날카로운 날에 올라선다.
하지만 망각은 없어, 꿈도 없어. 살아 있는 육신
입맞춤은 갓 태어난 혈관의
얽힘으로 입술들을 묶고,
고통이 아픈 자는 쉬지 않고 아플 것이며
죽음이 두려운 자는 죽음을 자신의 어깨에 지고 갈 것이다.
어느 날
말들은 선술집에서 살 것이고
화가 난 개미들은

소 눈으로 피신한 노란 하늘을 공격할 것이다.
후일에,
우리는 박제한 나비들이 부활하여
회색 스펀지와 말없는 배의 풍경에서 노니는 것을 볼 것이며
반지가 빛나고 우리의 혀에서 장미가 솟아나는 것을 볼 것이다.
깨어 있어!, 깨어 있어!, 깨어 있으라구!
아직도 출항과 소나기의 흔적을 기다리는 자를,
교량을 발명할 줄 몰라 우는 그 소년을,
아니면 이제 오직 머리와 신발만을 가지고 있는 저 죽은 사람을
이구아나와 흉측한 뱀이 기다리는 담으로 데려가야 한다.
그곳에는 곰의 이빨이 기다리고,
그곳에는 미라가 된 어린아이의 손이 기다리며
낙타의 가죽이 격렬한 푸른 오한으로 곤두선다.
하늘에는 아무도 자지 않아, 아무도, 아무도.
아무도 자지 않아.
하지만 누군가가 눈을 감으려 하면
나의 자식들이여 그를 매질해, 그를 매질하라고!
뜬 눈들과 시뻘건 상처의
파노라마가 펼쳐지고 있다.
세상에는 아무도 잠을 자지 않아. 아무도, 아무도.
내가 이미 이 말을 했지.
아무도 잠을 자지 않아.
하지만 밤에 누군가가 관자놀이에 너무 많은 이끼를 가지고 있다면
그가 달 아래 극장의 해골과 독과

거짓의 잔을 보도록 너희들은 비밀의 문을 열어라.[7]

이 시를 두고 시인은 아버지에게 보낸 편지에 이렇게 적고 있다. "한 스페인인이, 더군다나 안달루시아 사람이 차갑고 잔인한 으스스한 광경을 앞에 두고 느낀 혼란과 고통의 감정이 어떠했을지 알 수 있을 것입니다." 안달루시아의 세상과 미국의 문명화가 대조되는, 소외된 지역의 풍경과 그러한 곳에 사는 소외된 인간의 삶을 보고 받은 충격을 자유시 형태를 빌려 분노와 혐오를 상징하는 은유들로 폭포처럼 쏟아내고 있다. 뉴욕의 크라이슬러 빌딩 꼭대기에서 진저리를 치며 외쳐 대는 이 절규는 안달루시아의 통곡이다. 현실에 있는 요소들로 완전히 비현실적인 이미지를 만들고, 연관이 없는 이미지들을 서로 연결해 놓음으로써 모든 게 뒤틀리고 일그러진다. 달과 꿈의 세계, 어긋나는 상황들이 시로 들어앉으면서 시인의 고뇌와 고통이 질식할 듯 우리에게 다가온다. 이렇게 문명화되었으나 비인간화된 세계를 보고 느낀 시인의 감정이 머리가 아닌 감각으로 전해지고 있다. 미국과 같은 세상에서는 어느 누구도 편히 쉴 수 없다는 절규이다. 인간을 돈과 기계의 노예로 만드는 문명의 나라, 인종 차별로 인한 불의가 만연하고 자연과 단절되어 있으며 오염되고 고독하며 비인간화된 괴물 같은 부조리한 도시. 이렇게 시인은 현대문명의 어두운 부정적인 면을 보고 그 혼란한 세상으로 인한 악몽과 두려움, 비탄과 비통함을 몽환적이자, 연결되지도 해독되지도 않는 이미지, 비논리와 비이성적 언어로 독자들을 죽음의 어두운 미로로 몰아가고 있다.

라파엘 알베르티

Rafael Alberti, 1902-1999

라파엘 알베르티는 안달루시아 대서양 쪽에 있는 해안 마을 푸에르토 데 산타 마리아에서 태어나 바다와 함께 자랐다. 이른 나이에 가족과 함께 마드리드로 거주지를 옮긴 이후에도 바다는 그의 시의 영원한 주제였다. 아래는 시인의 고백이다.

> 나는 바다 옆에서 태어났다. 나는 언제나 바다의 시인이다. 비록 바다라는 글자를 적지 않고 기억조차 하지 않고 나날들을, 해들을 보낸다 할지라도 말이다. 내가 바다에 빚지지 않을 게 무엇인가? 처음의 시, 그리고 지금의 시도. 바다의 우아함과, 다시 말해 바다의 미소, 놀이, 다시 말해 파도의 리듬, 아니면 춤이라고 해야 할 무용에 진 빚들을 제한다면 내게 뭐가 남지? 내가 열다섯 살도 채 안되었을 때 나를 바다에서 뽑아 버렸지. 그때부터 나를 영원히 뭍에 있는 수부로 만들면서 말이야. 내가 빛을 보았던 카디스 만으로부터, 그 유명한 강, 구아데레테로부터 분리되어 고원과 송림의 산지인 카스티야의 내륙에 살면서 나의 유년기와 사춘기 때의 그 바다는 내게 거품으로 된 향수가 되어 조금씩 노래로 되어 갈 것이고 파도의 끊어지면서도 잽싼 리듬은 안달루시아의 대중적인 것과 교차하면서 나의 기억을 동여매어 갈 것이다.

"거품으로 된 향수"와 고향에 대한 추억이 그의 첫 번째 시집 『뭍에 사는 수부Marinero en la tierra』(1925)를 만들었고, 이 작품으로 시인은 스페인 문학상을 받았다. '놀이'와 '춤'으로 가득한 서정적인 대중노래에서부터, 시인의 말을 빌면 "혁명과 전 세계 노동 계급에 봉사하기 위한" 투쟁의 시까지 시인의 시 궤적은 길고도 독특하다. 특히 시인은 가르실라소의 작품을 좋아해 이런 시도 썼다.

만일 가르실라소가 돌아온다면,
난 그의 종자가 될 텐데.
그는 훌륭한 기사였어.
내 수부 복장은
그의 무쇠의 광택 앞에
전사의 복장으로 바뀔 텐데.
그는 훌륭한 기사였어.
전사, 그의 등자 주변에서
그에게 귀를 기울이는 게 얼마나 달콤한 일이겠는가!
내 모자를 손에 들고 말이다.
그는 훌륭한 기사였어.[8]

1926년과 1927년에 걸쳐 집필한 것으로 보이는 『석회와 노래Cal y canto』(1929)는 앞선 단순하고 대중적인 분위기와 달리 두 가지 영향이 돋보인다. 하나는 27세대 시인들의 공통분모인 공고라의 영향이다. 개념적이고 형이상학적 언어들로 인해 난해하여 해석에 어려움이 따른다. 다른 하나는 유럽에서 일고 있던 전위주의 영향이다. 현대 삶의 요소들이 풍자와 유머로 그려진다.

서풍에 매장된 미스 X에게

(…)

바텐더, 아 얼마나 슬픈지!

(맥주,

레모네이드,

위스키

진칵테일.

그는 병들을 검게 칠했다.

그리고 바의 기쁨인

깃발들을

검게 칠하여 조기를 올렸다.

그리고 너의 무선 전보를 발행하지 않는 하늘!

바다와 구름에서 소리치는,

서른 척의 배들

마흔 대의 수상비행기,

그리고 오렌지를 실은 범선 한 척.

아무것도 아니야.

(…)

아, 미스 X, 미스 X, 이런 권태가!

나 하품해.

안녕…

굿 바이…

(이제 아무도 너를 생각하지 않아. 대기를 태우며

A Miss X, enterrada en el viento del Oeste

(…)

El barman, ¡oh qué triste!

Cerveza.

Limonada.

Whisky.

Cocktail de ginebra.)

Ha pintado de negro las botellas.

Y las banderas,

alegrías del bar,

de negro, a media asta.

¡Y el cielo sin girar tu radiograma!

Treinta barcos,

cuarenta hidroaviones

y un velero cargado de naranjas,

gritando por el mar y por las nubes.

Nada.

(…)

¡Ah, Miss X, MissX, qué fastidio!

Bostezo.

Adiós…

Good bye…

(Ya nadie piensa en ti. Las mariposas

바람에 흔들리는	de acero
달리아 위에 고정된	con las alas tronchadas,
부러진 날개를 가진	incendiando los aires,
무쇠의 나비들.	fijas sobre las dalias
전기의자에서 사형이	movibles de los vientos.
집행된 태양.	Sol electrocutado.
까맣게 타 버린 달.	Luna carbonizada.
겨울 백곰에 대한 두려움.	Temor al oso blanco del invierno.
금지.	Veda.
정부의 명령으로	Prohibida la caza
바다고 하늘에서	marítima, celeste,
사냥 금지.	por orden del Gobierno
이제 아무도 너를 생각하지 않아, 미스 X 아가씨.)	Ya nadie piensa en ti, Miss X niña.)[9]

유머와 풍자의 시에서까지 등장인물을 향한 애정과 서정성이 시인의 시에 지속되는 요소 중 하나이다.

이어 등장하는 『천사들에 대하여Sobre los ángeles』(1929)에는 시인의 고뇌인 망각이나 죽음이라는 실존적 주제들이 초현실적인 언어로 등장한다. 당시 스물다섯 살밖에 되지 않았던 시인이 견뎌 내야 했던 위중한 병 때문이었는지 감정적 위기가 심오하게 읽힌다. 시인이 말하는 천사들은 각각 시인 내면의 모습이자 외부 세상에 대한 시인의 반응이다. 착한 천사도 있고, 죽은 천사도 있고, 빛의 천사도 있고, 안개의 천사도 있다. 비록 초현실적 형식을 띠고 있으나 시인의 비통함과 분노, 그리고 향수 너머로 시인이 주고자 하는 메시지는 완벽하게 전달된다. 풍부한 상상력과 서정성으로 스페인 20세기의 강력한 시로 평가되기도 한다. 다음 시는 시인의 서정성과 어린 시절의 향수와 시인의 당시 의식 상태를 보여 주는 한 표본이다.

학교의 천사들

우리는 칠판의 밤의 비밀과, 왜 우리가 바라보는 천구가
그것을 바라볼 때마다 그토록 혼자 흥분했는지 아무도 이해하지 못했다.
우리가 안 것은 원주가 둥글지 않을 수도 있다는 것과
월식이 꽃들을 헷갈리게 만들고
새들의 시계를 앞당길 수 있다는 거였다.
우리들 중 어느 누구도 이해하지 못했다:
왜, 우리의 손가락이 잉크로 되어 있었는지,
그리고 오후가 여명에 책을 열기 위해 컴퍼스를 닫곤 했는지도.
우리가 안 것은 오직 직선이 원하면 곡선이 되거나 아니면 깨질 수 있다는 것과
방랑하는 별들이 산수를 모르는 어린이들이라는 것을.

Los ángeles colegiales

Ninguno comprendíamos el secreto nocturno de las pizarras ni por qué la esfera armilar
se exaltaba tan sola cuando la mirábamos.
Sólo sabíamos que una circunferencia puede no ser redonda
y que un eclipse de luna equivoca a las flores
y adelanta el reloj de los pájaros.
Ninguno comprendíamos nada:
ni por qué nuestros dedos eran de tinta china
y la tarde cerraba compases para el alba abrir libros.

Sólo sabíamos que una recta, si quiere, puede ser curva o quebrada
y que las estrellas errantes son niños que ignoran la aritmética.[10]

1930년 이후로 시인은 정치에 간여하여 열정적인 전투시를 쓰고, 그 시들은 상황에 따라 전선에서 낭송되는 선동 시, 정치 시로 이용되기도 했다. 『거리에서의 시인El poeta en la calle』(1938)이다. 스페인 내란이 끝날 쯤, 시인은 스페인을 떠나야만 했기에 망명시인이 되어 작품 활동을 이어 간다. 여러 종류의 다양한 시를 쓰지만, 특히 주목할 작품은 『그림에게 부쳐A la pintura』(1948)이다. 시인의 예술적 역량을 가감 없이 보여 준 회화에 대한 열정, 화가로서의 재능이 이 시를 쓰도록 영감을 불러일으켰고 또다시 시인의 고도한 언어 감각을 유희를 통해 보여 주는 계기가 되었다. 다음의 「엘 보스El Bosco」는 네덜란드 화가인 히에로니무스 보스를 말하는 것으로, 시인은 화가의 '쾌락의 정원' 그림에 등장하는 공상적인 동물, 기기괴괴한 환상적 동물을 시로 읊었다. 스페인 전통 노래 냄새가 물씬 풍긴다. 의미가 없는, 단지 소리 놀이를 위해 만들어진 '의미 없는 언명(jitanjáfora)'[11]이 등장하여 시를 아주 노래하기 좋고 재미나게 만들고 있다. 뜻이 없는 단어인 경우 유사 의미로 번역했고, 그나마 불가능한 경우는 발음으로 옮겼다. 이 시를 읽으며 찢어져 올려 붙은 눈, 뿔과 꼬리가 난 털북숭이 악마가 커다란 호저를 타고 있는 모습을 떠올려 보기를 바란다.

엘 보스	El Bosco
주둥이가 툭 불거져 나오고	El diablo
눈에는 털이 나고	ojipelambrudo,
산양의 뿔과	cornicapricudo,
뚱뚱하고 털북숭이 다리에	perniculimbrudo
꼬리가 큰 악마가	y rabudo,

여우 짓을 하고	zorrea,
빈둥거리고	pajarea,
모스끼꼬네헤아를 하고	mosquiconejea,
연기를 피우고	humea,
바람을 일으키고	ventea,
주둥이로	peditrompetea
방구소리 트럼펫을 분다.	por un embudo.
사랑하고 그리고 춤추고,	Amar y danzar,
마시고 그리고 깡충깡충 뛰고,	beber y saltar,
노래하고 그리고 웃고,	cantar y reír,
냄새 맡고 그리고 연주하고,	oler y tocar,
먹는 거, 사랑하는 거,	comer, fornicar,
자고 그리고 자고,	dormir y dormir,
울고 그리고 울고.	llorar y llorar.
만드로께, 만드로께	Mandroque, mandroque
빨리뜨로께 악마	diablo palitroque.
삐약, 삐약, 삐약!	¡Pío, pío, pío!
난 말을 타고 그리고 웃지,	Cabalgo y me río,
난 닭을	me monto en un gallo
그리고 호저를,	y en un puercoespin,
당나귀, 말,	en burro, en caballo,
낙타, 곰,	en camello, en oso,
개구리, 수여우	en rana, en raposo
그리고 작은 나팔을 타지롱.	y en un cornetín.[12]

『아득한 살아 있는 것으로의 회귀Retornos de lo vivo lejano』(1952)와 『바다의 시간Ora marítima』(1955)은 시인의 마지막 단계의 작품으로 시인의 고향 그리고 그곳의 바다에 대한 향수가 서정적으로 그려져 있어 시인의 초기 시들과 분위기에서 유사하다. 다음은 「불변의 시로의 회귀Retorno de la invariable poesía」이다. 이 작품과 이어 소개되는 시인의 초기작 「바다El Mar」와 「나의 목소리가 만일Si mi voz」를 비교 감상해 본다.

오, 아름답고 강하고 달콤한 시는
결국은 언제나 돌아온 나의 단 하나뿐인 바다이어라!
어찌 네가 나를 버릴 것이며, 어찌 내가 언젠가
눈이 멀어 너를 포기할 것을 생각할 수 있었는가?
넌 내게 남아 있는 것이다, 아니면
이 세상의 빛을 본 이후, 이해하지도 못한 채
내가 가졌던 것이다.
행복했을 때, 불행했을 때,
평화로울 때나 혼란스러울 때나 넌 나의 동반자였으며
피와 전쟁의 시기에도 나는 너의 손을 잡고 있었다.

¡Oh, poesía hermosa, fuerte y dulce,
mi solo mar al fin, que siempre vuelve!
¿Cómo vas a dejarme, cómo un día
pude, ciego, pensar en tu abandono?
Tú eres lo que me queda, o que tuve,
desde que abrí a la luz, sin comprenderlo.
Fiel en la dicha, fiel en la desgracia,
de tu mano en la paz,
y en el estruendo triste
de la sangre y la guerra, de tu mano.

난 나뭇잎에서 잠을 잤고,
탑의 풍신기와
눈 내린 달에 나의 썰매를 올리면서,
강의 푸른 모래에서 놀았다.
그리고 나를 안내한 것은
보이지 않는 너의 날개, 그 날개의 섬세한 바람이었다.

Yo dormía en las hojas, yo jugaba
por las arenas verdes de los ríos,
subiendo a las veletas de las torres
y a la nevada luna mis trineos.
Y eran tus alas invisibles, era
su soplo grácil quien me conducía.

누가 자기의 눈으로 색들을 만졌으며,
누가 선들에 자기의 대기를 옮겨 놓았으며,
그리고 누가, 사랑이 화살을 걸었을 때,
샘물 소리와 비둘기 울음을 그의 화살에 걸었지?
그러고 나서, 공포와 경악의 삶과
희생을 염원하는 젊음을.
네가 없는 영웅이란 무엇인가, 번득이는 광훈이
없는 자신의 가련한 죽음일 뿐.
넌, 그런 광훈으로 영웅을 영웅답게 하잖아?

오, 나와 함께 유배되어
나와 함께 매를 맞고, 칭송되고
나와 함께 박해당한
진리의 누이여, 동반자여,
내가 주저할 때 넌 확고했고
내가 확고할 때 넌 그 확신을 배가시키는 기쁨이었고,
어쩔 수 없는 증오에서는 넌 선한 자, 선한 동료에,
우수에 젖어 있을 때 넌 나의 행복이기까지 했다!
내가 즐거울 때나 괴로울 때
네게 뭘 기대하지 못할까? 네게서 무엇인들
받지 못할까? 말해 보렴. 오직 나를 구하고
나를 드높이고 내게 양보하는 것이 아니겠니?
혹시 나를 죽이면 넌 내 목숨이 될 거야.

¿Quién tocó con sus ojos los colores,
quién a las líneas contagió su aire,
y quién, cuando el amor, puso en su flecha
un murmullo de fuentes y palomas?
Luego, el horror, la vida en el espanto,
la juventud ardiendo en sacrificio.
¿Qué sin ti el héroe, que su pobre muerte
sin el súbito halo de relámpagos
con que tú lo coronas e iluminas?

¡Oh, hermana de verdad, oh compañera,
conmigo, desterrada,
conmigo, golpeado y alabado,
conmigo, perseguido;
en la vacilación, firme, segura,
en la firmeza, animadora, alegre,
buena en el odio necesario, buena
y hasta feliz en la melancolía!
¿Qué no voy a esperar de ti en lo que me falte
de júbilo o tormento? ¿Qué no voy
a recibir de ti, di, que no sea
sino para salvarme, alzarme, conferirme?
Me matarán quizá y tú serás mi vida,

난 전보다 더 많은 생명을 가질 것이기에 넌 나의 [죽음이 아니 될 것이야.	viviré más que nunca y no serás mi muerte.
너로 인해 내가 있었고, 너로 인해	Porque por ti yo he sido, yo soy música,
난 음악이며, 빠른 운율이며, 느린 리듬이며,	ritmo veloz, cadencia lenta, brisa
골풀에 이는 미풍이며, 바다의 언어이며	de los juncos, vocable de la mar, estribillo
단조로운 매미들의 익히 듣는 후렴이거늘.	de las simples cigarras populares.
너로 인해 나는 너이고 너로 인해 난 오직	Porque por ti soy tú y seré por ti sólo
너였던 것이 될 것이며 넌 시간 속에 영원히 존재 [할 것이기 때문이야.	lo que fuiste y serás para siempre en el tiempo.[13]

바다	El mar
바다, 바다,	El mar. La mar.
바다, 오직 바다뿐!	El mar. ¡Sólo la mar!
아버지, 왜 저를	¿Por qué me trajiste, padre,
도시로 데려오셨나요?	a la ciudad?
왜, 저를	¿Por qué me desenterraste
바다에서 꺼내 오셨나요?	del mar?
꿈속에서도 파도는	En sueños, la marejada
저의 가슴을 끌어당기고 있습니다.	me tira de corazón.
그 곳으로 가져가고 싶은가 봅니다.	Se lo quisiera llevar.

아버지, 왜 저를 여기로 데려오셨나요?	Padre, ¿por qué me trajiste acá?[14]

나의 목소리가 만일 | Si mi voz

나의 목소리가 만일 땅에서 생명을 다한다면 그것을 바다로 가져가 해안에 내버려 두려무나.	Si mi voz muriera en tierra, llevadla al nivel del mar y dejadla en la ribera.
바다 수면으로 데리고 가 하얀 어느 전함 함장의 목소리라 이름하여 주려무나.	Llevadla al nivel de mar y nombradla capitana de un blanco bajel de guerra.
아, 훌륭한 수장으로 훈장 받은 내 목소리여! 가슴 위에 닻이 내리고 닻 위에 별이 뜨면 별 위에 바람 불고 그 바람 위에 돛이 날리겠지!	¡Oh, mi voz condecorada con la insignia marinera: sobre el corazón un ancla y sobre el ancla una estrella y sobre la estrella el viento y sobre el viento la vela![15]

조국을 떠나 외국을 돌다 마지막으로 머물렀던 이탈리아의 도시 로마에게 시인이 보내는 경의의 작품 『로마, 나그네에게 위험한Roma, peligro para caminante』(1968)이 시인의 마지막 단계의 작품이다.

루이스 세르누다

Luis Cernuda, 1902-1963

루이스 세르누다는 세비야에서 출생하여 그곳 대학에서 수학했다. 페드로 살리나스Pedro Salinas가 시인의 선생이었고 시인과 접촉했던 몇 안 되는 시인들 중의 하나였다. 살리나스가 시인에 대해 회상하는 내용을 보면 시인의 소심하고 내성적인 성격과 시인의 시세계를 이해할 수 있다.

그러니까 거기 그의 집에서 그를 알았는데, 진지하고 얌전하며 소박한 그의 집은 화분이라고는 전혀 없고 타일로 된 자그마한 성상도 없으며 흙으로 빚은 별꽃이나 흰 금속으로 된 큰 꽃무늬도 없다. 담들이 있었고, 현관 덧문 창살은 초록색으로 색칠되어 있었다. 난 늘 거기로 그를 찾아갈 것이다. 아니면 그의 시로 그를 찾으러 갈 것이다.

같은 말이 아니냐고?

내가 그에 대해 뭔가 더 알게 된 건 거기였으니까. 알기 어려웠다. 여리고 너무나 부끄러움이 많았고 자기의 내면은 자기와 자기 속에서 오가며 꿀을 만드는, 더 많은 정원을 원하지도 않는 자기 시의 벌들을 위해서 지키고 있었다. 그의 기호, 그의 페르소나의 치장, 잘 재단된 의상, 매끈하게 빗어 넘긴 머리카락, 완벽하게 맨 넥타이, 이 모든 것들은 오직 자신을 숨기고자 한 것으로 소심함의 담이자 대중의 관심이 싫은 투우가 숨는 대피소였다.

그 사람의 내면은 수정. 누구보다도 맑은 유리 학사로 사람들이 혹시나 그걸 깰까 봐 자신

> 으로부터 사람들을 더욱 떼어 놓는 자. 가장 낯선 이였다.
>
> 여하튼, 왜 그렇지 않겠는가? 그 앞에 있으면 다정함과 무엇보다도 부드럽고 섬세하기 이를 데 없는 조심성이 느껴진다면? 그의 시가, 폭발할 것 같던 거품이 경이로운 자신의 마지막 모습을 받아들이면서 갑자기 멈출 때처럼, 한계에 이르기까지 위험하게 으스대는 가벼운 물질, 유리로 된 것이라면? 만일 어떤 때는 깨끗하고, 어떤 때는 비나 눈물에 젖은 유리를 통해 보듯, 그의 시를 통해 세상이 보인다면? 만일 그의 시가 접촉하자마자 아드리아 해안의 가장 훌륭한 잔처럼 전율과 신비와 음악적인 불평을 던진다면?[16]

시인의 그 내밀함은 단지 "자기 시의 벌들"을 위해서만 지키고 있었으니, 그 '내밀함'은 아주 분명한 감수성을 갖고 있는 사람에게만 시를 통해 드러나게 되어 있을 것이다. 자기가 살고 있는 사회가 경멸스럽고 적대적이고 혐오스럽다고 생각하는 사람에게만. 이런 사람은 그러한 사회에서 존재하는 내내, 실존의 확고한 고결함을 보이며 좌절과 고독과 자신과 환경 사이에 존재하는 차이로 인해 헛헛함을 겪게 될 것이다.

시인의 첫 작품집인 『대기의 윤곽Perfil del aire』(1927)은 순수시라는 의미에서 호르헤 기옌과의 접합점이 보인다. 훗날 이 시들은 『최초의 시들Primeras poesías』(1924-1927)이란 제목으로 발간된다. 1928년 마드리드로 거처를 옮기면서 스페인 초현실주의인 '수페르레알리즘superrealismo'에 흥미를 보였고, 이로 인해 세편의 작품집이 발간된다. 『망각이 머물 곳Donde habite el olvido』(1933), 『하나의 강, 하나의 사랑Un río, un amor』(1929), 『금지된 쾌락들Los placeres prohibidos』(1931) 이다.

시인 역시 당시 시인들이 관심을 가졌던 '잃어버린 낙원' 신화에 예민해져 자신의 고독과 내적 공허감을 채우고자 '알지 못하는' 그 다른 현실에 대한 욕망이 점점 더 강해지고, 그럴수록 시인은 괴롭다. 그래서 「거미줄이 이성에 걸리다Telarañas cuelgan de la razón」에서 다음과 같이 할 필요가 있다고 한다.

공허한 삶을 거둬들이고	Recoger la vida vacía,
가능하다면 다시 한 번 전처럼	Y caminar esperando que lentamente se llene,
알지 못하는 꿈들과 보이지 않는 욕망들로	Si es posible, otra vez, como antes,
천천히 충만해지기를 기다리며 살아갈(필요가 있다.)	De sueños desconocidos y deseos invisibles.

—『금지된 쾌락들』 중에서[17]

시인이 이 작품들을 『현실과 욕망La realidad y el deseo』(1924-1962)이라는 제목으로 묶어 소개한 이유가 바로 여기에 있었던 듯하다. 시인의 작품들은 결코 닿을 수 없다는 사실을 알면서도 이상적인 세상을 갈망하고, 해결되지 않을 문제를 두고 분투하고 있기 때문이다. 「등대지기의 독백Soliloquio del Farero」이 바로 그러한 현실 앞에 시인의 고독한 내면을 아름다운 이미지를 통해 상징적으로 보여 주는 대표적인 예가 될 것이다.

고독, 너를 어떻게 채울 수 있을까,	Cómo llenarte, soledad,
바로 너로써가 아니라면…	sino contigo misma...[18]

'망각이 머물 곳'이라는 제목은 구스타포 아돌포 벡케르로부터 유래한다. '27세대' 시인들은 벡케르를 표현에 있어서뿐만 아니라 실존적 진정성으로도 받아들였다. 같은 감성으로 향수나 울적한 서정성을 나누고, 실제 삶에서 환멸을 경험하고 최후의 상처로 죽음을 모색한다. 시인은 익명의 안개 속으로 용해되고자 갈망하고, 자기가 욕망하는 인간 존재라는 것, 하지만 욕망되지 않는 존재라는 사실이 아프다. 시인을 둘러싸고 있는 세상과 시인이 사회에서 점하는 위치에 대한 생각까지 낭만주의자 벡케르를 떠올리게 한다. 물론 초월적 내용이 아름다운 옷으로 치장하는 상징도 있다. 예로, "여명이 없는 넓은 정원들"은 죽음이다.

I

망각이 머물 곳,
여명이 없는 넓은 정원에서;
그곳에서 난 단지
쐐기풀 사이에 매몰된 돌의 기억이 될 것이라
돌 위에서 바람은 기억의 불면을 피해 간다.

내 이름이
세월의 품에 맡겨 놓는 육체를 버릴 곳,
욕망이 존재하지 않을 곳.

그 거대한 곳에서는 으스스한 천사, 사랑이
자신의 날개를 쇠처럼
나의 가슴에 숨기지 말기를,
격정이 자라는 동안 대기의 우아함으로
[가득 미소 지으면서 말이야.

거기는 마주한 다른 눈들 이외에는 지평
[선이 없어,
한 주인이 자기의 삶을 다른 삶에 종속시
[키면서
자신의 이미지를 요구하는 이 열망이 끝
[날 곳.

Donde habite el olvido,
en los vastos jardines sin aurora;
donde yo sólo sea
memoria de una piedra sepultada entre ortigas
sobre la cual el viento escapa a sus insomnios.

Donde mi nombre deje
al cuerpo que designa en brazos de los siglos,
donde el deseo no exista.

En esa gran región donde el amor, ángel terrible,
no esconda como acero
en mi pecho su ala,
sonriendo lleno de gracia aérea mientras crece el
[tormento.

Allí donde termine este afán que exige un dueño a
[imagen suya,
sometiendo a otra vida su vida,
sin más horizonte que otros ojos frente a frente.

그곳은 고통과 행복이 단지 이름으로 존 [재할 뿐이며,	Donde penas y dichas no sean más que nombres,
태어난 하늘과 땅이 기억으로만 있을 곳,	cielo y tierra nativos en torno de un recuerdo;
나 자신 그러한 사실을 알지도 못한 채 결 [국 자유롭게 남겨질 곳,	donde al fin quede libre sin saberlo yo mismo,
안개로 용해된, 부재,	disuelto en niebla, ausencia,
아기의 살처럼 가벼운 부재.	ausencia leve como carne de niño.
저기, 저 멀리,	Allá, allá lejos;
망각이 머물 곳.	donde habite el olvido.

—『망각이 머물 곳』[19]

시인은 스페인 초현실주의 특징 중에서 중산층 사회의 관례존중주의에 맞서고 기존의 예술 규정에 맞서 총체적 반란을 일으키는 게 가장 마음에 들었다.

스페인 내란으로 시인은 외국으로 거주지를 옮긴다. 그곳에서도 '현실과 욕망'이란 제목으로 계속 시를 써 나간다.

마지막 시집인 『키메라[20]의 비탄Desolación de la quimera』(1962)은 시어의 완벽한 정복과 맑고도 분명한 메시지로 시인의 가장 훌륭한 작품으로 평가받고 있다. 작품에서 시인은 삶과 도덕적 위상과 타인과 세상과의 관계에서 균형을 맞추며, 늘 자신의 행동을 안내했던, 어느 것 하나 없었던 일로 하거나 용서를 구해야 할 게 없었던, 자신의 정직한 삶에 자부심을 느끼는 어느 한 작가를 소개하고 있다. 죽음을 1년 앞둔 시점에 발간 된 것이라 삶을 정리하고 있다는 느낌이 든다.

자신의 동포들에게

나를 사랑하지 않아, 이 사실을 난 알아, 그리고 내가 쓴 모든 글이
그대들을 괴롭힌다는 것도. 괴롭힌다고? 그대들을 모욕하지.
혹시나 내 잘못일까, 아니면 그대들 잘못?
그건 사람이 아니라 그의 전설 때문이지.
내 가까이에 있던 그대들을 거기 뒤로 되돌아가게 하는 것.
젊었지. 무척 젊었지. 어떠한 전설도
싹을 틔우지 않았을 때가. 그대들은 한 책 위로
떨어졌지. 그 작가와 마찬가지로 애송이었던. 바로 나, 나의 첫 번째 책.
무언가가 그대들의 감정을 상하게 해. 그래, 그 인간과 그 인간의 일 때문에 말이야.

A sus paisanos

No me queréis, lo sé, y que os molesta
cuanto escribo. ¿Os molesta? Os ofende.
¿Culpa mía tal vez o es de vosotros?
Porque no es la persona y su leyenda
Lo que ahí, allegados a mí, atrás os vuelve.
Mozo, bien mozo era, cuando no había brotado
Leyenda alguna, caísteis sobre un libro
Primerizo lo mismo que su autor: yo, mi primer libro.
Algo os ofende, porque sí, en el hombre y su tarea.

내가 내 전설이라고 말했나? 그대들은 결코 사랑하지 않았던

네 명의 친구들이(친구들이라고?)

나에 대해 꾸며 낸 슬픈 이야기들

그대들은 그렇게 옮겨진 바로 그 사람의

마음에 드는지조차 살펴볼 기회를 찾으려 하지 않았어.

¿Mi leyenda dije? Tristes cuentos

Inventados de mí por cuatro amigos

(¿Amigos?), que jamás quisisteis

Ni ocasión buscasteis de ver si acomodaban

A la persona misma así traspuesta.

하지만 그대들의 믿음 없음은 그 이야기들을 받아들였지.

전설이 만들어졌고 그대들은 내게 낯선 이들이야.

이중으로 거짓말 하면서 숨기는 존재에 관하여

다른 양심의 가책 없이 그대들 편에서 그 이야기를 폭로하는군.

Mas vuestra mala fe los ha aceptado.

Hecha está la leyenda, y vosotros, de mí desconocidos,

Respecto al ser que encubre mintiendo doblemente,

Sin otro escrúpulo, a vuestra vez la propaláis.

그대들에 맞서 그리고 그대들의 그 자의적 무지에 맞서

난 아직 살고 있고, 그리고 그러기를 원한다면 난 나를 지킬 줄 알고 지킬 수 있네.

하지만 그대들은 날을 기다리지. 내가 여기

없을 때를. 그러면 그때에 늘 그렇듯 그대들의 무기인

무지, 무관심 그리고 망각이

돌처럼 내 위로 떨어질 것일세.
결국 그대들의 무지가 무로 전락하여 나보다 월등한 다른 이들을
가렸던 것과 같이 결국 나를 가리면서 말일세.
위대한 알다나[21]에게 일어났던 일처럼.

Contra vosotros y esa vuestro ignorancia voluntaria,
Vivo aún, sé y puedo, si así quiero, defenderme.
Pero aguardáis al día cuando ya no me encuentre
Aquí. Y entonces la ignorancia,
La indiferencia y el olvido, vuestras armas
De siempre, sobre mí caerán, como la piedra,
Cubriéndome por fin, lo mismo que cubristeis
A otros que, superiores a mí, esa ignorancia vuestra
Precipitó en la nada, como al gran Aldana.

그때부터 나의 역설이, 나머지는 무의식적인 것.
그대들이 그 역설을 강요하니 말일세: 내가 우리의 언어로 쓴다고.
난 그 언어로 컸기에 나의 것이지.
아마 나의 괴로움에도, 분명 운명적인 게지. 하지만 나의 명확한 예외들을 가지고
난 오늘날의 그대 작가들을 이제 읽지 않네.
거기에 역설이 있네. 난 대지도 사람도 없는 나이니.
너무나 이상한 작가. 난 아직도 다른 작가들보다
훨씬 더 망각의 바람에 매여 있네. 불면 죽이는.

De ahí mi paradoja, por lo demás involuntaria,
Pues la imponéis vosotros: en nuestra lengua escribo,

Criado estuve en ella y, por eso, es la mía,
A mi pesar quizá, bien fatalmente. Pero con mis expresas excepciones
A vuestros escritores de hoy ya no los leo.
De ahí la paradoja: soy, sin tierra y sin gente,
Escritor bien extraño; sujeto quedo aún más que otros
Al viento del olvido que, cuando sopla, mata.[22]

불가능한 사랑을 하고 유년기를 상실하고 조국에서조차 추방당하여 멀리 떨어져 있던 시인. 어느 시 그룹에도 넣기 어려우나, 가장 독창적이고 순수한 서정시를 쓴 시인과 시인의 시를 말하는 시가 있다. 「포로의 음악Música Cautiva」이다.

두 개의
목소리에게

a dos
voces

"네 눈은 사랑에 빠진 한 인간의 눈이고;
네 입술은 사랑을 믿지 않는 한 인간의
입술이다." "그렇다면 친구여, 현실과 희망이
일치하지 않는다면, 내게 말해주게. 어떻게 해
[야 할지."

«Tus ojos son los ojos de un hombre enamorado,
Tus labios son los labios de un hombre que no cree
En el amor.» «Entonces dime el remedio, amigo,
Si están en desacuerdo realidad y deseo.»

—『키메라의 비탄』 중에서[23]

멕시코 시인 옥타비오 파스는 루이스 세르누다를 스페인 역사에서 가장 강하고 빛나며 예리한 시를 쓴 시인이라 한다.

미겔 에르난데스

Miguel Hernández, 1910-1942

목동의 아들로 태어나 목동으로 살며 1929년에 처음 알리칸테의 오리우엘라 지역 신문에 시를 발표한 미겔 에르난데스는 1933년에 첫 시집 『달의 전문가Peritos en lunas』를 시작으로 1942년 결핵으로 사망할 때까지 시를 쓰며 스페인 현대 서정시 발전에 큰 기여를 했다.

시인은 감정적 무균, 비세속적, 비인간적인 경향, 순수시, 따라서 소수를 위한 시를 쓴 27세대 시인들과 교류하였지만 시의 색깔은 다르다. 비센테 알레이샨드레와 파블로 네루다와의 깊은 우정으로 시인의 억제하지 못하는 열정적인 기질은 서정시로 살아난다. 심오하면서도 감각적인 사랑과 삶과 죽음에 대한 감정과 그로인한 고통과 절망이 당시의 구체적인 역사·사회적 상황 속에서 초현실적 은유로 풀어헤쳐진다. 시인이 주로 다룬 테마는 사랑이다. 모든 것을 끌어안는 사랑이다. 아내인 호세피나를 생각하면 열에 들떠 가만히 있을 수가 없다. 친구들을 생각하면 관대해지고, 형제애가 느껴진다. 자연에게 몸을 돌리면 범신론자가 되고, 민족에게는 연대감을 느낀다. '27세대'가 정신적 지주로 공고라를 삼았듯, 시인 역시 공고라의 흔적을 따른다. 하지만 내전이 일어나자 공화파 사람으로 자원 입대하여 『민중의 바람Viento del pueblo』(1937)을 세상에 내놓는다. 시인이란 민중의 소리를 시로 만들어 대중에게 돌려주는 자라는 생각이 시인을 장악했던 것 같다. 1939년의 『인간이 정탐하다El hombre acecha』는 전쟁 중에 있는 인간의 고뇌와 고통의 시이다. 『민중의 바람』은 50년대 스페인 사회참여시 탄생에 자극제가 되었다. 전쟁이 끝나면서 시인은 전쟁의 죄 없는 희생양으로 감내

할 수 없는 고통을 안고 감옥을 전전해야만 했기에 「양파 자장가」에 그 고통을 담아 낸다. 이 두 시집 사이에 『멈추지 않는 빛줄기El rayo que no cesa』(1936)가 있다. 삶과 사랑에 대한 괴로움과 고통의 시이다. 다음의 시는 이 작품집에 수록된 것으로 시인의 친구였던 라몬 시헤의 죽음에 부치는 오한이 돋는 비가이다. 시인을 지적 세계로 인도해 준 고향 친구의 부재에 대한 시인의 극한 감정이 11음절 3행시로 은유와 과장과 상징으로 그려져 있다. 시인은 자신의 영혼의 동반자였던 친구가 정말 죽었다고 생각할 수가 없다. 결국 작품 끝에 아직 할 얘기가 많으니 죽음에서 돌아오라 한다.

라몬 시헤에 부치는 비가	Elegía a Ramón Sijé
(그의 고향이자 나의 고향인 오리우엘라에서 내가 그토록 사랑한 라몬 시헤가 우뢰처럼 죽었노라.)	(En Orihuela, su pueblo y el mío, se me ha muerto como del rayo Ramón Sijé, con quien tanto quería).
난 울면서 네가 차지하고 거름을 주고 있는 밭쟁이가 되고 싶어, 너무나 이른 시절부터 나의 영혼의 동반자였던 너.	Yo quiero ser llorando el hortelano de la tierra que ocupas y estercolas, compañero del alma, tan temprano.
방도가 없는 나의 고통은 비와 달팽이와 기관들을 먹이면서 양식으로 너의 심장을	Alimentando lluvias, caracolas y órganos mi dolor sin instrumento, a las desalentadas amapolas
맥 빠진 양귀비들에게 줄 것이야. 내 옆구리로 너무나 큰 아픔이 몰려와 아파서 숨까지 아파.	daré tu corazón por alimento. Tanto dolor se agrupa en mi costado, que por doler me duele hasta el aliento.

어느 강한 손바닥, 얼어붙은 어느 충격,
살인의 보이지 않는 어느 도끼질,
어느 호된 밀치기가 너를 쓰러트렸어.

Un manotazo duro, un golpe helado,
un hachazo invisible y homicida,
un empujón brutal te ha derribado.

내 상처보다 더 큰 것은 없어,
나의 불운과 그 불운 전체를 울고,
내 삶보다 너의 죽음이 더 절절해.

No hay extensión más grande que mi herida,
lloro mi desventura y sus conjuntos
y siento más tu muerte que mi vida.

난 고인들의 그루터기 위를 걷다
어느 누구의 온기나 위안도 없이
내 심장으로부터 나의 일로 가.

Ando sobre rastrojos de difuntos,
y sin calor de nadie y sin consuelo
voy de mi corazón a mis asuntos.

죽음이 비행을 일찍 한 게지,
새벽이 일찍 깬 게지,
넌 땅으로 일찍 뒹굴고 있는 게지.

Temprano levantó la muerte el vuelo,
temprano madrugó la madrugada,
temprano estás rodando por el suelo.

사랑에 빠진 죽음을 난 용서하지 않아,
난폭한 삶을 용서하지 않아,
땅도 그 무엇도 용서하지 않아.

No perdono a la muerte enamorada,
no perdono a la vida desatenta,
no perdono a la tierra ni a la nada.

내 양손으로 돌들과
빛줄기들과 날카로운 도끼들의,
재앙에 목마르고 굶주린 풍랑을 일으킨다.

En mis manos levanto una tormenta
de piedras, rayos y hachas estridentes
sedienta de catástrofes y hambrienta.

이빨로 땅을 휘젓고,
메마르고 뜨거운 이빨로
땅을 갈기갈기 물어뜯어 갈라놓고 싶어.

Quiero escarbar la tierra con los dientes,
quiero apartar la tierra parte a parte
a dentelladas secas y calientes.

너를 만나 너의 고귀한 두개골에
입을 맞추고 너의 재갈을 풀어 네가
돌아오도록 할 때까지 땅을 파고 싶어.

Quiero minar la tierra hasta encontrarte
y besarte la noble calavera
y desamordazarte y regresarte.

넌 내 과수원과 나의 무화과나무로 돌아와야 해.
천사 같은 밀랍과 노동으로 된
꿀을 먹은 너의 영혼은

Volverás a mi huerto y a mi higuera:
por los altos andamios de las flores
pajareará tu alma colmenera

꽃들의 높다란 발판 위로 새처럼 돌아다닐 것이야.
사랑에 빠진 농부들의 격자창에서의
사랑의 속삭임으로 넌 돌아올 것이야.

de angelicales ceras y labores.
Volverás al arrullo de las rejas
de los enamorados labradores.

내 눈썹의 그림자를 밝게 할 것이며
네 애인과 벌들은 네 피를 두고
다투다 각자의 길로 가 버릴 것이야.

Alegrarás la sombra de mis cejas,
y tu sangre se irán a cada lado
disputando tu novia y las abejas.

이미 엉망이 된 비단결 같은 너의 심장은,
사랑에 빠진 나의 탐욕스러운 목소리를
거품을 인 편도나무의 들판으로 부르고 있다.

Tu corazón, ya terciopelo ajado,
llama a un campo de almendras espumosas
mi avariciosa voz de enamorado.

생크림 편도나무의
날개 달린 장미들의 영혼들로 난 너를 요구하고 있어,
우리는 나눠야 할 말이 너무나 많거든,
영혼의 벗이여, 동반자여.

A las aladas almas de las rosas
del almendro de nata te requiero,
que tenemos que hablar de muchas cosas,
compañero del alma, compañero.[24]

친구의 너무나 이른 죽음이 부당하게 느껴져 가슴이 찢긴다. 어린 시절을 같이한 달콤하고도 고요한 추억으로 형제애가 숨 쉬고 있는 작품이다.

1939년 전쟁에 끝나 갈 쯤, 시인이 감옥에 있을 때 두 번째 아들이 태어난다. 일찍 첫 아이를 잃고 두 번째 아들을 얻은 시인은 아내에게 이런 편지를 보낸다. "요즘 당신이 처한 상황을 생각하고 있다오. 당신이 먹는 양파 냄새가 여기까지 전해지고, 아이는 양파 즙이 나오는 젖을 빨며 화를 내겠지." 동족상잔의 비극으로 모든 것을 잃은 스페인에 먹을 것이라고는 양파밖에 없는 상황에서 궁극적인 희생자는 아이라는 사실이 시인의 가슴을 짓누른다. 시인의 1928년부터 1941년 사이의 시를 모아 1958년에 발간된 『부재의 가곡집과 로망스 집 Cancionero y romancero de ausencias』(1958)에 담긴 이 시는 스페인의 음유시인 조안 마누엘 세랏의 노래로도 유명하다.

양파 자장가

양파는 서리야
폐쇄되고 초라한:
네 나날들과
그리고 내 밤들의 서리
배고픔과 양파:
검은 얼음과
크고도 둥근 서리

Nanas de la cebolla

La cebolla es escarcha
cerrada y pobre:
escarcha de tus días
y de mis noches.
Hambre y cebolla:
hielo negro y escarcha
grande y redonda

굶주림의 요람에
내 아기는 있었어.
양파의 피로
젖을 빨면서.
하지만 네 피는,
설탕의 서리가 내린
양파와 허기

한 갈색의 여인이
달이 되어
한 올 한 올 실이 풀리듯
요람 위로 흘러내린다.
아가야, 웃어
필요한 때
달을 삼키렴.

내 집의 종달새
많이 웃으렴.
너의 눈웃음은
세상의 빛이다.
많이 웃어
너의 웃음을 들을 때
영혼에서 공간이 쓰러질 정도로

En la cuna del hambre
mi niño estaba.
Con sangre de cebolla
se amamantaba.
Pero tu sangre,
escarchada de azúcar,
cebolla y hambre.

Una mujer morena,
resuelta en luna,
se derrama hilo a hilo
sobre la cuna.
Ríete, niño,
que te tragas la luna
cuando es preciso.

Alondra de mi casa,
ríete mucho.
Es tu risa en los ojos
la luz del mundo.
Ríete tanto
que en el alma al oirte,
bata el espacio.

너의 미소가 나를 자유롭게 하고
내게 날개를 달아 줘.
나의 고독을 제거하고
감옥을 내게서 뿌리째 뽑아 가.
날아다니는 입,
네 입술에서 번뜩이는
심장.

Tu risa me hace libre,
me pone alas.
Soledades me quita,
carcel me arranca.
Boca que vuela,
corazón que en tus labios
relampaguea.

너의 미소는
최고로 승리한 검.
꽃들과 종달새들의
승리자.
태양의 라이벌.
내 뼈와 내 사랑의
미래.

Es tu risa la espada
más victoriosa.
Vencedor de las flores
y las alondras.
Rival del sol.
Porvenir de mis huesos
y de mi amor.

파닥거리는 육체
돌연한 눈꺼풀,
어느 때보다
빨갛게 물든 삶.
모든 분홍 방울새가
네 몸으로부터 날갯짓하며
날아오르는구나!

La carne aleteante,
súbito el parpado,
el vivir como nunca
coloreado.
¡Cuanto jilguero
se remonta, aletea,
desde tu cuerpo!

나는 어린아이에서 깨어났어.
넌 결코 그러지 마.
내 입이 슬퍼.
넌 늘 웃으렴.
늘 요람에서
세세하게
미소를 지키면서.

Desperté de ser niño
Nunca despertes.
Triste llevo la boca.
Ríete siempre.
Siempre en la cuna,
defendiendo la risa
pluma por pluma.

높디높고 넓디넓은
비상으로
네 육체가 말간
하늘로 보이도록.
만일 내가
네 삶의 기원으로
거슬러 갈 수 있다면!

Ser de vuelo tan alto,
tan extendido,
que tu carne parece
cielo cernido.
¡Si yo pudiera
remontarme al origen
de tu carrera!

여덟째 달에 웃는구나
다섯 개의 하얀 꽃을 가지고.
다섯 개의
자그마한 사나움을 가지고.
다섯 개의
사춘기 재스민 같은
다섯 개의 이빨을 가지고서.

Al octavo mes ríes
con cinco azahares.
Con cinco diminutas
ferocidades.
Con cinco dientes
como cinco jazmines
adolescentes.

내일은 이빨들이	Frontera de los besos
입맞춤의 국경이 될 것이야	serán mañana,
그때는 네가 치아에서	cuando en la dentadura
무기를 맛보게 될지도.	sientas un arma.
중심을 찾아 불이	Sientas un fuego
이빨 아래쪽으로	correr dientes abajo
달리는 것을 느끼게 될지도.	buscando el centro.
아가야 가슴의	Vuela niño en la doble
두 배의 달에서 날거라.	luna del pecho.
가슴은, 양파로 슬프다.	Él, triste de cebolla.
너는, 만족해하고.	Tú, satisfecho.
무너지지 말거라.	No te derrumbes.
무슨 일이 지나고 있고	No sepas lo que pasa
무슨 일이 일어나는지도 넌 알지 말거라	ni lo que ocurre.[25]

시인은 불의와 감옥 생활에 맞서지만 절망은 그럴수록 깊어가고, 그러한 절망을 아내와 아들을 향한 사랑으로 극복하려 했음을 알 수 있다.

1938년에서 1941년 사이, 감옥에 있을 때 대부분 집필한 것으로 알려진 이 『부재의 가곡집과 로망스 집』에서 시인은 "난 가슴 속에 씻긴 언어를 갖고 있고, 목으로 울리는 강풍을 끌어 올린다"라고 했듯이 시인의 열정은 말이 되어 사랑과 정의와 자유를 찾아 투쟁했다. 그렇게 시인은 고통으로 점철된 삶과 세상을 살며 인간적인 온기로 사랑받았다. 하지만 끝은 사색과 비움의 미학으로 나아간다. 1941년과 1942년의 시를 담은 『최후의 시들Poemas últimos』은 안토니오 마차도의 경구집과 유사하여 짧은 시구, 정제된 언어의 시 모음이다.

이렇듯 시인은 당시 주류를 이루었던 27세대와 달리 자전적이고 사회적, 사실적인 이야기에 가끔은 가공할 요소들을 보태기도 했다. 이러한 시인의 특징과 시인의 어휘와 시 형식은 전후 새로운 세대들에게 많은 영향을 끼쳤다. 이로 인해 시인은 루이스 로살레스Luis Rosales(1910-1992), 레오폴도 파네로Leopoldo Panero(1909-1962), 루이스 펠리페 비반코Luis Felipe Vivanco(1907-1975) 그리고 헤르만 블레이베르그Germán Bleiberg(1915-1990) 등과 함께 '1936 세대'라는 이름으로 묶이곤 한다. 이 명칭은 1936년, 가르실라소 서거 400주년을 기념하기 위해 명명된 것이다. 단, 미겔 에르난데스의 시에는 이들과 달리 종교적인 내용이 없다. 루이스 로살레스는 인간적인 것과 종교적·신비적인 요소를 함께 시에 녹였고, 레오폴도 파네로는 기독교관적 삶을, 루이스 펠리페 비방코는 기본적으로 신으로 인한 서정시를 썼다.

스페인 내란이 끝나고 독재자 프랑코가 권좌에 오른다. 시인들은 입을 다물거나 망명을 가야했다. 당시 진실과 현실에 눈을 감은 채 가르실라소 시풍의 시를 써야 했던 이유를 설명한 글이 있다. 전후 시 경향에 대한 에밀리오 알라르코스 요락Emilio Alarcos Llorach의 해석이다.

> 서로 간의 적의가 있은 후 첫 번째 시 단계는 거칠었던 현실에 대한 반동으로 영혼의 편안함, 그리고 원한과 격정을 잠재울 침묵을 모색하는 일이 자연스러워 보인다. 이를 위해 무엇보다 외형적으로 음악성을 갖추고 잔인한 현실로 끓어오르는 빛과, 그리고 3년간의 투쟁으로 지친 눈에 최면을 걸 수 있는 콧노래 같은, 말의 살이 적은 시보다 더 바람직한 것은 없을 터이다. 전쟁으로, 혹은 전쟁의 결과와 상흔으로 시인들이 진지해지지는 않을까 하는 두려움도 있었을 것이다. 내면의 외침을 잠재우기 위한 가장 훌륭한 방법은 전적으로 사소한 일과 투명한 형식주의에 몰입하는 거였다.[26]

1943년 호세 가르시아 니에토José García Nieto의 주도로 『가르실라소』라는 잡지가 발행된다. 이 잡지는 가르실라소의 삶과 그의 작품의 영향 아래 살고자 하는 시인들의 해방구였다. 스페인 고전 시 전통을 이으며 시의 형식에 주목한 시인들과 작품으로는 앞서 본 헤르만 블레이베르그의 『사랑의 소네트Sonetos amorosos』(1936)와 호세 가르시아 니에토의 『너를 향한 전야Víspera hacia tí』(1940), 호세 루이스 카노José Luis Cano의 『만(灣)의 소네트Sonetos de bahía』(1942), 라파엘 모랄레스Rafael Morales의 『투우의 시Poemas del toro』(1942) 그리고 디오니시오 리드루에호Dionisio Ridruejo의 『돌에 바치는 소네트Sonetos a la piedra』(1943) 등이 있다. 짧은 시, 고전 양식과 세련된 언어 그리고 회피 문학이라는 특징으로 정리된다. 이들과 함께 한편으로 망명 작가들의 시가 있다. 자신들이 경험한 전쟁의 아픈 고통을 뼈아프게 성찰하여 잔잔하게 표현한 27세대의 일원들인 루이스 세르누다와 알베르티, 반면 파시스트에 대항하여 격렬하게 항거하는, 체념을 모르는 반항시의 주인공 레온 펠리페León Felipe(1884-1968)가 대표적이며, 이들은 후세대의 모범이 되었다.

다음은 1942년에 쓴 레온 펠리페의 시이다.

형제여…. 농장, 집, 말, 총…	Hermano... tuya es la hacienda...
은 네 것이야…	la casa, el caballo y la pistola...
내 것은 땅의 오래 된 목소리.	Mía es la voz antigua de la tierra.
네가 모든 것을 갖고,	Tú te quedas con todo
난 아무 것도 없이 세상을 유랑하게 내버려 두지…	y me dejas desnudo y errante por el mundo...
대신 난 너를 벙어리로 내버려 두지… 벙어리로!…	más yo te dejo mudo...¡mudo!...
그리고 내가 만일 노래를 가져가 버리면	y ¿cómo vas a recoger el trigo
넌 어떻게 밀을 수확하고	y alimentar el fuego
불에 영양을 공급할 거야?	si yo me llevo la canción?[27]

1944년은 스페인 현대시 역사에서 중요한 해이다. 『에스파다냐Espadaña』라는 잡지가 발간되어 앞선 가르실라소풍의 차가운 형식에 매여 있던 시인들에게 반기를 들면서 시의 해방

과 재인간화의 물꼬가 트인다. 사회 가치의 부패, 타락 등의 사회 불의를 고발하는 실존시를 향한 움직임이 인다. 이 움직임의 중심에는 안나 마리아 마투테, 세사르 바예호 그리고 빅토리아노 크레메르가 있었다. 이러한 일을 도모할 수 있었던 데는 『가르실라소』와 같은 해에 발간된 『아도네이스Adonais』 문집의 영향도 크다. 신낭만적인 분위기와 시다운 시로 나아가고자 하는 의지가 보인다. 이러한 흐름에 힘입어 다마소 알론소는 같은 해 『분노의 자식들Hijos de la ira』을, 비센테 알레이샨드레는 『낙원의 그림자Sombra del paraíso』를 세상에 내놓았다. 다마소의 작품은 역사적 상황을 고통스럽게 의식한 결과물로, 사회에 저항하는 정치 사회시가 등장하는 도화선이 되었다. 비센테 알레이샨드레는 시는 '소통'이라며 인간에게, 독자에게 시인의 박동을, 시인의 상황을 전달할 수 있어야 한다고 주장한다. 이로써 앞으로 올 시는 앞선 형식주의나 순수시, 소수를 위한 시가 아님을 빅토리아노 크레메르Victoriano Crémer(1906-2009), 에우헤니오 데 노라Eugenio de Nora(1923-), 가브리엘 셀라야Gabriel Celaya, 블라스 데 오테로Blas de Otero 그리고 호세 이에로José Hierro가 증명해 보인다.

1949년에는 스페인 시 파노라마에 기본 되는 두 작품이 등장한다. 앞서 언급된 레오폴도 파네로의 『매 순간에 쓰인Escrito a cada instante』과 루이스 로살레스의 『불 켜진 집La casa encendida』이다. 이 두 시집은 페루 시인 세사르 바예호César Vallejo와 안토니오 마차도의 시적 세계에 동화되어 우리의 일상 삶에서 만나는 것들이 인간적으로 심오한 의미를 갖고 등장한다. 마차도의 서정시에서 보았듯이, 시로 펼쳐질 사건에 대한 성찰이나 내면화가 먼저다. 특히 루이스 로살레스의 서정성은 압도적이다.

안토니오 마차도는 오랫동안 잊힌 존재였으나 그의 '시는 시간에서의 말'이라는 개념이 이 시대에 아주 괄목할 만한 사건으로 등장한다. 마차도풍의 시를 쓴 시인들은 언급된 이들 이외에, 이들보다 앞선 세대에 속하는 루이스 펠리페 비방코Luis Felipe Vivanco(1907-1975), 호세 마리아 발베르데José María Valverde(1926-1996)도 있다. 누구보다도 로살레스와 파네로의 노력으로 바예호와 마차도가 재평가되는 계기가 된다.

다마소 알론소

Dámaso Alonso, 1898-1989

마드리드에서 태어나 16세 때부터 시작 활동을 한 다마소 알론소는 대학에서 법학과 문학을 공부했다. 루벤 다리오, 비센테 알레이샨드레, 후안 라몬 히메네스, 그리고 안토니오 마차도의 작품 세계를 접한 후 문학에 전념하게 된다. 1935년 '공고라의 시어' 연구로 박사학위를 받고 발렌시아 대학 교수로 재직하다 1939년에는 마드리드 대학으로 자리를 옮겨 1968년까지 교수직에 있으면서 옥스퍼드, 스탠퍼드, 컬럼비아, 예일, 하버드 등의 대학 초빙교수를 지내기도 했다. 어문학과 문학사 관련 글도 썼다. 시인으로서는 첫 시집 『순수시. 도시의 작은 시들Poemas puros. Poemillas de la ciudad』(1921)을 발표하고, 후안 라몬 히메네스와 구스타보 아돌프 벡케르를 언급한 시가 가장 마음에 든다고 고백한다. 시인의 공고라 연구에 힘입어 '27세대' 시인들과 시적으로 우정을 맺고 마드리드에 있는 산타 바르바라 교회에서 공고라 서거(1627) 300주년을 함께 기린다. 같은 해 말 세비야에서 세르누다를 알게 된다. 헤라르도 디에고가 편찬한 『스페인 시. 선집Poesía española. Antología』(1932)에 시인이 시의 목적에 대해 기술한 글이 있다. "시란 우리의 직접적이며 피상적인 현실을 표현한 것일 수 없다. 시라는 분명함으로 계시된 현실에 대한 열정적인 표현이다." 그러면서 독자에게는 "날아갈 만큼 바쁜 사람에서 한 순간 자신의 길에서 그 속도를 멈추게 하는 것, 세상을 아름답게 이해하게 하는 것, 자신을 이해하고 모든 것을 이해하게 하는 것"이라고 설명한다. 1926년부터 1940년까지 쓴 시를 모아 시인은 『어두운 소식Oscura noticia』(1944)으로 소개한다. 시인이 사랑했던 미겔 데 우나무노와 안토니오 마차도에게 헌사한 시이다.

1944년은 시인에게뿐만 아니라 스페인 현대시 역사에서도 중요한 해이다. 오늘날 스페인에서 가장 많이 읽히고 연구된 시집 중의 하나인 『분노의 자식들Hijos de la ira』이 세상에 나왔기 때문이다. 이 시집을 두고 현대 스페인 시에서 가장 인간적이고 진정한 시의 시발점이라며, 어느 누구도 드러내 놓고 이야기하지 못하고 잠재워 두었던 가슴 밑바닥의 이야기를 밖으로 밀어 올려 장시와 자유시형태로 절규하는, 심장에 구멍을 뚫는 무모한 글쓰기라 평한다. 연쇄법과 대구법의 구조와 어휘 면에서의 혁신도 괄목할 만하다. 시어로 지금까지 쓰이지 않았고, 쓸 수 없다고 생각되어 왔던, '고름', '똥', '구토', '역병', '올리브찌끼', '류머티즘', '욕지기', '분노', '정액', '오랑우탄', '하마'(이전에는 백조였는데), '담즙', '옴' 등과 같은 일상의 언어들이 문학 언어로 등장하여 풍요로운 소통의 도구가 되고 있다. 이러한 현상은 새로움을 넘어 전복적이고 선동적이다. 이 작품을 두고 시인은 말한다. "난 세상의 황량한 불의와 인간 존재에 대한 처절한 황폐 앞에 참을 수 없는 역겨움으로 이 작품을 썼다." 고백대로 시인의 의식이 정의의 사자로 끓어올라 신에게 항거하고 있다고 여겨질 정도이다. 이렇게 절규하는 시인의 언어는 이후 시인들에게 차용되었고, 언어의 차용은 형식의 차용으로 이어졌다. 시인의 언어를 담는 시는 기존의 운을 이루며 규칙을 좇는 양식으로는 불가능하기 때문이다. 인간 실존에 대한 문제와 종교적인 고뇌를 강하고도 새로운 방식으로 격렬하게 토해 내기 위해서는 어휘 면에서나 형식적인 면에서 혁신이 필요해 보였던 것 같다. 다음 시는 『분노의 자식들』 중에서 가장 많이 알려진 「불면」이다. 마드리드가 거대한 묘지이다. 살아 있는 자들이 썩어 가고 있는 곳이라서 그렇다.

불면

마드리드는 백만 명이 넘는 시체들의 도시이다.(최근의 통계에 의하면)
가끔 나는 밤이면 몸을 뒤척이다 45년 전부터 내가 썩고 있는 이 구덩이에

몸을 일으켜,

폭풍우가 신음하는 것이나 개들이 짖는 것이나 아니면 달빛이 유유히 흐르는 것을 들으며

[긴 시간을 보낸다.

그리고 나는 폭풍우처럼 신음하고 분노에 찬 개들처럼 짖으며 커다란 노란 소의 뜨거운 젖에서

[나오는 우유처럼 흐르면서 긴 시간을 보낸다.

그리고 나는 왜 내 영혼이 천천히 썩어 가는지를,

왜, 마드리드의 이 도시에서 백만 명 이상의 시체가 썩어 가고 있는지를,

왜, 10억의 시체들이 이 세상에서 천천히 썩어 가고 있는지를 신에게 물으며, 그에게 물으며 긴

[시간을 보낸다.

내게 말해 줘요, 우리들의 썩은 시체로 어떤 밭에 거름을 주기를 원하는지를?

낮의 위대한 장미원이 당신한테 마를까 봐,

당신 밤의 슬픈 백합이 시들까 봐 두려운 건가요?

Insomnio

Madrid es una ciudad de más de un millón de cadáveres (Según las últimas estadísticas).

A veces en la noche yo me revuelvo y me incorporo en este nicho

en el que hace 45 años que me pudro,

y paso largas horas oyendo gemir al huracán, o ladrar los perros,

o fluir blandamente la luz de la luna.

Y paso largas horas gimiendo como el huracán, ladrando como un perro enfurecido, fluyendo como

[la leche de la ubre caliente de una vaca amarilla.

Y paso largas horas preguntándole a Dios, preguntándole por qué se pudre lentamente mi alma,

por qué se pudren más de un millón de cadáveres en esta ciudad de Madrid, por qué mil millones

[de cadáveres se pudren lentamente en el mundo.

Dime, ¿qué huerto quieres abonar con nuestra podredumbre?
¿Temes que se te sequen los granes rosales del día,
las tristes azucenas letales de tus noches?[28]

초현실적 요소들을 박아 넣어 연쇄되는 리듬으로, 대구법으로 세상의 고통, 인간의 고통을 두고 신에게 따져 묻고 있다. 세상이 시체들로 가득하단다. 다시 말해 세상이 외형적으로만 살고 있는 인간들로 이루어져 있단다. 희망과 꿈을 잃은 인간들이라서 그러하고, 서로를 죽이는 잔인한 인간들로 인해 삶이 존재의 죽음으로 이루어져 있어서 그러하다. 이러한 시인의 실존적 진단은 당연히 스페인 내전과 그때까지 끝나지 않고 있던 제2차 세계대전으로 인한 쓰라린 경험의 산물이다. 그러니 그러한 범죄를 원하거나 아니면 방치하거나 아니면 허락한 신에게 시인은 항거할 수밖에 없다. 이러한 실존적 고뇌와 비탄과 대조되는, 시인의 다정스러움이 나무를 통해 신비스럽고도 감동적으로 드러나는 작품이 다음의 「나무의 목소리」이다. 1936년 이전의 작품이다.

나무의 목소리	Voz del árbol
네 손은 내게 무엇을 원하지? 내게서 뭘? 원하는 건지 말해 줘, 내 나무야. …바람이 너를 몰아 대지만, 손짓 몸짓은 네 것이었어, 네 것이었어.	¿Qué me quiere tu mano? ¿Qué deseas de mí, dime, árbol mío? ...Te impulsaba la brisa; pero el gesto era tuyo, era tuyo.
내부에서 움트지만 표현할 줄을 모르는, 부드러움으로 응결된 어린아이처럼 천천히 슬프게	Como el niño, cuajado de ternura que le brota en la entraña y que no sabe expresar, lentamente, tristemente

넌 너의 손으로 내 얼굴을 스치고	me pasaste la mano por el rostro,
네 가지는 나를 애무했어.	me acarició tu rama.
그 스침이 얼마나	¡Qué suavidad había
부드러웠던지! 너의 목소리는	en el roce! ¡Cuán tersa
얼마나 티 없을까! 나한테 뭘 묻는 거야?	debe de ser tu voz! ¿Qué me preguntas?
상중에 든	La terca piedra estéril,
불모의 완고한 돌이	concentrada en su luto
-미쳐 날뛰는 무언 아니면 부동의 외침-,	-frenética mudez o grito inmóvil-,
힘들게 표현하고	expresa duramente,
비축된 침묵의 힘으로	llega a decir su duelo
자기의 비통함을 말하러 온다.	a fuerza de silencio atesorado.
인간은	El hombre
-오, 불길한 울음, 오, 소용없는 울부짖음-	-oh agorero croar, oh aullido inútil-
바람에 실은 목소리: 단지 허공에 있는 목소리.	es voz en viento: sólo voz en aire.
바람과 바다는 결코 그들의 불평을 듣지 않으리라.	Nunca el viento y la mar oirán sus quejas.
아, 하늘은 결코 그의 외침을 이해하지 못할 것이리라,	Ay, nunca el cielo entenderá su grito;
결코, 단연코 인간들은.	nunca, nunca, los hombres.
인간과 바위 사이에서	Entre el hombre y la roca,
슬프고 착한 너 나무는, 가장 심오하며	¡con qué melancolía
존재들 중에 가장 어두운 너는	sabes comunicarme tu tristeza,
어떤 향수로 내게	árbol, tú, triste y bueno, tú el más hondo,
너의 슬픔을 전할 수 있으려나!	el más oscuro de los seres! ¡Torpe

존재의 의지에 갇혀 느리고도 부드러운 비등으
[로 된 물질,
은밀한 광물의 즙의
서툰 침묵의 응축이여! 그곳에는 움직임이 없는 것이
힘들의 힘든 유사함으로
총체적 광란으로 비등하는구나! 천재이자 분노이며,
고통받는 대지의 표현인 너는, 고통의 외침으로
화염으로, 절규로
하늘을 향해 날카롭게 솟아오르는구나!
결국 팔과
발톱과 머리카락을 가진
괴물:
오, 신의 침묵과
시간의 깊이를 지닌
너무나 녹색답게 상념에 잠긴
부드럽고, 슬프며 달콤한 녹색 괴물이라!

지금 바람으로
나의 얼굴을 스치고 있는
너의 작은 녹색 가지는
슬프고, 모호한 사랑의,
안개와 샛별들의 위대한 사랑의 어떤 높고도 먼 신
[호들을
가져오려 하는지 난 모른다.

condensación soturna
de tenebrosos jugos minerales,
materia en suave hervor lento, cerrada
en voluntad de ser, donde lo inerte
con ardua afinidad de fuerzas sube
a total frenesí! ¡Tú, genio, furia,
expresión de la tierra dolorida,
que te eriges, agudo, contra el cielo,
como un ay, como llama,
como un clamor! Al fin monstruo con brazos,
garras y cabellera:
¡oh suave, triste, dulce monstruo verde,
tan verdemente pensativo,
con hondura de tiempo,
con silencio de Dios!

No sé qué altas señales
lejanas, de un amor triste y difuso,
de un gran amor de nieblas y luceros,
traer querría tu ramita verde
que, con el viento, ahora
me está rozando el rostro.

난 너의 심오한 메시지를	Yo ignoro su mensaje
알지 못한다. 가지를 잡아 거기에 난 입을 맞추었다.	profundo. La he cogido, la he besado.
(긴 입맞춤을.)	(Un largo beso.)
하지만 네가 내게 무슨 말을 하려	¡Mas no sé qué quieres
하는지 난 알지 못하구나!	decirme![29]

나무가 시인의 목소리로 의인화된다. 시인은 나무를 향해 다정하게 다가가지만 끝내 녹색 괴물인 생각하는 나무의 심오하고 신비한 메시지가 무엇인지 모른다. 하지만 이 "모른다"라는 말에는 시인이 드러내 놓고 말하지 못하는, 대지에 있는 모든 것에 존재하는 불의와 인간의 고통이 들어앉아 있을 것이다. 무엇인가를 증언하려는 나무를 통해 시인은 스페인 내전의 기운을 직감했는지도 모른다. 이러한 시를 시작으로 이전의 가혹한 현실을 배제한 시, 삶의 고통과 비통함과 비참한 불의를 잊고 아름다움만을 추구하던 시는 막을 내리고 사회시가 등장하기 시작한다. 다시 말해 다마소 알론소의 『분노의 지식들』과 같은 노선의 시인들이 등장한다. 역사적 상황을 고통스럽게 의식하거나, 사회와 정치에 저항하려는 경향이 보이기도 한다. 대표적으로 가브리엘 셀라야Gabriel Celaya, 블라스 데 오테로Blas de otero 그리고 호세 이에로José Hierro가 있다.

비센테 알레이샨드레

Vicente Aleixandre, 1898-1984

다마소 알론소의 『분노의 자식들』이 발간된 1944년에 또 다른 중요한 시인이 등장한다. 전후 초기 가장 훌륭한 시집들 중 하나로 평가되는 『낙원의 그림자Sombra del paraíso』의 비센테 알레이샨드레이다. 우주를 형성하는 요소들을 찬양하는, 범신론적 신낭만주의적 분위기의 우주관을 보여 주는 작품이다. 열정과 시적 감동으로 빛을 찬미하는 시인은 사랑으로 우주와 결속을 다지고 인간이 문학 활동의 중심이 되도록 한 사람이다. 시인은 자신의 작품을 두고 현재의 인간이 본 세상의 여명을 노래한 것, 어두운 의식으로 노래한 빛의 찬가라고 했다.

그대들은 그대들의 즐거운 일로, 차분한 사랑으로 그대들의 시간을
보내는 자들로서 세상에 요구합니다, 날마다 낮에는 그대들의
힘을 사용하고, 그대들에게 자양이 되는 친절한 밤은 그대들을 지킵니다.
그리고 여명이 되면 그대들은 온전히 또다시 움틉니다.

그리고 시인의 초현실주의 시어를 두고 프랑스 초현실주의가 자국에서는 성공을 거두지 못하고 스페인에서 알레이샨드레로 인해 성공을 이루었다는 평도 있다. 시인의 초현실적인 시어는 이미지로 겹칠 때 서로에게 미치는 영향으로 의미의 폭은 넓어지고 시는 매혹적으로 변한다. 다음은 『낙원의 그림자』에 실린 「오로라에서의 피조물들Criaturas en la aurora」의 일부이다.

너희들은 거기서 살았지. 그곳에서 매일 매일 땅을,
빛을, 열기를, 형태들을 가늠하고,
산기슭과 계곡과, 눈물 없이, 너무나 친밀한 누런 기,
자신의 파도들에 영치된 달의 은빛 얼굴을 더욱더 지키고 있는
생생한 쇠, 이제 거의 태양의 빛나는 검으로 강들을
여리게 더듬었던 하늘의 광선들이
아주 천천히 검사하는 것을 주의해서 살펴보았지.

Allí vivisteis. Allí cada día presenciasteis la tierra,
la luz, el calor, el sondear lentísimo
de los rayos celestes que adivinaban las formas,
que palpaban tiernamente las laderas, los valles,
los ríos con su ya casi brillante espada solar,
acero vívido que guarda aún, sin lágrima, la amarillez tan íntima,
la plateada faz de la luna retenida en sus ondas.[30]

총 64행 중에서 이해가 까다로운 28행에서 34행의 내용을 가져왔다. 작품에서 주어는 하늘의 광선들이다. 이들이 형태들을 가늠하고 산기슭과 계곡과 강들을 손으로 더듬어 왔다. 즉, 해가 떠오름에 따라 빛이 세상을 밝혀 나간다. 처음에는 형태들을 점치고, 어두움으로부터 형태들을 구해 낸다. 그러고 나서 그 형태들을 더듬는다. 형태들을 완전히 밝힌다는 표현이 감각적으로 말해지고 있는 것이다. 여기까지 어려움은 별로 없다. 하지만 원문을 보면 강들(los ríos) 다음부터 난해해진다. '이제 거의 태양의 빛나는 검(ya casi brillantes espada solar)'이 따라붙는다. '태양의 검'은 강물도, 광선도 될 수 있다. '이제 거의 빛나는'에서 점점 더 강해지는 태양 광선과 함께 물 위에서의 그 영향도 된다. 날이 밝아 올수록 금속성의 광휘가 발산된다. 그것이 '태양의 검'이란 은유로 형상화되었다. 이것이 '생생한 쇠(acero vívido)'와 연계되는데,

강물인지 광선인지 모호하다. 그런데 '너무나 친밀한 누런 기'와 '은빛 얼굴'을 지키고 있단다. '누런 기'는 태양이고 낮이며, '은빛 얼굴'은 달이자 밤이다. 이러면 '쇠'는 '자신의 파도에 몸을 지키는 강들이다. 그런데 '하늘의 광선들' 역시 빛나는 '파도들'을 던지고 동틀 녘의 시간과 달과 태양의 빛에 참여한다. 이렇게 검과 쇠의 이미지가 도구와 물질로서 상응하며 관계되어 대상들 모두를, 아니면 대상들 각각을 언급하고 있다. 이것으로도 부족한지 '눈물 없이'가 나온다. 눈물이라면 보통 슬픔이나 고통의 상징이다. 그러니까 여기서는 그러한 것이 없으니 '행복'을 의미할 수 있다. 해가 뜨고, 그 빛에 사물들이 자신의 모습을 드러내는 시간에 행복이 흐르고 있다. 이렇게 '낙원의 그림자'는 행복했던 유년 시절에 대한 꿈과 잠재의식에서 나온 복잡한 이미지들의 나열을 통해 알지도 못한 채 이상향으로 기억하던 에덴에 대한 이야기이다. 성경에서 형제살인으로 아벨이 죽고, 그의 죽음 뒤에 낙원을 상실하듯이 시인의 『낙원의 그림자』는 동족 살상인 스페인 내란으로 인한 시인의 낙원의 상실, 즉 그림자로 해석될 수 있을 것이다.

이렇게 자연을 구성하는 밤, 여명, 빛, 바다, 땅, 그리고 그곳의 거주자인 인간들에 대한 이야기를 풀어놓는 시인은 세비야에서 태어나 말라가에서 행복한 유년기를 보냈다. 마드리드로 옮겨와 무역과 법을 공부했다. 상업학교에서 상법을 가르치고 산업체에서 근무했지만 건강상의 문제로 모든 활동에서 물러나 시골에서 요양 생활을 해야 했다. 시골에서 생활하면서 시인으로서의 길을 걷게 된다. 1929년 『대지의 열정Pasión de la tierra』, 1931년 『입술로서의 검Espadas como labios』, 1933년에는 『파괴냐 사랑이냐La destrucción o amor』로 스페인 문학상을 받고, 1949년에는 스페인 한림학회 회원이 된다. 1963년과 1969년에는 비평 상을 받는다. 1940년에는 늘 함께했던 아버지의 죽음으로 시인의 눈은 우주에서 인간으로 넘어온다. 시가 다시 아름다워질 뿐만 아니라 열정과 문제로서의 시를 다시 회복할 필요성을 절감한다. 빛과 희망과 도덕을 향한 투쟁으로서의 시를 말한다. 이때 나온 작품이 1944년의 『낙원의 그림자』이다. 이어 1945년에 발표한 『심장의 역사Historia del corazón』는 고립된 한 개인으로서의 인간이 아니라 공동체의 구성원으로서의 인간에게 향해 있다. 존재의 두 축인 인간과 우주의 거대한 신비를, 그리고 작지만 위대한 인간 마음의 신비를 형이상학적, 윤리적으로 다루고 있다. 1958년에서 1965년 사이에 쓴 시들을 모은 『이름 있는 초상화들Retratos con nombre』이 출간되고, 1968년에는 『소진의 시들Poemas de consumación』 그리고 마지막으로 『인식의 대화들Diálogos del conocimiento』(1974)이 세상에 나왔다. 만성 신장염과 심각한 시각장애로 위협받은 시인은 고통 속에 1984년 12월에 사망한다. 그러기 7년 전, 1977년 『파괴냐 사랑이냐』로 노벨 문학상이 수여되었다. 이 작품에는 시인의 범신론이 물아일치의 정수로서 드러난다. 나를 완전히 죽이는 것, 종교적으로 철학적으로 자아를 완전히 죽이는 것이 사랑이고 이 사랑으로 세상은 합치, 통일을 이룬다 한다.

그녀로의 일치	Unidad en Ella
내 손 사이로 흐르는 행복한 육체,	Cuerpo feliz que fluye entre mis manos,
사랑받는 얼굴, 그곳에서 나는 세상을 관조한다,	rostro amado donde contemplo el mundo,
그곳에서 우아한 새들은 잊을 게 전혀 없는 지 [역으로	donde graciosos pájaros se copian fugitivos,
날면서 도망치듯 자기 복제를 한다.	volando a la región donde nada se olvida.
너의 외적 모습, 금강석이 아니면 단단한 루비,	Tu forma externa, diamante o rubí duro,
내 손 사이에서 빛나는 태양의 광휘,	brillo de un sol que entre mis manos deslumbra,
자신의 친밀한 음악으로, 네 이빨들의 그 판독 [할 수 없는	cráter que me convoca con su música íntima,
부름으로 나를 소환하는 분화구.	con esa indescifrable llamada de tus dientes.
내 자신을 던지기 때문에, 죽고 싶기 때문에,	Muero porque me arrojo, porque quiero morir,

불 속에 살고 싶기 때문에, 이 외부의 대기가
나의 것이 아니라 가까이 다가가면 태우고
밑바닥으로부터 내 입술을 노랗게 물들이
[는 뜨거운 호흡이기에 나는 죽는다.

porque quiero vivir en el fuego, porque este aire de
[fuera
no es mío, sino el caliente aliento
que si me acerco quema y dora mis labios desde un
[fondo.

내버려 둬, 사랑에 물들어 네 자줏빛 삶으로
붉어진 얼굴을 바라보도록 내버려 둬,
내가 죽고 영원히 살기를 포기하는,
네 내장의 심오한 외침을 보도록 해 줘.

Deja, deja que mire, teñido del amor,
enrojecido el rostro por tu purpúrea vida,
deja que mire el hondo clamor de tus entrañas
donde muero y renuncio a vivir para siempre.

사랑 아니면 죽음을 난 원해, 완전히 죽고 싶어,
네가 되고 싶어, 그 으르렁거리는 용암인,
과격한 아름다운 사지를 가둔 채 관개하면서
그렇게 삶의 아름다운 한계를 느끼는 네 피
[가 되고 싶어.

Quiero amor o la muerte, quiero morir del todo,
quiero ser tú, tu sangre, esa lava rugiente
que regando encerrada bellos miembros extremos
siente así los hermosos límites de la vida.

느릿한 가시처럼, 거울이 되어 나르는
어느 바다처럼, 어느 날개의
광휘처럼 네 입술에 있는 이 입맞춤은
아직은 손, 네 스치는 머리카락의 복습,
복수의 빛이 탁탁대는 소리,
빛, 아니면 내 목을 위협하는,
하지만 절대로 이 세상의 통일을 파괴할 수 없
[을 치명적인 칼.

Este beso en tus labios como una lenta espina,
como un mar que voló hecho un espejo,
como el brillo de un ala,
es todavía unas manos, un repasar de tu crujiente pelo,
un crepitar de luz vengadora,
luz o espada mortal que sobre mi cuello amenaza,
pero que nunca podrá destruir la unidad de este
[mundo.[31]

자연에게 바치는 노래이며, 『파괴냐 사랑이냐』란 제목이 말하듯 사랑을 통하여 인간의 고독을 부수고 우주의 품에서 가공스러운 소통을 이루고자 갈망하는 시이다. 시인은 호르헤 기옌의 '잘 만들어진' 세상을 노래하지 않는다. 이 생에서의 지상의 낙원이 아니다. 우리 자신을 버리지 않는다면 에덴동산은 없다. 인간이 태어나기 전일 수도, 죽음 이후일 수도, 아니면 살면서 갖는 낙원에 대한 향수이다. 시인의 문체는 세 가지 단계를 거친다. 꿈과 무의식 세계를 그린 초현실주의에서, 유년기, 청년기, 노년기로 잠수하여 시적으로 승화시킨 사실주의를 거쳐 격언과 철학적 유형으로 나아간다. 이러한 시인의 작품들은 1939년 이후 세대에 많은 영향을 주었다.

세사르 바예호

César Vallejo, 1892, 페루-1938 파리

20세기의 가장 위대한 시인, 진정한 시인이라는 평가를 받는 파블로 네루다는 세사르 바예호의 시를 두고 난해하고 야생 동물 가죽처럼 우둘투둘하지만 초인간적인 차원을 담아 내고 있어 웅장한 멋이 있다고 한다. 중남미 아방가르드 문학을 대표하는 페루 시인으로 시집 『슬프고도 달콤한Trilce(Triste+dulce)』(1922)에 담긴 시를 보면 네루다의 말이 영락없다. 스페인어로 쓰인 시 중 가장 어려운 시 모음집이 틀림없다. 그 어려움은 초현실주의의 것이라기보다 오히려 바로크적이다. 시인의 말에 따르면 단어는 사물을 칭하기에 충분하지가 않다. 오히려 사물을 인식하기 어렵게 만드는 존재이다. 보통 인간은 말을 통해 사건이나 대상을 전달하며 소통하는데, 말에 이러한 지시적 기능이 없다며 시인은 아예 말 자체를 부수어 버린다. 시집 제목부터 그렇다. 이렇게 사전에 나오지 않는 단어들로 시를 쓰니 번역하면 그 맛을 잃는다. 더 있다. 문장의 파열, 내용 없는 신조어, 회피성 지명(指名), 제유법, 자기만족용 용어 등으로 시인은 생각하는 바를 말하는 게 아니라 말해진 것을 취소하고 있는 듯하다. 그래서 말이 존재의 집이라고 생각하는 사람들에게 시인의 이러한 시는 엉뚱하고 허황하기 짝이 없다. 이렇게 시인의 언어는 존재 밖에 있는 것으로 그저 새로운 흔적일 뿐이다. 시인은 그러한 자유로운 어휘의 유희를 자신의 사랑과 감방에서의 경험 등, 삶의 소소한 일로 즐기고 있고, 독자는 이해가 아니라 무엇인가를 상기해 내야 한다. 인간 나날의 평범한 경험을 반수사학적으로 그려 내고 있는 아래 시는 감옥 생활에서 반공개적이자 의무적으로 해야 하는 배설

에 대한 이야기[32]이다.

I

누가 그토록 난리 법석을 만드는지, 그러면서 남겨지는
섬들을 말소하도록 하지는 않는지.

늦어지거나, 이를 때든 모든 경우
조금만 더 많은 배려,
그러면 구더기는
좀 더 잘 정제될 것인데. 섬의 심장에다
짭짤한 콘, 매 유리 같은
엉덩이에
원치 않은 건배를 드는
단순한 회계 감방 변소.

조금만 더 많은 배려,
그리고 액체 비료, 오후 6시.
가장 교오한 내림표들의

그리고 반도는
균형의 목숨을 건 줄로
동요 없이, 말의 입에 마개를 한 채 서 있다.

Quién hace tanta bulla, y ni deja
testar las islas que van quedando.

Un poco más de consideración
en cuanto será tarde, temprano,
y se aquilatará mejor
el gusano, la simple calabrina tesórea
que brinda sin querer,
en el insular corazón,
salobre alcatraz, a cada hialóidea
grupada.

Un poco más de consideración,
y el mantillo líquido, seis de la tarde
DE LOS MAS SOBERBIOS BEMOLES

Y la península párase
por la espalda, abozaleada, impertérrita
en la línea mortal del equilibrio.

—『슬프고도 달콤한』 중에서[33]

대중 반란에 가담했다는 죄목으로 1920년 11월 6일부터 이듬해 2월까지 약 112일 동안 트루히요 감옥에 갇혀 있었던 동안의 경험을 시로 옮긴 것으로 추정된다. 생리적인 자연현상인 내장을 비우는 일에 대한 이야기이다. 죄수들은 아침, 저녁 하루 4번 일을 해결하도록 단체로 감방에서 끌려 나와 변소로 간다. 이 일을 담당한 간수들은 거친 언사로 죄수들이 빨리 일을 마치기를 종용하며 닦달할 것이다. 일을 보고 있는 죄수 뒤로는 줄지어 순서를 기다리는 이들이 있을 것이다. 세사르의 조어 모습은 케베도를 상기시킨다.

물론 이러한 시만 있는 건 아니다. 시인이 스페인 내전에 맞서 치열한 싸움을 벌인 노래와 삶에 대한 무수한 흔적들이 초인간적인 차원으로 불린 노래도 있다. 삶에는 저항의 충격이 있고, 그 충격은 죽음을 불러올 수도 있지만 고통은 달콤하고, 거짓은 잔인하여 인간의 환상을 부숴 버린단다. 슬픔은 삶의 비통함을 눈물로 흐르게 하고 모욕적인 말과 경멸과 무모함이 인간을 고통으로 죽게 한단다. "살다 보면 정말 지독한 충격들"이고 그것은 "죽음이 우리에게 보내는 검은 전령들"이다. 그래서 시인에게는 다양한 이유로 믿을 수 있는 것과 아닌 것이 가려진다. 다마소처럼 일상 사용하는 구어체를 시로 가져왔고, 신선한 은유로 신조어까지 포함시킨 이러한 시에는 난해함과 함께 대중성이 공존하고 있다.

안경은 신뢰하지만 눈은 아니야…	Confianza en el anteojo, no en el ojo...
안경은 신뢰하지, 눈은 아니야;	Confianza en el anteojo, no en el ojo;
계단은, 결코 디딤판은 아니야;	en la escalera, nunca en el peldaño;
날개는, 새는 아니야	en el ala, no en el ave
그리고 너만, 오직 너만, 너만을	y en ti sólo, en ti sólo, en ti sólo.
악은 신뢰하지, 악인은 아니야;	Confianza en la maldad, no en el malvado;
컵은, 액체는 결코 아니야;	en el vaso, mas nunca en el licor;

시체는, 인간은 아니야	en el cadáver, no en el hombre
그리고 너만, 오직 너만, 너만을.	y en ti sólo, en ti sólo, en ti sólo.
많은 사람들은 신뢰하지만, 이제 한 인간은 아니야;	Confianza en muchos, pero ya no en uno;
하천의 바닥은, 결코 흐름은 아니야;	en el cauce, jamás en la corriente;
양말은, 다리는 아니야	en los calzones, no en las piernas
그리고 너만, 오직 너만, 너만을.	y en ti sólo, en ti sólo, en ti sólo.
창문을 신뢰하지, 문은 아니야;	Confianza en la ventana, no en la puerta;
어머니는, 그러나 아홉 달은 아니야;	en la madre, mas no en los nueve meses;
운명은, 황금의 주사위는 아니야	en el destino, no en el dado de oro,
그리고 너만, 오직 너만, 너만을.	y en ti sólo, en ti sólo, en ti sólo

—『인간의 시들Poemas humanos』 중에서[34]

1937년 말에 쓴 아래 작품은 시인 사후 1939년에 발간되었다. 동명의 시집 마지막에 실린 것으로 1936년에 발발한, 서로 다른 이념 때문에 형제 간에 서로 총을 겨누었던 피비린내 나는 스페인 내전에 영감을 받아 쓴 것이다. 작품 제목은 성서의 마태복음 26장 39구절, "내 아버지여 만일 할 만하시거든 내 잔을 내게서 거두게 하옵소서"에서 갖고 왔다. 아버지 하느님이 인간의 죄를 대속할 진노의 잔을 그리스도에게 내렸을 때 올렸던 기도이다. 작품은 전장으로 떠나는 공화당파 군인을 고통받는 그리스도와 동일시하고 있다. 그렇다고 전투에 임하는 전사를 찬양하는 시가 아니다. 한 민족의, 동족상잔의 비극을 보며 느낀 고뇌와 전쟁에서 지더라도 그 전쟁으로부터 새로운 부활이 있기를 고대하는 시이다. 전쟁은 1939년에 끝났고, 시인은 1938년 4월 15일에 사망했다. 하지만 시인은 반란의 주체인 프랑코 군대가 공화당파를 무너뜨리고 승리할 것을 알고 있었던 듯하다. 아래 시에서 "세상의 어린아이들"을 부르는 대목으로 알 수 있다.

스페인이여, 이 잔을 내게서 거두소서	España, Aparta de mí este cáliz
세상의 어린아이들이여,	Niños del mundo,
만일 스페인이 쓰러진다면 - 내 말이, 그러니까 [말인데 -	Si cae España -digo, es un decir-
대지의 금속판 두 개가	si cae
고삐처럼 붙잡고 있던 그의 팔뚝이 하늘에서 아래로	del cielo abajo su antebrazo que asen,
떨어진다면;	en cabestro, dos láminas terrestres;
어린아이들이여, 오목한 관자놀이들의 나이는 몇 [살이 되겠는가!	niños, ¡qué edad la de las sienes cóncavas!
너희들에게 말하곤 했던 것이 태양에겐 얼마나 이 [르겠는가!	¡qué temprano en el sol lo que os decía!
너희들의 가슴에 늙은 소음이 얼마나 빠르겠는가!	¡qué pronto en vuestro pecho el ruido anciano!
공책에 너희들의 2는 얼마나 늙게 되겠는가!	¡qué viejo vuestro 2 en el cuaderno!
세상의 어린아이들이여, 어머니	¡Niños del mundo, está
스페인이 등에 자기의 배를 지고 있단다;	la madre España con su vientre a cuestas;
우리의 선생님이 회초리를 들고 있단다,	está nuestra maestra con sus férulas,
어머니이자 선생님이 있단다,	está madre y maestra,
십자가와 나무가 있단다. 너희들에게 키를,	cruz y madera, porque os dió la altura,
현기증을 주고 나누기와 덧셈을 주었거든, 어린 [아이들아;	vértigo y división y suma, niños;

소송의 부모들이 스페인과 같이 있단다!

está con ella, padres procesales!

만일 쓰러진다면, -내 말이, 그러니까 말인데-
[만일 스페인이
땅 밑으로 떨어진다면,
어린아이들아, 어떻게 성장하는 것을 멈출 건가!
해가 달을 어떻게 벌할거나!
이빨들이 열 개로
이중모음이 막대기 글자로, 메달이 통곡으
[로 어떻게 머물게 될까나!
어떻게 새끼양이 위대한 잉크병에
다리가 묶인 채 계속 있을거나!
어떻게 너희들은 고통이 탄생된
글자까지 알파벳의 층계를 내려갈거나!

Si cae -digo, es un decir- si cae
España, de la tierra para abajo,
niños, ¡cómo vais a cesar de crecer!
¡cómo va a castigar el año al mes!
¡cómo van a quedarse en diez los dientes,
en palote el diptongo, la medalla en llanto!
¡Cómo va el corderillo a continuar
atado por la pata al gran tintero!
¡Cómo vais a bajar las gradas del alfabeto
hasta la letra en que nació la pena!

어린아이들이여,
전사들의 자식들이여, 그러는 동안
목소리를 낮춰!, 스페인은 바로 지금 에너지를
동물의 왕국, 작은 꽃들, 혜성들과 인간
[들 사이로 분배하고 있거든.
사이로 분배하고 있거든.
목소리를 낮춰! 무엇을 해야 하는지도 모른 채
큰 가혹함에 있거든. 그리고 그 손에
말하고 있는 해골이 있거든,

Niños,
hijos de los guerreros, entre tanto,
bajad la voz, que España está ahora mismo repartiendo
la energía, entre el reino animal,
las florecillas, los cometas y los hombres.
¡Bajad la voz, que está
con su rigor, que es grande, sin saber
qué hacer, y está en su mano

말하고 또 말하는,
해골이, 꼰 끈의 해골이
해골이, 삶의 해골이!

la calavera hablando y habla y habla,
la calavera, aquélla de la trenza,
la calavera, aquélla de la vida!

목소리를 낮추라고, 내가 너희들에게 말하잖아;
목소리를, 음절로 된 노래를, 물질의
통곡을, 그리고 피라미드의 작은 소리, 그리고 두 개
[의 돌멩이로 움직이는 관자놀이의 소리 까지도!
숨을 죽여, 그리고 만일
팔뚝이 내려간다면,
만일 나무주걱들 소리가 난다면, 만일 밤이라면,
만일 하늘이 대지의 두 가장 자리 안으로 들어간다면,
문소리에 소음이 있다면,
내가 늦는다면,
만일 너희들이 볼 사람이 아무도 없다면, 심 없는
연필들이 너희들을 놀라게 한다면, 만일 어머
[니 스페인이
떨어진다면 - 내 말이, 그러니까 말인데 -
세상의 어린아이들아 나와; 스페인을 찾으러 가!

¡Bajad la vos, os digo;
bajad la voz, el canto de las sílabas, el llanto
de la materia y el rumor menor de las pirámides,
[y aún el de las sienes que andan con dos piedras!
¡Bajad el aliento, y si
el antebrazo baja,
si las férulas suenan, si es la noche,
si el cielo cabe en dos limbos terrestres,
si hay ruido en el sonido de las puertas,
si tardo,
si no veis a nadie, si los asustan
los lápices sin punta, si la madre
España cae -digo, es un decir-
salid, niños del mundo; id a buscarla!...

— 『스페인이여, 이 잔을 내게서 거두소서』 중에서[35]

시인은 내전을 보며 인간 간의 결속력과 동정과 자비를 요구한다. 죽음을 극복하기 위한 기적은 바로 그것들에 있음을 「군중Masa」에서 일러 주고 있다.

전투 끝에,

전투원이 죽자 그에게로 한 사내가 와

그에게 말했다: "죽지 마, 난 너를 너무 사랑해!"

하지만 시체는 아! 계속 죽어 가고 있었다.

두 사람이 그에게로 다가와 시체에게 같은 말을 했다:

"우리를 떠나지 마! 용기를 가져! 살아나!"

하지만 시체는 아! 계속 죽어 가고 있었다.

스무 명이, 백 명이, 천 명이, 오십만 명이 시체에게로 와

고함쳤다: "사랑만이, 죽음 앞에서 다른 것은 없어!"

하지만 시체는 아! 죽어 가고 있었다.

수백만 명의 사람들이 똑같은 염원을 갖고

그 시체를 둘러쌌다: "형제여, 가지마!"

하지만 시체는 아! 계속 죽어 가고 있었다.

그러자 지구상의 모든 인간들이

시체를 둘러쌌다. 슬픈 시체는 감동하여 그들을 보고

천천히 몸을 일으켜

첫 사내를 끌어안았다. 그리고 걸어가기 시작했다…

—『스페인이여, 이 잔을 내게서 거두소서』 중에서[36]

파블로 네루다

Pablo Neruda, 1904-1973

칠레의 민중시인이자 외교관이면서 사회주의 정치가로 알려진 파블로 네루다의 본명은 리카르도 엘리에세르 네프탈리 레예스 바소알토Ricardo Eliécer Neftalí Reyes Basoalto로, 파블로 네루다는 필명이다. 13세 때 시인으로 알려진 이후 아주 다양한 방식으로 시를 썼다. 초현실주의 시에서부터 사랑의 시와 선동적인 정치 시에 이르기까지, 감성과 열정을 가득 담은 시인의 시들은 대중의 인기를 누렸고 1971년에 노벨 문학상을 받았다. 첫 작품집 『황혼Crepusculario』(1923)을 시작으로 『스무 편의 사랑의 시와 한 편의 절망의 노래Veinte poemas de amor y una canción desesperada』(1924), 『대지에서의 거주Residencia en la tierra』(1933), 그리고 친구였던 페데리코 가르시아 로르카가 살해당한 뒤 스페인 공화당을 응원하기 위해 '전쟁 중에 있는 민족의 영광에 바치는 노래'라는 부제를 단 『심장에 있는 스페인España en el corazón』을 프랑스에서 집필하기 시작했다. 자신은 공화당파 사람임을 밝히고 스페인 내전의 공포를 그린 작품이다.[37] 같은 해 칠레로 돌아와 정치 사회시를 쓰기 시작했다. 1939년, 스페인 내란이 막을 내릴 때 파리에서 스페인 이민 특별 영사의 직책으로 2천 명의 스페인인들을 칠레로 이주시키는 업무를 담당하기도 했다. 이어 『모두의 노래Canto General』(1950), 1954년, 1956년 그리고 1957년에 발표한 『기본적인 송가들, 새로운 기본적인 송가들, 세 번째 송가집Odas elementales, Nuevas odas elementales, Tercer libro de las odas』 그리고 유작으로 『내가 살았음을 고백한다Confieso que he vivido』(1973)가 있다. 피노체트 장군의 쿠데타로 건강이 악화되어 1973년 9월 23일 칠레에서 사망하자 그의 집은 약탈당하고 책들은 불 속에 던져졌다. 20세기 가장 위대한 시인이자 탁월한 영향력을 행사한 시인 중 하나로 평가받고 있다.

가을의 나비	Mariposa de otoño
나비가 훨훨 날아오르다	La mariposa volotea
-태양과 함께- 때때로 불타오른다.	y arde -con el sol- a veces.
날아다니는 얼룩 그리고 불꽃,	Mancha volante y llamarada,
지금은 자기를 흔드는	ahora se queda parada
잎사귀 위에 멈춰 있다.	sobre una hoja que la mece.
사람들이 내게 말하곤 했다: -넌 아무것도 없어.	Me decían: -No tienes nada.
아프지 않아. 네 생각이 그래.	No estás enfermo. Te parece.
나 또한 그래, 난 아무것도 없어라고 말했지.	Yo tampoco decía nada.
그리고 곡물들의 시간은 흘렀다.	Y pasó el tiempo de las mieses.
오늘 고뇌의 손이	Hoy una mano de congoja
지평선을 가을로 채운다.	llena de otoño el horizonte.
그리고 내 영혼에서까지 잎들이 떨어진다.	Y hasta de mi alma caen hojas.
사람들은 내게 말하곤 했어: -넌 아무것도 없어.	Me decían: -No tienes nada.
아프지 않아. 네 생각이 그래.	No estás enfermo. Te parece.

이삭의 시간이었다.
태양. 지금
회복한다.

Era la hora de las espigas.
El sol. ahora,
convalece.

삶에서 모든 것은 가 버린다네, 친구들이여.
가 버리든지 사그라들든지.

Todo se va en la vida, amigos.
Se va o perece.

너를 이끌던 손이 가네.
가 버리든지 사그라들든지.

Se va la mano que te induce.
Se va o perece.

네가 뜯을 장미가 가네.
네게 맞출 입도.

Se va la rosa que desates.
También la boca que te bese.

물, 그림자 그리고 잔.
가 버리든지 사그라들든지.

El agua, la sombra y el vaso.
Se va o perece.

이삭의 시간은 지났다.
태양은, 지금, 회복한다.

Pasó la hora de las espigas.
El sol, ahora, convalece.

태양의 미지근한 혀가 나를 감싸네.
또한 내게 말하지: – 네 생각이 그래.

Su lengua tibia me rodea.
También me dice: -Te parece.

나비가 날아오르다,
훨훨 날더니

La mariposa volotea,
revolotea.

사라져 버리네.

y desaparece.

—『황혼』 중에서[38]

가을의 나비를 통해 추억하는 시가 가을의 분위기마냥 쓸쓸하다. 나비가 날다 날다 사라져 버린다. 인간 역시 시간이 흘러감에 따라 젊음은 가고 죽음이 찾아든다. 젊음이 빛나고 날아다니는 나비에 비유되어 시간이 흘러 세월과 함께 가 버리듯, 인생도 늙어 사그라져 버린다. 상실감이 인다.

별의 송가

Oda a una estrella

높디높고 슬픈 어느 마천루 테라스에서
밤에
머리를 내밀어 난
밤의 둥근 천장을 만질 수 있었고
그리고 흔치않은 사랑의 행위로
하늘의 별 하나를 수중에 넣었지.

Asomado a la noche
en la terraza
de un rascacielos altísimo y amargo
pude tocar la bóveda nocturna
y en un acto de amor extraordinario
me apoderé de una celeste estrella.

밤은 어두웠고
난 거리로
미끄러져 나왔지.
주머니에 훔친 별을 가지고 말이야.
전율하는 유리
같았고
별안간

Negra estaba la noche
y yo me deslizaba
por la calle
con la estrella robada en el bolsillo.
De cristal tembloroso
parecía
y era

얼음으로 된 소포나
허리띠에 대천사의
검을 갖고 있는 것
같았어.

두려운 난
별을
어느 누구에게도 들키지 않으려고
침대 밑에 숨겼지.
하지만 별빛이
먼저
침대 매트의 천을
그러고 나서
천정을
내 집의 지붕을
관통했어.

가장 개인적인 업무들이
내겐
불편해
졌어.

밤에 돌아가기를
원하는 것마냥 고동치는

de pronto
como si llevara
un paquete de hielo
o una espada de arcángel en el cinto.

La guardé
temeroso
debajo de la cama
para que no la descubriera nadie,
pero su luz
atravesó
primero
la lana del colchón
luego
las tejas,
el techo de mi casa.

Incómodos
se hicieron
para mí
los más privados menesteres.

Siempre con esa luz
de astral acetileno

천체의 아세틸렌의
그 빛과
늘 함께하니
내가 해야 할 일들에
신경을 쓸 수가 없었고,
돈을 지불해야 할 일도 잊었고
빵도 식량도 없이 남게 되어 버렸지.

한편 거리에서는
내 창문으로부터 경이로운
광휘가 나오는 것을
본 행인이나, 세상의
장사치들이
분명 그 빛에
이끌려 난리가 났어.

그래서 난
다시 내 별을
집어 들어
조심스럽게
그것을 내 손수건으로 쌌어,
그러고는 사람들에게 숨겨
들키지 않고 지나갈 수 있었어.

que palpitaba como si quisiera
regresar a la noche,
yo no podía
preocuparme de todos
mis deberes
y así fue que olvidé pagar mis cuentas
y me quedé sin pan ni provisiones.

Mientras tanto, en la calle,
se amotinaban
transeúntes, mundanos
vendedores
atraídos sin duda
por el fulgor insólito
que veían salir de mi ventana.

Entonces
recogí
otra vez mi estrella,
con cuidado
la envolví en mi pañuelo
y enmascarado entre la muchedumbre
pude pasar sin ser reconocido.

난 서쪽으로,
베르데 강으로 향했지.
그곳 버들 아래는
맑고 고요해.
난 차가운 밤의 그 별을 집어서는
부드럽게
물 위로 던졌지.

그리고 밤의 강에서
자신의 금강석 몸을
용해를 하지 않는 물고기마냥
움직여
멀어져 가도
날 놀라게 하지 못했어.

Me dirigí al oeste,
al Río Verde,
que allí bajo los sauces
es sereno.
Tomé la estrella de la noche fría
y suavemente
la eché sobre las aguas.

Y no me sorprendió
que se alejara
como un pez insoluble
moviendo
en la noche del río
su cuerpo de diamante.

—『세 번째 송가집』 중에서[39]

시인은 이러한 송가를 벌, 8월, 미역, 참치, 길, 살구, 초록 색, 달리아, 파도, 오렌지, 나비, 신체의 일부인 간 등등 우리 삶의 주변에서 만날 수 있는 모두에게 바친다. 뛰어난 직관과 엄청난 서정미와 그만의 독창적인 은유로 최고의 시인으로 칭송되어 후대 수많은 시인들의 스승이 되는 데 부족함이 없어 보인다.

50년대 세대

가브리엘 셀라야

블라스 데 오테로

호세 이에로

가브리엘 셀라야

Gabriel Celaya, 1911-1991

가브리엘 셀라야는 스페인 북부 바스크 지역의 기푸스코아에서 태어나 마드리드에서 공학을 공부했다. 산 세바스티안에서 살다가 1956년에 거처를 마드리드로 옮겼다. 작품으로 『이베리아의 노래들Cantos íberos』(1955)이 있고, 『명명백백하게De claro en claro』(1956)로 시 분야에서 비평 상을 받았다. 『좋은 아침, 좋은 밤Buenos días, buenas noches』(1976)도 있다. 시인의 대표작은 50년대 사회시의 원형을 대변한다. 40년대 회피문학이었던 가르실라소풍의 형식적인 아름다움과 종교적 열광과 달리 셀라야는 독자의 의식을 깨우는 도구는 시어에 있다고 판단하여 사치나 장식으로서의 시는 거부한다. 말로써 독재의 불의와 싸우기를 제안하고 있다. 당연히 시가 쉽고 시어는 단순하다. 시인의 중심되는 사상을 대변하는 시가 다음에 소개되는 「시는 미래를 짊어진 무기이다」이다.

시는 미래를 짊어진 무기이다	La poesía es un arma cargada de futuro
개인적으로 흥분할 일이 이제 기대되어지 [지 않을 때,	Cuando ya nada se espera personalmente exaltante,
하지만 어둠을 때리는 맥박처럼	mas se palpita y se sigue más acá de la conciencia,
양심이 격렬하게 존재하고 맹목적으로 수긍하고	fieramente existiendo, ciegamente afirmando,

동요하면서 더 가까이 따라붙을 때,

죽음의 현기증 나는 맑은 눈들이 당당하게
서로 바라볼 때
진실은 말해진다:
야만적이고, 으스스하고, 사랑스러운 잔인함들이.

지나치다고 느끼는 그 무엇을 위한 법을 요구하는,
리듬을 요구하는,
존재를 요구하는, 질식한 수많은 폐들을
확장하는 시들이 말해진다.

본능의 속도로,
경이로움의 광선으로,
마술적 증거처럼 현실적인 것이 우리에게
자기 자신과 동일한 것으로 변한다.

가난한 자를 위한 시, 일용할 양식처럼
필요한 시,
분당 열세 배 우리가 요구하는 공기로서의 시,
존재하기 위한 시, 그리고 그러는 동안 우리는 시
[가 영화롭게 한다는 것을 받아들인다.

como un pulso que golpea las tinieblas,

cuando se miran de frente
los vertiginosos ojos claros de la muerte
se dicen las verdades:
las bárbaras, terribles, amorosas crueldades.

Se dicen los poemas
que ensanchan los pulmones de cuantos, asfixiados,
piden ser, piden ritmo,
piden ley para aquello que sienten excesivo.

Con la velocidad del instinto
con el rayo del prodigio,
como mágica evidencia, lo real se nos convierte
en lo idéntico a sí mismo.

Poesía para el pobre, poesía necesaria
como el pan de cada día,
como el aire que exigimos trece veces por minuto,
para ser y en tanto somos dar un sí que glorifica.

왜냐하면 우리는 이어 살아가기 때문이고, [왜냐하면 우리가 누구인지를	Porque vivimos a golpes, porque apenas si nos dejan
말하는 일을 그만둔다면 그 즉시	decir que somos quien somos,
우리의 노래는 죄 없는 장식이 될 수가 없 [기 때문이다.	nuestros cantares no pueden ser sin pecado un adorno.
우리는 미루어 보며 있다.	Estamos tocando el fondo.
자기는 잘못이 없다며 모른 척하고 회피하는	Maldigo la poesía concebida como un lujo
중도주의자들에	cultural por los neutrales
의한 문화적 사치로서의 시를 난 용납할 수 [가 없다.	que, lavándose las manos, se desentienden y evaden.
난 명예가 더럽혀질 정도로까지 색깔이 없 [는 사람의 시를 저주한다.	Maldigo la poesía de quien no toma partido hasta [mancharse.
부족함을 난 내 것으로 한다. 난 고통받는 자들 [을 모두 내 안에서 느낀다.	Hago mías las faltas. Siento en mí a cuantos sufren
그리고 한숨 쉬며 노래한다.	y canto respirando.
노래하고 노래한다. 그리고 나 개인적	Canto, y canto, y cantando más allá de mis penas
고통 저 너머로 노래하면서 나는 팽창한다.	personales, me ensancho.
그대들에게 생명을 주고자, 새로운 행동을 부추 [기고자 하고	Quisiera daros vida, provocar nuevos actos,
그래서 기술적으로 계산한다, 내가 무엇을 할 수 [있을지를.	y calculo por eso con técnica, qué puedo.

난 나를 시의 기술자로, 그리고
다른 이들과 함께 스페인을 담금질하는 노동자
[로 느낀다.

Me siento un ingeniero del verso y un obrero
que trabaja con otros a España en sus aceros.

내 시는 그런 게다: 시는 도구이며 동시에
모두 일치된 것이자 장님의 맥박.
그렇기에, 팽창하는 미래를 짊어진 무기이다.
그것으로 내가 너의 가슴을 겨냥한다.

Tal es mi poesía: poesía-herramienta
a la vez que latido de lo unánime y ciego.
Tal es, arma cargada de futuro expansivo
con que te apunto al pecho.

하나하나 생각으로 우려 낸 시가 아니다.
아름다운 산물도 아니다. 완벽한 결실도 아니다.
우리 모두가 호흡하는 공기 같은 것이며
우리 내부에 갖고 있는 모든 것을 널리 전하
[는 노래이다.

No es una poesía gota a gota pensada.
No es un bello producto. No es un fruto perfecto.
Es algo como el aire que todos respiramos
y es el canto que espacia cuanto dentro llevamos.

우리 모두가 우리의 것으로 느끼며 반복하는
그리고 날아오르는 말들이다. 말은 생각한 것
[이상이다.
말은 가장 필요한 것이다: 이름을 갖는다는 것.
하늘에서의 외침이며 땅에서는 행위이다.

Son palabras que todos repetimos sintiendo
como nuestras, y vuelan. Son más que lo mentado.

Son lo más necesario: lo que tiene nombre.
Son gritos en el cielo, y en la tierra, son actos.

—『이베리아의 노래들』 중에서[1]

블라스 데 오테로

Blas de Otero, 1916-1979

블라스 데 오테로는 바스크의 빌바오에서 태어나 마드리드에서 고등과정을 이수하고 법학을 전공했다. 초기 시는 신에 대한 허기로 특징된다. 비참한 현실 앞에 침묵만 지키고 있는 신때문에 삶이 너무나 쓰다. 연인을 통해 신의 존재를 불러내고 싶지만 사랑 뒤에 남는 건 두 사람의 깊은 고독뿐이다. 만연한 적의와 이해할 수 없는 세상에서 억압받고, 고독과 허무와 불안과 두려움과 고통과 삶과 죽음의 고뇌로 쥐어뜯겨 유일한 구원책으로 신을 찾지만 이마저 불가능한 인간 존재를 관망한다. 이렇게 신과 인간과 세상에 대해 노래하던 시인은 사회의 불의 앞에서 자신의 양심을 토로한다. 나에게서 우리에게로, 개인적인 문제에서 모두의 문제로서의 평화와 정의를 노래한다. 마지막으로는 스페인을 염려한다. 조국에 평화와 정의와 자유가 정착되기를 갈망한다. 늘 언어를 조탁하고 시어를 혁신하며 자유시와 장시 및 소네트와 같은 고전 양식도 차용하여 표현력을 높인다. 1950년의 『거칠게 인간적인 천사Ángel fieramente humano』를 이어 1951년의 『양심의 배가Redoble de conciencia』, 1955년의 『난 평화와 말을 요구한다Pido la paz y la palabra』, 1962년의 『거대한 다수를 향하여Hacia la inmensa mayoría』, 1963년의 『이것은 책이 아니야Esto no es un libro』, 1964년의 『스페인을 말하다Que trata de España』, 1974년의 『운문과 산문Verso y prosa』 그리고 1977년의 『나의 모든 소네트Todos mis sonetos』가 대표적이다.

거대한 다수에게

A la inmensa mayoría

여기 여러분들은 노래와 영혼으로
사랑했고, 살았고, 내부로는 죽었고
어느 한 날 거리로 내려갔던 자, 그래서
이해했고, 자기의 모든 시를 찢어 버린 남자를 보고 있소.

Aquí tenéis, en canto y alma, al hombre
aquel que amó, vivió, murió por dentro
y un buen día bajó a la calle: entonces
comprendió: y rompió todos sus versos.

그렇고, 그랬습니다. 어느 한 날 밤
사랑에 도취하여 어디로 가는지도 모른 채
도망가면서 대기가 시체의 악취를 풍기지 않을 곳으로
눈으로 거품을 내뿜으며 나갔지요.

Así es, así fue. Salió una noche
echando espuma por los ojos, ebrio
de amor, huyendo sin saber adónde:
adonde el aire no apestase a muerto.

평화의 막사, 흔들린 요람의 텐트들,
바람을 부르듯 그의 팔들이었지요;
온몸으로 흐르는 가슴에 맞선 피의 물결,
어마어마한 증오의 물결들을 보라구요.

Tiendas de paz, brizados pabellones,
eran sus brazos, como llama al viento;
olas de sangre contra el pecho, enormes
olas de odio, ved, por todo el cuerpo.

여기! 오라구요! 아! 수평의 비행으로
하늘을 가르는 지독한 천사들;
으스스한 금속 물고기들이 바다의
등을, 항구에서 항구로 거닐고 있다오.

¡Aquí! ¡Llegad! ¡Ay! Ángeles atroces
en vuelo horizontal cruzan el cielo;
horribles peces de metal recorren
las espaldas del mar, de puerto a puerto.

난 내 모든 시를 죽은 한 인간 때문에
바치오. 여러분은 여기, 나의 최후의 의지를

Yo doy todos mis versos por un hombre
en paz. Aquí tenéis, en carne y hueso,

살과 뼈로 갖고 있다오.
50모년 4월 11일에, 빌바오.

mi última voluntad. Bilbao, a once
de abril, cincuenta y tantos.

—『난 평화와 말을 요구한다』 중에서[2]

다음의 시는 인간이 갖는 어떠한 종류의 한계에도 맞서는 말이 갖는 보상적인 힘을 간단하고도 종합적으로 보여 주고 있다. "내겐 말이 남는다"란 구절이 반복됨으로써 시인의 해결할 길 없는 갈증이 그 강도를 더한다. 조국의 진정한 이름을 말하려면 입술이 찢겨야만 하는, 그러기까지 헛되이 보낸 시간들에 대한 후회가 가슴을 친다. 『난 평화와 말을 요구한다』가 왜 프랑코 정부의 검열에 걸려 판매 금지가 되었는지 이해된다.

태초에

내가 목숨을, 시간을, 반지처럼
물에 던져 버린 그 모든 것을 잃었다면,
덤불에서 목소리를 잃었다면,
내겐 말이 남는다.

내가 갈증과 굶주림과, 나의 것이었고
아무것도 아닌 것으로 판명된 그 모든 것을 괴로워했다면
내가 말없이 어둠을 베었다면
내겐 말이 남는다.

내가 내 조국의 순수하고도
두려운 얼굴을 보고자 입술을 열었다면
내 입술을 찢을 때까지 입술을 열었다면

En el principio

Si he perdido la vida, el tiempo, todo
lo que tiré, como un anillo, al agua,
si he perdido la voz en la maleza,
me queda la palabra.

Si he sufrido la sed, el hambre, todo
lo que era mío y resultó ser nada,
si he segado las sombras en silencio,
me queda la palabra.

Si abrí los labios para ver el rostro
puro y terrible de mi patria,
si abrí los labios hasta desgarrármelos,

내겐 말이 남는다.

me queda la palabra.

—『난 평화와 말을 요구한다』 중에서[3]

사랑의 들판

내가 만일 죽으면 난 목숨과
평화를 위해 싸우며 살았음을 알기 바라오.
고작 내가 펜으로 할 수 있었던,
내 노래를 칭찬해 주기 바라오.

내가 만일 죽으면 난 뒤에 올
사람들에게 시간을 건네주려 태어났기 때문일 게요.
우리는 모든 이들 사이, 그 사람을
그 자의 자리에다 내버려 둘 것이라고 난 믿으오.

내가 만일 죽으면, 이제 난 경이로움도
밀밭도 보지 못할 걸 안다오.
난 흔적을 거둬들였으니, 이것으로 난 충분하오.
다른 이들이 가려 낼 것이오.

내가 만일 죽으면, 다른 이들은 여러분들에게
발코니를 활짝 열어 주기 전에는 죽지 말기를.
한 어린아이가, 아마도 한 어린아이가 나의
투명한 가슴을 바라보고 있다오.

Campo de amor

Si me muero, que sepan que he vivido
luchando por la vida y por la paz.
Apenas he podido con la pluma,
apláudanme el cantar.

Si me muero, será porque he nacido
para pasar el tiempo a los de atrás.
Confío que entre todos dejaremos
al hombre en su lugar.

Si me muero, ya sé que no veré
naranjas de la china, ni el trigal.
He levantado el rastro, esto me basta.
Otros ahecharán.

Si me muero, que no me mueran antes
de abriros el balcón de par en par.
Un niño, acaso un niño, está mirándome
el pecho de cristal.

—『스페인을 말하다』 중에서[4]

호세 이에로

José Hierro, 1922-2002

호세 이에로는 마드리드에서 태어나 유년기와 청년기를 산탄데르에서 살았다. 마드리드에 거주하며 출판사에서 일했다. 이 시대를 지배하는 경향과는 달리 개인주의자로 불릴 만큼 시작법에서나 시어 창조에 놀랄 만한 면모를 보여주며 사회시가 절정에 달할 때 인간에 대한, 자신 주변에 대한 염려를 거의 이야기체로 증거한 시인이다. 그래서 그의 표현은 단순하다. 시인은 말한다. "내 시는 메마르고 헐벗었다. 이미지도 빈약하다. 난 의미가 충만한 일상어를 선호한다. 시는 거울처럼 매끈하고 맑아야 한다고 나는 생각한다. 그래야 독자가 그 앞에 설 수 있다." 1947년 아도니스 상, 1953년에는 스페인 문학상, 1958년 비평 상을 받았다. 폐허의 조국을 그린 1947년의 『우리들이 없는 대지Tierra sin nosotros』를 시작으로, 같은 해에 앞선 시와 같은 분위기의 『기쁨Alegría』, 실패로 끝난 사랑의 경험에 대한 증거인 1950년의 『돌들과 함께, 바람과 함께Con las piedras, con el viento』, 이전부터 시인을 붙들어 왔던 문제인, 인간들 간의 결속을 탐구하는 1953년의 『42년도의 징집Quinta del 42』, 1953년의 『시 모음집Antología Poética』, 역사와는 동떨어져 상상력을 고취시키는 1957년의 『나에 대해 내가 아는 모든 것Cuanto sé de mí』, 1961년의 『시 전집Poesías completas』, 앞선 시집에 들어 있는 요소들이 정점을 찍는 1964년의 『환각의 서Libro de las alucinaciones』, 1991년의 『비망록Agenda』, 1995년의 『신경 방사선계의 기호들Emblemas neurorradiológicos』과 90년대 말의 『뉴욕의 일지Cuaderno de Nueva York』가 있다.

어느 유미주의자를 위해

아름다운 말의 꽃내음을 맡는 너는
향기 없는 내 말을 이해 못할지도 몰라.
투명한 물을 구하는 너는
나의 붉은 물을 마시지 않을거야.

아름다움의 비행을 좇는 너는,
아마도 결코 어떻게 죽음이 구르고
어떻게 삶과 죽음이 -물과 불- 형제가 되어
우리의 바위를 파내 갈지를 전혀 생각하지 않
[았을 게야.

아득한 죽음의 완성을 위하여
우리를 세공하고 배치하는 삶의 완전함.
그리고 이 밖의 것들, 말, 말 그리고 말들,
아, 경이로운 말들이여!

은 술잔에 와인을 마시는 너는
돌에서 나오는 샘의 길을
알지 못하지. 네 갈증을
잔으로서 네 두 손의 그 맑은 샘물로 풀지 않지.

넌 모든 것을 알기에 모든 것을 잊었어.
넌 네가 이름하는 모든 것들의 동생이 아니라 주
[인이라고 생각하지.

Para un esteta

Tú que hueles la flor de la bella palabra
acaso no comprendas las mías sin aroma.
Tú que buscas el agua transparente
no has de beber mis aguas rojas.

Tú que sigues el vuelo de la belleza, acaso
nunca, jamás pensaste cómo la muerte ronda
ni cómo vida y muerte -agua y fuego- hermanadas
van socavando nuestra roca.

Perfección de la vida que nos talla y dispone
para la perfección de la muerte remota.
Y lo demás, palabras, palabras y palabras
¡ay, palabras maravillosas!

Tú que bebes el vino en la copa de plata
no sabes el camino de la fuente que brota
en la piedra. No sacias tu sed en su agua pura
con tus dos manos como copa.

Lo has olvidado todo porque lo sabes todo.
Tu crees dueño, no hermano menor de cuanto
[nombras.

그리고 넌 그 근원을 잊고(넌 "내 작품"이라고 하잖아)
삶과 죽음이 너의 작품이라는 걸 잊은 게지.

Y olvidas las raíces(«Mi obra», dices), olvidas
que vida y muerte son tu obra.

넌 놀랄 만큼 무질서한 사물들에
제방과 질서를 세우려 땅에 오지 않았어.
사물의 영광에 울타리를 세우지 않고
사물들을 이름 하려고, 사물들과 함께하려고 왔어.

No has venido a la tierra a poner diques y orden
en el maravilloso desorden de las cosas.
Has venido a nombrarlas, a comulgar con ellas
sin alzar vallas a su gloria.

네게 속한 건 아무것도 없어. 모든 게 흘러, 시내야.
그 물들은 너의 덧없는 용수구로 흘러들지.
그리고 그 물들은 단 하나의 강이 되어 너희들
[은 바다로 흘러들지,
시들이 말하듯 "죽는 것이야".

Nada te pertenece. Todo es afluente, arroyo.
Sus aguas en tu cauce temporal desembocan.
Y hechos un solo río os vertéis en el mar,
«que es el morir», dicen las coplas.

넌 질서를 세우고 제방을 놓으려 온 게 아니야.
일시적인 너의 물로 맷돌을 찧도록 하려고 온 거야.
너의 목적은 네 자체에 있는 게 아니야("내 작
[품은"이라고 하니),
삶과 죽음이 너의 작품이라는 사실을 넌 잊고 있어.

No has venido a poner orden, dique. Has venido
a hacer moler la muela con tu agua transitoria.
Tu fin no está en ti mismo(«Mi obra», dice), olvidas
que vida y muerte son tu obra.

그리고 오늘 네가 부르는 노래는 다른 파도들의
음악으로 언젠가 꺼져 버릴 거야.

Y que el cantar que hoy cantas será apagado un día
por la música de otras olas.

—『42년도의 징집』 중에서[5]

시인은 사물의 영혼을 보기를 원하여 후안 라몬 히메네스와 루벤 다리오에서 아름다움을, 안토니오 마차도에서 상징을 살폈다.

어린아이

밀밭, 강, 포도원의 왕:
그렇게 꿈을 꿀 거야. 그리고 자유롭고, 자기
자신의 주인, 진리의 재목이 빛날 영원한
화롯불. 그리고 사랑이 그것을 동여매기를.

하늘이 그의 꿈의 청동을
맑음으로 물들일 때까지 오르기를.
하지만 날개가 없어. 고집 피우다 상처입을 것이며
여린 이마를 박고 울게 될 게야.

그리고 진리를 알게 될 게야. 노래는 그가 듣고 보고
맛보고 만지고 냄새 맡은 것으로 경악하여
붉어진 그의 목구멍에서 죽을 것이야.

그리고 추궁받은 인간의, 감금된
인간의, 반항하자마자 처형된,
찢어진 가슴을 처음으로 맛보게 될 것이야.

Niño

Rey de un trigal, de un río, de una viña:
así habrá de soñarse. Y libre. Dueño
de sí, hoguera perpetua en que arda el leño
de la verdad. Y que el amor lo ciña.

Querrá subir hasta que el cielo tiña
de claridad el bronce de su sueño.
Pero no hay alas. Se herirá en su empeño,
y llorará sobre su frente niña.

Y sabrá la verdad. Morirá el canto
en su garganta, roja del espanto
que oye y que mira y gusta y toca y huele.

Y estrenará su corazón rasgado
de hombre acosado, de hombre acorralado,
de ejecutado en cuanto se rebele.

—『나에 대해 내가 아는 모든 것』 중에서[6]

시인에게 시는 무엇보다 현실을 알게 하는 수단이다. 교통보다 먼저 인식의 수단이 되어야 했다. 시인은 자신이 느낀 세상을 차분하게 증거를 기록하듯 적어 나가고 있다.

60년대 세대

하이메 힐 데 비에드마

호세 앙헬 발렌테

하이메 힐 데 비에드마

Jaime Gil de Biedma, 1929-1990

1955년 이후 27세대의 비인간화된 시와 전후 초기의 가르실라소풍의 회피 문학에 맞서 스페인 서정시에 소위 재인간화가 이루어진다. 이러한 일에는 미겔 에르난데스와 세사르 바예호와 파블로 네루다와 다마소 알론소의 『분노의 자식들』의 영향이 컸다. 물론 이 이전 1949년 레오폴도 파네로와 루이스 로살레스는 세사르 바예호와 안토니오 마차도의 영향으로 일상적인 것에서 소재를 찾고 여기에 서정성을 곁들여 성찰을 통한 심오한 깊이를 더한 시를 발표하기도 했다. 이러한 움직임 속에서 1955년부터 1965년에 걸쳐 새로운 작품들이 등장한다. 앞선 50년대의 사회시에 지친 시인들이 언어의 미학적 가능성을 찾아 좀 더 넓게 자유로운 인간과 인간간의 결속을 노래하기 시작한다. 1925년과 1938년 사이에 태어난 이들은 앞선 세대의 시인들과 달리, 불의와 인간의 비참함과 억압을 고발하기보다는 예술적인 면에서 한 차원 높은 시를 쓴다. 대표적으로 앙헬 곤살레스Ángel González(1925-2008), 호세 아구스틴 고이티솔로José Agustín Goytisolo(1928-1999), 하이메 힐 데 비에드마Jaime Gil de Biedma, 그리고 호세 앙헬 발렌테José Ángel Valente 등으로 60년대 시를 대표한다. 이들은 각자 나름대로의 차이는 있지만 스페인 전쟁이 발발했을 때는 모두 어렸다는 점과 전후 폐허 속에서 자라나서 조숙한 면이 있다는 공통점이 있다. 그래서 당시 나라의 어려운 상황 속에서 동일한 윤리의식을 가지며 문학적으로는 한 단계 높은 작품 활동을 했다.

하이메 힐 데 비에드마는 50년대 시 그룹, 즉 사회적 사실주의 시인에 속하면서도 60년대

시 주류를 따르며 단순한 문체와 구어체 언어로 루이스 세르누다가 개척한 길을 걷고 있다. 자신이 속한 부르주아 계급의 위선과 허위를 고발하기도 하지만, 시간의 흐름 속에 우정과 사랑을 품었던 삶을 추억하고 향수를 드러내기도 한다. 그래서 시인의 시는 같은 세대의 시인들과 관점을 같이하면서도 블라스 데 오테로나 호세 이에로와 같이 실존주의 시로 불리는 매력 또한 갖고 있다.

시인은 바르셀로나에서 태어나 살라망카 대학에서 법학을 전공했다. 1959년에 발표한 『여행의 동반자들Compañeros de viaje』, 1965년의 『비너스를 위해En favor de Venus』, 1969년의 『죽은 후의 시들Poemas póstumos』, 1975년의 『동사의 인물들Las personas del verbo』이 대표적이다.

기념일의 왈츠	Vals del aniversario
(이제 우리가 그렇게 사랑하지 않을 때)두 사람을 위한,	Nada hay tan dulce como una habitación
도시 밖, 미심쩍은 쌍들과	para dos (cuando ya no nos queremos demasiado)
신경절을 가진 한 어린아이가 있는	fuera de la ciudad, en un hotel tranquilo,
조용한 호텔의 방만큼 달콤한 것은 아무것도 없다.	y parejas dudosas y algún niño con ganglios,
만일 이 가벼운	si no es esta ligera sensación
감각이 비현실적인 게 아니라면 말이다. 얼마 전	de irrealidad. Algo como el verano
부모님의 집에서의 여름 같은,	en casa de mis padres, hace tiempo,
밤에 하는 기차 여행과 같은 그 무엇: 난	como viajes en tren por la noche. Te llamo
네가 이제 알지 못할 그 무엇도	para decir que no te digo nada
난 네게 말하지 않는다고 말하고자,	que tú ya no conozcas, o si acaso
아니면 혹시나 같은 입술에	para besarte vagamente

막연히 입 맞추고자 널 부른다.

넌 발코니를 내버려 뒀어.
방은 어두워졌지.
그러는 동안 우리는 세월의 무게를 느끼지 못
[함을
불편해하며 서로를 사랑스럽게 바라다봤지.

모든 게 똑같아, 어제가 아니었던 것
같아. 그리고 침묵이
입에 놓는, 옛날을 그리워하는 이 맛은
우리가 우리의 느낌을

가능한 잘못 인지하도록 이끌고 있어. 그러나
어떠한 숨김도 없는 건 아니야, 그건 무언가가
아래에서 강하게 잡아당기고 (아마도 그것을
덜 불분명한 방법으로 말하려고) 우리가

서로 사랑한다는 사실을 기억하는 게 어렵
[기 때문이야,
만일 불명확해서 그런 게 아니라면 말이야, 그
[리고
오늘인 토요일이 어제 마지막 시간과
모레 아침과

los mismos labios.

Has dejado el balcón.
Ha oscurecido el cuarto
mientras que nos miramos tiernamente, incómodos
de no sentir el peso de los años.

Todo es igual, parece
que no fue ayer, Y este sabor nostálgico
que los silencios ponen en la boca
posiblemente induce a equivocarnos

en nuestros sentimientos. Pero no
sin alguna reserva, porque por debajo
algo tira más fuerte y es (para decirlo
quizá de un modo menos inexacto)

difícil recordar que nos queremos,
si no es con cierta imprecisión, y el sábado
que es hoy, queda tan cerca
de ayer a última hora y de pasado

너무나
가깝게 있기 때문이야.

mañana
por la mañana.

—『여행의 동반자들』 중에서[1]

젊음에 바치는 찬가

아, 하얀 모양 그 자체로 얼마나 가치가 있는가!

생의 뻔뻔스러운 매혹인
젊음아,
뭣 때문에 지금 오니?
무엇이 너를 해안으로 데리고 오니?
우리 성인들은 차분히 있었는데
넌 가장 불가능한 두려운 꿈들을 재현해 내면서
우리에게 상처 입히려고 오는구나,
넌 우리의 상상을 부추기고자 오는구나.

넌 파도로 분출하여,
그야말로 눈부심, 광채, 순수한 감정,
그리고 잠재된 동물의 파동들인, 넌
발그레한 자그마한 가슴을 안고,
미소와 마찬가지로 심술궂은 엉덩이를 갖고,
오, 굵직한 발목의 날렵한 여신,
그리고

Himno a la Juventud

Heu! quantum per se candida forma valet!
(프로페르티우스(50-15 B.C.), II, 29, 30)[2]

¿A qué vienes ahora,
juventud,
encanto descarado de la vida?
¿Qué te trae a la playa?
Estábamos tranquilos los mayores
y tú vienes a herirnos, reviviendo
los más temibles sueños imposibles,
tú vienes para hurgarnos las imaginaciones.

De las ondas surgida,
toda brillos, fulgor, sensación pura
y ondulación de animal latente,
hacia la orilla avanzas
con sonrosados pechos diminutos,
con nalgas maliciosas lo mismo que sonrisas,
oh diosa esbelta de tobillos gruesos,

근육의 탄생에 길을 내주면서	y con la insinuación
복부의 암시	(tan propiamente tuya)
(너무나 너의 것인)를 갖고	del vientre dando paso al nacimiento
해안을 향해 돌진하는구나: 섬세하고	de los muslos: belleza delicada,
정확하고 그리고 무어라 말할 수 없는 아름다움,	precisa e indecisa,
그곳에 눈물을 흩뿌리며 이마를 내려놓는구나.	donde posar la frente derramando lágrimas.
그리고 우리는 네가 닿는 걸 본단다,	Y te vemos llegar, figuración
투우, 소라와 돌고래를 가진	de un fabuloso espacio ribereño
연안의 가공할 만한 공간의 모습을,	con toros, caracolas y delfines,
바다와 하늘 사이 부드러운 모래 위로 형상화되 [는 것을,	sobre la arena blanda, entre la mar y el cielo,
여전히 물방울에 반짝이고,	aún trémula de gotas,
태양으로 눈부시며 미소 짓는 너를.	deslumbrada de sol y sonriendo.
넌 회한과 같은 성난 희망이 없는	Nos anuncias el reino de la vida,
더 강하고 더 자유로운	el sueño de otra vida, más intensa y más libre,
다른 삶의 꿈을, 삶의 왕국을 우리에게 알리는구나.	sin deseo enconado como un remordimiento
-신진 여배우의 그대로의 아름다움과	- sin deseo de ti, sofisticada
왕자의 우아한 소심함이	bestezuela infantil en quien coinciden
일치하는 유년의	la directa belleza de la starlet
세련된 작은 가죽인 너를 희망함이 없이.	y la graciosa timidez del príncipe.
비록 감화시키고 둔감한	Aunque de pronto frunzas
생각을 고문하는	la frente que atormenta un pensamiento

이마를 네가 갑자기 찡그리긴 할지라도,
물에 젖은 금빛 심지들 사이로
오, 냉담한 아름다움인
안티누스[3]의 우울한 표정이 빛나는
얼굴을 바다로 돌리며,
인간들과 개들,
신들과 천사들과
대천사들,
왕좌들, 증오들이…
너를 좇는 것을 알지 못하는 양 해안으로 거니
[는구나.

conmovedor y obtuso,
y volviendo hacia el mar tu rostro donde brilla
entre mojadas mechas rubias
la expresión melancólica de Antínoos,
oh bella indiferente,
por la playa caminas como si no supieses
que te siguen los hombres y los perros,
los dioses y los ángeles
y los arcángeles,
los tronos, las abominaciones...

—『죽은 후의 시들』 중에서[4]

난 다시 젊게 되지 않을 게야.

삶이 진지하다는 것을
사람은 더 늦게 이해하기 시작한다
-모든 젊은이들처럼 난
내 삶을 파괴하려고 왔었다.
나의 흔적을 남기고 싶었고
박수를 받으며 삶을 영위하려고 했었다.
-늙는다는 것, 죽는다는 건 오직
연극에서나 일어나는 일이었다.
그런데 시간은 흘러

No volveré a ser joven

Que la vida iba en serio
uno lo empieza a comprender más tarde
-como todos los jóvenes, yo vine
a llevarme la vida por delante.
Dejar huella quería
y marcharme entre aplausos
- envejecer, morir, eran tan sólo
las dimensiones del teatro.
Pero ha pasado el tiempo

유쾌하지 않은 진실이 얼굴을 드러내더군:
늙는다는 것, 죽는 다는 것
만이 삶의 유일한 논증이라는 사실을.

y la verdad desagradable asoma:
envejecer, morir,
es el único agrumento de la obra.

—『죽은 후의 시들』 중에서[5]

에이즈에 걸려 60세의 나이로 영면한 시인의 삶에 대한 이야기가 그저 이야기로만 들리지 않는 이유가 그의 시 작품들에 앉아 있다. 시인은 말했다. 나는 지금껏 시인이었지만 사실 현실에서 시 그 자체이고 싶었다고. 그러면서 시인은 덧붙인다. "인생에 대한 안일한 질문보다, 성찰하라. 네 자신에게서 그 답을 찾게 될 것이다"라고.

호세 앙헬 발렌테

José Ángel Valente, 1929-2000 제네바

시인이자 수필가이며 비평가이자 번역가인 호세 앙헬 발렌테는 갈리시아의 오렌세에서 태어나 마드리드 콤플루텐세 대학교와 산티아고 데 콤포스텔라 대학교에서 법학과 문학을 전공했다. 초기 마르크스주의 경향의 시인은 스페인에 독재체제가 들어서자 조국을 떠나 옥스퍼드 대학에서 강의를 하고 1958년부터 제네바에 살았다, 1982년에는 파리로 거처를 옮겨 유네스코 번역가로 활동했다. 인생 후반기에는 스페인 남부 알메리아에 거주하며 파리와 제네바를 오가며 살았다. 『희망의 방법으로A modo de esperanza』(1955)로 아도니스상을, 『라사로에게 부치는 시들Poemas a Lázaro』(1960)로 비평 상을 받고, 1988년에는 스페인 아스투리아 왕자상과 1993년 스페인 문학상을 받았다. 1972년에는 『영점Punto cero』 이라는 타이틀로 자신의 시 전집을 내고 유작으로 90편 이상의 시와 산문을 모은 『미래 책의 단편들Fragmentos de un libro futuro』이 발간되었다. 초기 사회주의 시와 당시의 규범과의 단절을 꾀한 시인은, 시인의 삶이 작품이며 상상하고 창조할 때 창조되는 존재가 시인이라고 한다. 자신과 자신의 환경이 없는 작가는 있을 수 없음을 강조하며, 시의 주인공은 시어라며 겸소하고 장식 없는 표현으로 역설한다.

안녕

들어가 몸을 기울여 그녀에게 입을 맞추었다.
그의 힘은 그녀로부터 왔으니.

(그녀는 대답 없이 그를 바라보고 있었다.)

삶을 모호하게 모방했던
흐려진 거울 하나가 있었다.
그는 넥타이를 조였다,
심장도,
향이 빠진 탁한 커피를 홀짝였고
오늘의
자기 계획을, 어제의 꿈을,
결코 다시 있지 않을 희망들을
설명했다.

(그녀는 말없이 그를 바라보고 있었다.)

다시 말했다. 그 많은 세월 동안의 투쟁과
지난 사랑을 추억했다.
인생이란 예기치 못하는 것,
이라고 말했다. (어느 때보다도 허약하고 허망한 말들.)
마침내 그녀의 침묵으로 입을 닫고

El Adiós

Entró y se inclinó hasta besarla
porque de ella recibía la fuerza.

(La mujer lo miraba sin respuesta.)

Había un espejo humedecido
que imitaba la vida vagamente.
Se apretó la corbata,
el corazón,
sorbió un café desvanecido y turbio,
explicó sus proyectos
para hoy,
sus sueños para ayer y sus deseos
para nunca jamás.

(Ella lo contemplaba silenciosa.)

Habló de nuevo. Recordó la lucha
de tantos días y el amor
pasado. La vida es algo inesperado,
dijo. (Más frágiles que nunca las palabras.)
Al fin calló con el silencio de ella,

그녀의 입술로 가까이 다가가
이제 영원히 대답 없는 그 입술 위에서
그저 울었다.

se acercó hasta sus labios
y lloró simplemente sobre aquellos
labios ya para siempre sin respuesta.

—『희망의 방법으로』 중에서[6]

위안할 길 없는 슬픈 삶은 시인이 자신에게로 향한 애정으로 인한 것이다. 그리고 불행은 사람들이 모두 다 알고 있는 사건으로 인한 것이 아니라 신만이 아는 비밀로 인한 것이라는 시인의 말이 위 시의 이해를 돕는다.

밤이 떨어진다

밤이 떨어진다.
　　　가슴은 무한한
층계를,
거대한 회랑을
내려와 고통을 만난다.
그곳에서 쉬고, 드러눕고,
그곳에서 굴복하여
자신의 존재를 누인다.
　　　　인간은 자신의 등에
자신의 존재를 짊어질 수 있다.
빛을 향해 고통
스럽게
다시 오르기 위해서: 영원히 걸을 수 있다,

Cae la noche

Cae la noche.
　　　El corazón desciende
infinitos peldaños,
enormes galerías,
hasta encontrar la pena.
Allí descansa, yace,
allí, vencido,
yace su propio ser.
　　　　El hombre puede
cargarlo a sus espaldas
para ascender de nuevo
hacia la luz penosa-
mente: puede caminar para siempre,

걸을 수…	caminar...
할 수 있는 너,	¡Tú que puedes,
우리에게 일상의 부활을 주라!	danos nuestra resurrección de cada día!

—『라사로에게 부치는 시들』 중에서[7]

'라사로야, 나오라'에서 라사로가 들었던 그 막강한 목소리처럼, 우리에게도 깨어 걸어 나와 살아갈 수 있도록, 우리가 소생할 수 있도록 그와 같은 목소리가 있기를 희망해 본다.

노비시모

마누엘 바스케스 몬탈반

페레 짐페레르

기예르모 카르네로

안토니오 콜리나스

마누엘 바스케스 몬탈반

Manuel Vázquez Montalbán, 1939 바르셀로나-2003 방콕

이러한 시의 흐름을 좇다 보면 이후 만나게 되는 시인들의 경향에 대한 예측이 가능해 보인다. 60년대 말에 들면 전쟁이나 전쟁의 결과와는 무관한 젊은 시인들이 등장한다. 이들은 사회적 문제와는 상관없이 혁신적이면서도 다양한 색깔의 시들을 소개하는데, 70년대에 그 절정을 이룬다. 이들을 '노비시모Novísimo'라 이름한다. 우리말로 옮기자면 '최신의 사람들'이다. 이들은 앞선 시대의 재인간화나 역사적 사건을 생각나게 하는 일을 고집하지 않는다. 전쟁의 기억에서 자유롭다. 시로써 낭만적인 가치를 창조해 내려 시도하고, 현실에서 벗어나 인류 보편적인 문화에 관심을 보이며, 참여시에 지친 독자들에게 외국 문화와 그리스 고전 문화 분위기를 전하고자 한다. 세계시민으로 모든 문화에 열려 있는 것이다. 동시에 스페인의 전통도 받아들인다. 시인들이 맞닥뜨리는 사회 현실과는 냉소적으로 거리를 두고 초현실주의의 자동기법을 통하여 관계하려 한다. 시로써 세상을 변화시키려는 의도는 전혀 없다. 오히려 시의 무효용성을 주장하고, 사회시를 정면으로 공격하며, 예술로서의 시의 자치성을 선포한다. 특히 자유로운 시 형식과 신조어 및 바로크적 시어와 상상력을 옹호하여 무엇보다 특히 언어를 다루는 유별한 방법이 시임을 역설한다. 회화, 음악, 문학, 대중 매체가 만들어 낸 신화에도 관심을 보인다. 영화의 영향을 받아들이고 앤디 워홀의 영향으로 팝 문학도 개발한다. 이 시대에 속하는 시인들은 1940년대 주위로 태어난 마누엘 바스케스 몬탈반Manuel Vázquez Montalbán, 안토니오 마르티네스 사리온Antonio Martínez Sarrión(1939-), 호세 마리아 알바레스José María

Álvarez(1942-), 호아킨 카로 로메로Joaquín Caro Romero(1940-), 후스토 호르헤 파드론Husto Jorge Padrón(1943-), 페레 짐페레르Pere Gimferrer, 기예르모 카르네로Guillermo Carnero 그리고 안토니오 콜리나스Antonio Colinas이다. '노비시모'란 용어는 카탈란 시인인 요셉 마리아 카스테옛Josep María Castellet이 1970년대 시인들의 시를 모은 『아홉 명의 스페인 최신의 시인들Nueve novísimos poetas españoles』(Barcelona, 1970)을 발간하면서 싹트고 있던 새로운 시 경향으로 알려졌다.

'노비시모'를 대표하는 마누엘 바스케스 몬탈반은 마드리드에서 신문방송학을 공부했고 바르셀로나 대학에서 문학으로 석사과정을 이수했다. 시인이자 수필가, 소설가, 기자로 활동했다. 시작품으로 1967년에서 1983년까지의 시를 모은 『기억과 희망Memoria y Deseo』이 있다, 이 작품집에 「감정 교육Una educación sentimental」(1967), 「무용한 운동Movimientos sin éxito」(1969), 「꽃이 없는 소녀들의 그늘에서A la sombra de las muchachas sin flor」(1973), 「나의 이모 다니엘라 죽음에 부쳐Coplas a la muerte de mi tía Daniela」, 그리고 「프라하Praga」(1983)가 담겨 있다. 이어 발표한 『하지만 도망가는 여행자Pero el viajero que huye』까지 포함하여 발간된 작품집이 『시집Obra poética』(1990)이다. 1997년에는 『도시Ciudad』가 있고, 2001년에는 '선정적인 사랑과 사랑의 시'라는 부제로 『사랑의 기술Ars Amandi』이 발간된다. 작품들이 제목은 달라도 시인의 시에 대한 개념과 주제는 일관성을 유지하고 있다.

VII

메모장은 우리의	En nuestro fin empiezan
종말에서 시작한다, 현관이 없는 갑작스런	los dietarios, de pronto las aceras
보도들, 어느 곳도 가지 않는 전차들,	sin portales, tranvías que no van
예의 사람들을	a alguna parte, semáforos
형용사화함이 없는 밤들을	que urgen
재촉하는 신호등들,	noches sin adjetivar

또다시
지금은 우리가 필요로 하지 않는 사회적 미소,
경건함 없는 아침 인사

전화 가까이에서
        사람들은,
귀환하는 요트들을,
받침대 아래에서 아마도 입맞춤을,
12월에 노래하는 유럽 울새들을, 느린 재즈를,
            아니면 불 꺼진
붓꽃이 있는 방에서 사랑을 나눌 것이다

심장은 때때로 망각이 거주하는
고동을 속일 것이다 야생겨자들은 전율할 것이다,
이 방의 잔해들, 붓꽃 위에
돌은 없을 것이며
    무엇인가를
잃을까
        하는 두려움조차 남지 않을
  것이다
그건 어제 우리가 회색으로
입었던 모든 것이, 늘 패하기만 한
작은 군대처럼 준비되고 정연한 날들은
우리의 종말에서 시작되기 때문이다

gentes de siempre, otra vez
la sonrisa social que no necesitamos
ahora, el buenos días sin piedad

a la orilla del teléfono
        partirán
balandros con regreso, besos quizá
bajo pérgolas, lento jazz, petirrojos
que cantan en diciembre
            o amor
en habitaciones con lirios apagados

de vez en cuando el corazón
falseará un latido
donde habita
el olvido temblarán los jaramagos, ruinas
    de esta habitación, no quedará piedra
sobre lirio
        ni siquiera miedo a perder
  algo
porque en nuestro fin empieza todo
lo que de gris ayer vestimos, los días
ordenados, dispuestos como un ejército
pequeño siempre derrotado

예의
돌아갈 수 없는 기대했던 날이, 아마도 이 날을
이 날을 어느 신화처럼
무방비로 네가 원한다면.

de siempre
el esperado día sin retorno, éste tal vez
éste si tú quieres
indefenso como un mito.

—「감정 교육」 중에서[1]

시인은 서정적인 내면을 향해 시선을 돌린다. 추방당한 시간을 회복하기 위한 통로로서 기억을 훈련하기 위한 방법이다. 시인은 시란 시인의 기억을 형성한 문화적, 감정적 요소들이 사라지지 않도록 제지하고 보유하기 위한 거름 장치라고 생각한다. 그래서 시는 조상의 기억과 시인 자신의 기억이 만들어 내는 결과물이다. 조상이 물려준 것에 새로운 자신의 것을 더한 것이고, 그것을 형태로 가능하게 해 주는 게 언어로, 문학은 단지 언어이다. 그러니 언어는 시간을 짊어지고 있다. 그 시간은 의미 있는 시간이고 시인은 그러한 시간을 전달해야 하는 운명에서 도망갈 수가 없다. 이러한 일에서 예외적인 시인은 아무도 없단다. 이러한 사실을 시인은 자신의 경험과 전위주의적 색채의 비합리적인 새로운 언어로 이야기하고 있다. 위 시에서 시인은 행복을 위해서는 상상의 세계로, 근원으로 돌아가야 할 기술을 노래한다. 그것이 사랑이고 이는 발견이고 탐색이며, 도망과 귀환으로 이룰 수 있는 것이지만, 불가능한 시도일지도 모른다.

잘 가꾼 그의 늙은 피부

사형 집행인이 늙었다
자신의 손자들을 공원으로 산책을 시킨다
비둘기에게 리본초의 열매를 준다
향연의 플래시 앞에

Su piel anciana bien cuidada

El verdugo ha envejecido
pasea a sus nietos por el parque
da alpiste a las palomas
posa frente al flash de incienso

자신의 잘 가꾼 늙은 피부를 내려놓는다	su piel anciana bien cuidada
임무 완수로 온화한 미소를 짓는다	sonríe con placidez de obra cumplida
찾는다	busca
물웅덩이에서 도망가는 무無를	la nada fugitiva de los remansos
잘 기억한다	recuerda bien
거짓말하고 잊기까지 한다	miente incluso olvida
그리고 그로 인해 희생된 자들까지	y hasta sus víctimas
증오의 상장을 뗀다	desenlutan el odio
단지 가끔 사형집행인이 내 부서진	sólo a veces el verdugo se pudre
거울의 베니스 물에서 썩는다.	en las venecianas aguas de mi espejo roto.

—「꽃이 없는 소녀들의 그늘에서」 중에서[2]

「꽃이 없는 소녀들의 그늘에서」의 원문은 'A la sombra de las muchachas sin flor'이고, 마르셀 프루스트(1871-1922)의 총 7권짜리 『잃어버린 시간을 찾아서』 중 두 번째 소설 제목은 『꽃이 핀 소녀들의 그늘에서』, 즉 'A la sombra de las muchacha en flor'이다. 전치사 'sin'이 'en'으로 바뀌었다. 프루스트가 자신의 유년기와 청년기 사이의 이야기를 담아 낸 작품의 제목을 시인은 전치사만 달리하여 자기가 사는 동안 겪었던 사랑과 공포의 이야기를 모아 놓았다. 프루스트의 이야기가 겹쳐 의미의 폭이 넓어지는 효과가 있다. 보르헤스가 말했듯이 보이는 내용이 전부인 시는 나쁜 시이기 때문이다.

작품에서 말하는 시인의 사랑은 때 묻지 않은 순수하고 행복한 사랑이 아니다. 고통과 죽음에 대한 의식을 함께하고 있어 공포가 따라붙는다. 시에 붙은 부제인 '사랑과 공포의 시들Poemas del amor y del terror'이 그러한 사실을 말해 준다. 문화적, 사회적, 정치적인 눈속임에 대한 암묵적 메시지가 첨가된, 어려운 시절을 견뎌 내야 할 사랑이 애정과 비탄으로 그려지고 있다. 아래는 '사랑의 서El libro del amor'라는 부제를 가지고 있는 「도시를 산책하다Paseo por una ciudad」이다.

해안이나 강가가 없는
도시를 산책한다.
오후가 거짓말을 한다
귀환을 알리는
거울들 이별들 연기들
멀어진 소녀들의 통과가
나를 혼자 남겨 둔다
나의 이름을 부르지 않고
나의 죽음을 공표하지도 않는다.
그러면 난 기억의 격자 천장 복도로
돌아간다
피부들 살들 가죽으로
가득 찬 실루엣들
눈꺼풀들이 닫힐 때의 소리
그리고 아마도
아마도 문학의 한 외침이 내가
행복했던 그 순간에
꽃이 없는 소녀들의
그늘에
항상 그늘에 이름을 놓았다.

Paseo por una ciudad
sin orillas
miente la tarde
espejos despedidas humos
que denuncian retornos
me deja solo
el paso de muchachas alejadas
no pronuncian mi nombre no decretan
mi muerte
entonces regreso
a los artesonados pasillos del recuerdo
pieles carnes repletas siluetas
en sus cueros
el ruido de los párpados al cerrarse
y tal vez
tal vez un grito literario puso nombre
al instante en que fui feliz
a la sombra
siempre a la sombra
de las muchachas sin flor.

—「꽃이 없는 소녀들의 그늘에서」 중에서[3]

글자의 시각화와 파편화 및 행 나누기와 병렬, 쉼표와 마침표의 생략 등으로 흐름이 연속되지 않지만 리듬은 타는 단절적 글쓰기의 대표적인 예이다. 「감정 교육」에서 보았던 시의 테마, 즉 기억에서 탄생되는 문학을 다시 보고 있다.

페레 짐페레르

Perre Gimferrer, 1945-

시인이자 번역가인 페레 짐페레르는 스페인 한림학회와 바르셀로나 문학학회의 회원이다. 알레이샨드레와 옥타비오 파스 그리고 페데리코 가르시아 로르카의 영향을 받았으며 전후 가장 독창적인 시로 스페인 근대시의 지평을 수정한 시인으로 평가받고 있다. 실제상의 현실과 예술적 현실 간의 경계를 탐사하면서 호화로운 어휘로 감각적인 시를 쓰는 시인으로 평가된다. 『바다가 불타다Arde el mar』(1966)로 스페인 문학상을 받았고, 『비버리 힐즈에서의 죽음La muerte en Beverly Hills』(1968), 『이상한 과일과 그 밖의 시들Extraña fruta y otros poemas』(1969) 등의 작품이 있다. 2000년에는 1962년부터 1969년에 걸쳐 카스테야노로 쓴 시가 비소르Visor 출판사에서 전집으로 출간되었다. 카탈루냐를 대표하는 현대 시인으로도 추앙받을 정도로 카탈란 언어로도 작품 활동을 하고 있다. 작품으로 『거울들Els miralls』(1970), 『어두운 시간Hora foscante』(1972), 그리고 바로크와 전위주의 시 경향을 연결하려는 시도로 탄생한 『눈먼 불Foc cec』(1973)이 있다.

바다가 불타다

오, 열다섯 살의 수장[4]이 된다는 것
바다의 늙은 늑대 펼쳐진 돛들

항구의 사이렌과 그을음과 바지선마다의 침묵

유화로 그려진 선주들의 연기 뿜는 파이프들

하역인부들의 파업 아연 빛 하늘 앞에 멈춰 선 기중기들

부두에서의 섬광을 내뿜는 야밤의 총격전 무음의 총성과 함께

물에 한 육체

싸구려 카페에서의 연기

딕 트레이시[5] 흐린 창들 미끄러져 흐르는 음악

문어 뱀 그리고 고래

묻혀 있는 금과 해적들에 대한 이야기들

뱃머리의 기괴한 얼굴 늙은 신 넵튠

앤틸리스 제도에서 한 여인이 웃고 코코야자나무 아래에서

자개로 된 부채를

흔들고 있다.

Arde el mar

Oh ser un capitán de quince años

viejo lobo marino las velas desplegadas

las sirenas de los puertos y hollín y el silencio en las barcazas

las pipas humeantes de los armadores pintados al óleo

las huelgas de los cargadores las grúas paradas ante el cielo de zinc

los tiroteos nocturnos en la dársena fogonazos un cuerpo en las aguas

con sordo estampido

el humo en los cafetines

Dick Tracy los cristales empañados la música zíngara

los relatos de pulpos serpientes y ballenas

de oro enterrado y de filibusteros

un mascarón de proa el viejo dios Neptuno

una dama en las Antillas ríe y

agita el abanico de nácar bajo los

cocoteros.

—『바다가 불타다』 중에서[6]

영화, 인쇄물, 다른 작가의 작품 등을 가져와 가필하여 작품을 만드는 콜라주 기법과 마침표나 느낌 부호, 또는 동사가 없는 명사의 나열로 누아르 영화의 장면을 재현하고 있다.

전화 부스 안에

전화 부스 안에

루주로 그리듯 써 놓은 신비한 비문이 있다.

피가 묻은 옷깃으로 죽고자 그곳으로 피신한

금발의 달콤한 소녀들의 최후의 말들이다.

창백한 네온사인 아래 마지막 밤, 강렬한 태양 아래 마지막 날,

최근 폭력으로 뿌려진 거리들, 새벽녘 순찰차들의 노란 헤드라이트.

한 시 반에 기다릴게, 네가 영화관에서 나올 때 -*그리고*

그 시간에 안치실에는 난초의

가지 같았던 그녀의 몸이 죽어 있다.

야밤의 총격에 상처 입고 서치라이트 불빛으로 모퉁이에

몰리고 *나이트클럽*들에서 뺨 맞은

나의 진정한 달콤한 사랑이 나의 품 안에서 울고 있다.

마지막, 가장 가늘고 깔끔한 맑음이
폐쇄된 지역으로부터 미끄러져 나오는 듯하다:
보행자들을 멈추게 하는 이 불빛은
그들에게 자신의 유년에 대해 부드럽게 말하고 있다.
다른 시대의 음악들, 그 옛 악보로 반주를 맞춘 노래, 그것으로 우리는
어느 날 밤 에바 가드너[7]를 알았다,
투명한 레인코트로 몸을 감싼 그 소녀에게
우리는 엘리베이터에서 한번은 입을 맞추었지, 두 개의 층 사이 어둠 속에서,
그리고 그녀는 아주 푸른 눈을 가졌었고 늘 나지막한
목소리로 말했지 - 이름이 넬리였어.
휘황찬란한 광고들로 인해 은빛으로 빛나는 밤에
눈을 감고 바다의 요정들의 노래에 귀 기울인다.
밤은 뜨거운 푸른 대로를 갖고 있다.
그림자들은 수영장과 바에서 그림자를 품고 있다.
어두운 하늘에서 별들이 싸우곤 했다
사랑 때문에 죽었을 때,
그리고 알 수 없는 향수 내음이 아주 천천히 나는 것마냥.

En las cabinas telefónicas

En las cabinas telefónicas
hay misteriosas inscripciones dibujadas con lápiz de labios.
Son las últimas palabras de las dulces muchachas rubias
que con el escote ensangrentado se refugian allí para morir.
última noche bajo el pálido neón, último día bajo el sol alucinante,
calles recién regadas con magnolias, faros amarillentos de los coches patrulla en el amanecer.

Te esperaré a la una y media, cuando salgas del cine -y
a esa hora está muerta en el Depósito aquella cuyo
cuerpo era un ramo de orquídeas.
Herida en los tiroteos nocturnos, acorralada en las esquinas
por los reflectores, abofeteada en los *night clubs*,
mi verdadero y dulce amor llora en mis brazos.
Una última claridad, la más delgada y nítida,
parece deslizarse de los locales cerrados:
esta luz que detiene a los transeúntes
y les habla suavemente de su infancia.
Músicas de otro tiempo, canción al compás de cuyas viejas
notas conocimos una noche a Ava Gardner,
muchacha envuelta en un impermeable claro que besamos
una vez en el ascensor, a osuras entre dos pisos, y
tenía los ojos muy azules, y hablaba
siempre en voz muy baja -se llamaba Nelly.
Cierra los ojos y escucha el canto de las sirenas en la
noche plateada de anuncios luminosos.
La noche tiene cálidas avenidas azules.
Sombras abrazan sombras en piscinas y bares.
En el oscuro cielo combatían los astros
cuando murió de amor,
y como si oliera muy despacio un perfume.

—『비버리 힐즈[8]에서의 죽음』 중에서[9]

앞선 누아르 영화의 장면에서 고전 영화의 추억 속으로 빠져 든다.

기예르모 카르네로

Guillermo Carnero, 1947-

반현실적이며 지적이자 메타시를 쓰는 기예르모 카르네로는 발렌시아에서 태어나 대학에서 경제와 문학을 전공했다. 18세기 문학에 특히 흥미를 보였다. 시인은 1965년과 1970년 사이 스페인에서 일어난 시 변천사의 중심에 있었다. 서른한 살의 이른 나이에 당시 시 이론서에 자신의 작품을 담아 발표했고, 스페인 대표적인 시 비평가인 카를로스 보우소뇨Carlos Bousoño(1923-2015)는 이 책을 당시 새로운 시 연구를 위한 자료로 이용했다, 작품으로 『죽음의 그림Dibujo de la muerte』(1967), 『스키피오의 꿈El sueño de Escipión』(1971), 『객관적 우연El azar objetivo』(1975), 『불확정의 가분성Divisibilidad indefinida』(1990), 『영국의 여름Verano inglés』(1999), 그리고 『위대한 안개의 거울Espejo de gran niebla』(2002)이 있다. 『스페인 전기 낭만주의 시 전집Antología de la poesía prerromántica española』(1970)도 출간했다. 시인은 글쓰기란 직관과 상상 간의 거래이며 협정이고, 언어와의 응집력을 시도하는 일이라고 한다. 그리고 시인이 글을 쓰는 유일한 이유는 자기가 누구인지를 알 필요가 있기 때문이며, 그러한 자신에 대한 인식이 있을 때만 새로운 것을 시도할 수 있기 때문이라 한다. 시인에게는 자신이 살았던 시대, 그리고 그러한 시대를 산 삶이 전혀 중요하지 않다. 더 나아가 문학 이론을 신봉하지 않는, 개인의 감정이나 지적 능력에 충실한 시를 옹호한다.

마라부[10]의 유혹	Erótica del Marabú
마라부를 보라, 성스러운 새를.	Mirad el marabú, el pájaro sagrado.
생성을 탐색하고, 비극에서	Escruta el devenir, busca marsupio
육아낭을 찾으며,	en la tragedia,
썩은 고기를 시식하고, 개똥벌레를 쪼다	degusta la carroña, picotea cucuyos,
가득 찬 모이주머니로 둥지로 돌아와서는	cuando regresa al nido con el buche bien lleno
날개를 펼치니, **보라** 귀중한 솜털을,	pliega las alas VED el valioso plumón,
생성을 탐색하는 건 성스러운 것,	escruta el devenir es el sagrado
죽은 암컷들의 눈을 노리고	avizora los ojos de las muertas
그것들을 삼키니 여린 짐승은 아닌 터,	los deglute, no es un animal tierno
그럼에도 그의 모이주머니의 빛에 썩은 고기를 보라	y sin embargo véla a la luz de su buche
마라부의 긴 다리, 노란 부리,	zancas de marabú, pico amarillo,
굼뜬 후각의 기울기,	torpes inclinaciones olfatorias,
그의 소화는 존재론,	su digerir es una ontología,
거무죽죽한 깃털들, 그의 솜털시들,	plumas negruzcas, su plumonpoemas,
귀납적이자	el valioso plumón para el aposteriori
여인네-들의-과시를 위한 소중한 솜털.	y exhibiciones-de-las-damas.

—『스키피오[11]의 꿈』 중에서[12]

시인은 이 시를 쓰게 된 동기가 자신에 대한 환멸 때문이라고 고백했다. 현실에 맞서 싸우는 대신에 회피하며 글이나 쓰는 지지리 못난 자신 때문이라는 것이다. 그래서 시의 주제는 시인의 옹색하고 못난 마음인데, 그에 대한 변론이 있다. 마라부라는 새는 시체를 먹고사는 새인데, 그 추한 것을 먹음에도 불구하고 몸의 털은 고귀하여 고급용 장식품으로 이용된다.

이는 바로 시인과 같은 작가들의 상징으로 읽힌다. 더러운 현실의 오물 속에 살지만, 이는 시인이 아름다운 언어로 시를 쓰기 위한 수단이라는 것. 현실을 거부하면 남는 건 빈 공간, 이 공간을 채우기 위해 아름다움과 상상의 허구 세상이 필요하고 그로써 공허한 현실을 아름다움으로 채운다. 물론 공허만으로는 말이 생겨나지 않지만 공허에 대한 인식에서는 말이 탄생된다. 이렇게 실존적, 개인적 현실을 글로 대체하는 게 시인인데, 이러한 시를 두고 앵티미즘(내면주의), 존재적 성찰의 시, 또는 메타시라고 한다. 이러한 작가의 변론을 보면 르네상스기 시인들의 저마다의 냉소가 보인다. 시작이란 자기 냉소의 발견이라는 것이다. 즉, 사랑하는 여인이 죽음으로써 멋진 시를 얻었으니 상황은 그리 나쁘지 않다는 것. 시인의 첫 작품집 『죽음의 그림』도 같은 맥락에 있다. "내 삶을 윤이 나는 노란 비단 천으로 교환한 것"이 자신의 글이라고 한다.

안토니오 콜리나스

Antonio Colinas, 1946-

예술의 자치성과 언어에 비범한 관심을 가지고 경험주의자와 문화주의자로서 영감의 원천을 삶에서 찾아 신낭만주의적 시를 쓰는 안토니오 콜리나스는 레온에서 태어나 시인이자, 수필가, 평론가, 번역가로 활동하고 있다. 1970년부터 4년 동안 이탈리아 밀라노와 베르가모 대학에서 스페인어를 가르치며 이탈리아 문학에 대한 지식도 키웠다. 이비사에서 20년을 살다 1998년에 살라망카로 거주지를 옮겼다. 비센테 알레이샨드레와 오르테가 이 가세트의 제자 마리아 삼브라노를 스승으로 삼고 있다. 현대시에서 알레한드리노 형식을 사용한 몇 안 되는 시인이자 미학과 성찰의 시인으로 평가받고 있다. 다양한 장르의 글쓰기와 외국 체류 경험으로 시인은 인간 삶의 보편적인 의미에 집중한다. 1969년의 『땅과 피의 시들Poemas de la tierra y de la sangre』과 『완전한 밤에의 서곡Preludios a una noche total』을 시작으로 『사원에서의 우뢰와 피리Truenos y flautas en un templo』(1971), 스페인 문학상과 비평 상을 받은 『타르퀴니아[13]에 있는 무덤Sepulcro en Tarquinia』(1975), 『천체 관측기Astrolabio』(1979), 『어둠 속에서En lo oscuro』(1981), 『밤 저 너머의 밤Noche más allá de la noche』(1983), 『오르페우스의 정원Jardin de Orfeo』(1988), 『불의 침묵Los silencios de fuego』(1992), 『순종의 책Libro de la mansedumbre』(1997), 『사랑을 더 지피는 사랑Amor que enciende más amor』(1999), 『시간과 심연Tiempo y abismo』(2002), 『빛의 사막들Desiertos de la luz』(2008), 『여인의 14개 초상화Catorce retratos de mujer』(2011), 『고요한 음악을 위한 노래들Canciones para una música silente』(2014) 등이 있다. 그리스, 로마 등 고대의 신화와 르네상스기와 낭만주의 속에 침잠하며, 보편성을 추구했던 노비시모 세대를 대표하는 시인이다. 시인은 세상의 모든 상반된 것들의 갈등을 넘어 통합과 조화를 이루는 충만한 공간을 시라고 생각한다. 노비시모 중 가장 순수한 시인으로 평가되지만, 일각에선 노비시모에 속하면서도 처음부터 자기만의 길, 자신의 미학 본능에 따라 정확하고 검소하며 간단하고 자유롭게 시를 쓴 시인이라고 평하기도 한다. 이를 정리하듯 시인의 시 핵심은 매혹과 신비와 음악성에 있다. 시인의 이름을 딴 상이 제정되었다.

발트슈타인 백작이 보헤미아에서 제공한 도서관원 직을 자코모 카사노바[14]가 수락하다

GIACOMO CASANOVA ACEPTA EL CARGO DE BIBLIOTECARIO QUE LE OFRECE, EN BOHEMIA, EL CONDE DE WALDSTEIN

주님, 제 말 좀 들어 보세요, 전 슬픈 사지를 갖 [고 있어요.	Escuchadme, Señor, tengo los miembros tristes.
프랑스 혁명으로 얼마 되지도 않는 제 친구들이	Con la Revolución Francesa van muriendo
죽어가고 있어요. 절 좀 보세요. 전 세상의	mis escasos amigos. Miradme, he recorrido
나라들을, 세상의 감옥들을	los países del mundo, las cárceles del mundo,
침실들, 정원들, 바다들, 수도원들을 돌아다녔고	los lechos, los jardines, los mares, los conventos,
저의 선한 의지가 받아들이지 않는 걸 보았어요.	y he visto que no aceptan mi buena voluntad.
로마의 담들 사이에서는 수도승이었고 케르 [키라 섬[15]의	Fui abad entre los muros de Roma y era hermoso
불타는 밤들에서 군인이 되는 일은 아름다웠어요.	ser soldado en las noches ardientes de Corfú.
전 가끔 바이올린 꿈도 좀 꾸었어요.	A veces he soñado un poco el violín
그리고 주님, 주님은 베니스가 어떻게	y vos sabéis, Señor, cómo trema Venecia

음악으로 꾸미고 섬들과 원형 지붕들이 불타는
[지 아시지요.
주님, 제 말 들어 보세요, 전 마드리드에서 모스
[크바까지
얻은 거 하나 없이 여행했어요, 종교재판소의 늑
[대들이
저를 추적하고, 전 제 뒤로 언어들의,
독이 있는 언어들의 폭풍을 가지고 다니지요.
그리고 전 단지 저의 명백함을 구하고 싶고,
매 새로운 날의 빛에 미소짓고 싶고,
죽어 가는 모든 것에 저의 확고한 공포를 보여
[주고 싶어요.
주님, 저는 여기 당신의 도서관에 남아
호메로스를 번역하고, 당시의 저의 날들
[에 대해 글을 짓고,
이스탄불의 푸른 후궁들의 방들을 꿈꾼답니다.

con la música y arden las islas y las cúpulas.
Escuchadme, Señor, de Madrid a Moscú
he viajado en vano, me persiguen los lobos
del Santo Oficio, llevo un huracán de lenguas
detrás de mí, de lenguas venenosas.
Y yo sólo deseo salvar mi claridad,
sonreír a la luz de cada nuevo día,
mostrar mi firme horror a todo lo que muere.
Señor, aquí me quedo en vuestra biblioteca,
traduzco a Homero, escribo de mis días de entonces,
sueño con los serrallos azules de Estambul.

—『타르퀴니아에 있는 무덤』 중에서[16]

완벽한 수사, 놀랄 만한 완벽한 이미지, 신비한 초혼의 힘, 그리고 시인의 자세와 의도가 스토아적 윤리로 펼쳐지고 있다.

에즈라 파운드와의 만남

Encuentro con Ezra Pound

넌 일요일 어느 오후에 가야 해,

Debes ir una tarde de domingo,

그때는 외로운 어린아이들, 담들의
병약한 장밋빛, 그림자들의 신맛이 있는 정원들
[에도 불구하고
베니스가 약간 덜 죽은 때거든,
비록 네게 말을 걸지 않는다고 할지라도
그를 찾아 넌 가야 해,
(바다가 네 뒤로 섬들과
교회들과 궁정들과
지상의 가장 아름다운 원형 지붕들을 가라앉히고
바다와 그 사이렌들조차 너를 매혹시키지 않을 거
[라는 사실은 잊어)
기억해, *폰다멘타 카발라*,
거기에는 무라노의 유리공이 있고
아주 달콤한 음악이 있는 바가 있지,
시시라는 이름의 여인숙에서 물어봐
단지 사람들을 보러 베니스에
도착한 사람,
새하얀 수염과 곧은 자세의
약간 미친 기가 있는 그 미국인이 머무는 곳에서,
돌다리를 지나면 검은 고양이들과
갈매기들로 가득한 물웅덩이들을 보게 될 것이야,
거기, 하얀 꽃과 썩은 과일들로
가득한 짙은 녹색 물이 흐르는 수로 옆에서
비발디의 바이올린 소리를 듣게 될 것이야,

cuando Venecia muere un poco menos,
a pesar de los niños solitarios,
del rosado enfermizo de los muros,
de los jardines ácidos de sombras
debes ir a buscarle aunque no te hable
(olvidarás que el mar hunde a tu espalda
las islas, las iglesias, los palacios,
las cúpulas más bellas de la tierra,
que no te encante el mar ni sus sirenas)
recuerda: *Fondamenta Cabalá*,[17]
hay por allí un vidriero de Murano[18]
y un bar con un música muy dulce,
pregunta en la pensión llamada Cici
donde habita aquel hombre que ha llegado
sólo para ver gentes a Venecia,
aquel americano un poco loco,
erguido y con la barba muy nevada,
pasa el puente de piedra, verás charcos
llenos de gatos negros y gaviotas,
allí, junto al canal de aguas muy verdes
lleno de azahar y frutos corrompidos,
oirás los violines de Vivaldi,

멈춰서 한참 침묵을 지키며 바라봐:
라모 코르테 케리나, 그게 이름인데,
죽음 이외에는 다른 출구가 없는
화분이 걸린 그 좁은 뒷골목에
에즈라 파운드가 살고 있어.

detente y calla mucho mientras miras:
Ramo Corte Querina, ese es el nombre,
en esa callejuela con macetas,
sin más salida que la de la muerte,
vive Ezra Pound.

—『타르퀴니아에 있는 무덤』 중에서[19]

작품에 언급된 시인에게서 감동을 받고 그런 시인과 이런저런 방식으로 대화를 나누고 있는 시이다. 시인이 초혼하는 세상은 두 개다. 하나는 앞선 시에서 볼 수 있듯이 이탈리아이다. 다른 하나는 고향인 스페인의 레온이다. 위 시에서는 스페인 내륙에 살던 한 젊은 시인이 이탈리아에서 자신을 뿌리를 찾았다. 아름다움을 느끼는 방법을 발견했던 것이다. 시인의 작품에는 늘 이 두 세상이, 두 개의 문화가 대비된다. 아름다움과 죽음과 시간의 흐름과 병마 등이 삶과 진리의 상징으로 들어 있다.

후기 노비시모와 최근

블랑카 안드레우
안토니오 루카스
루나 미겔

블랑카 안드레우

Blanca Andreu, 1959-

앞선 '노비시모'를 이어 '후기 노비시모'가 등장한다. 1951년에서 1965년 사이에 태어나 1976년과 1980년 사이에 첫 작품집을 낸 시인들을 말한다. 이 '후기 노비시모Posnovísimo'란 용어는 루이스 안토니오 데 비예나(1951-)가 붙인 이름으로 '80년대 세대'라고도 불린다. 호세 구티에레스José Gutiérrez(1955-), 블랑카 안드레우Blanca Andreu, 루이스 가르시아 몬테로Luis García Montero(1958-), 펠리페 베니테스 레예스Felipe Benítez Reyes(1960-)가 대표적이다.

이들은 전통적으로 내려오던 것들을 각자의 취향에 맞게 받아들여, 앞선 '경험 시'와 달리 '다름의 시'를 창조한다. 신초현실주의, 신인상주의, 신정화주의란 용어에 걸맞게 인식으로서의 시, 감정 표현으로서의 시를 빚어 낸다.

'후기 노비시모'란 용어를 만들어 낸 비예나는 초기 노비시모 미학 안에 있었지만 80년대에 들면서 노비시모 경향이 사양길에 접어들면서 자신이 명명한 후기 노비시모의 일원이 된다. 퇴폐주의 징조와 함께 잃어버린 젊음과 육체, 동성애와 모험과 쾌락을 노래한다. 경험적이자 미적이고 유희로서 도발적인 것들을 다시 불러들인다. 이 자리에서는 신초현실주의 시를 통해 메타시 개발로 대표되며 후기 노비시모의 출발점으로 간주되는 블랑카 안드레우의 시를 소개한다.

시인은 갈리시아의 라 코루냐에서 탄생하여 무르시아에서 대학을 다녔고 스무 살에 마드리드로 거처를 옮겼다. 1980년에 『샤갈로 살기 위해 온 어느 시골 소녀의 이야기De una niña de provincias que se vino a vivir en un Chagall』로 아도니스 상을 수상한다. 1993년 남편이 죽자 코루냐로 돌아와 오리우엘라를 오가며 살고 있다.

내겐 바다가 반 남았다.

내겐 물의 승리로, 거울들과
혼합물들의 도래로 바다가 반 남았다,
내겐 바다가 반 남았다 그리고 바다의 익사자들, 찬가와 화상,
심오한 물에 만취한 자들과 깊은 고통이.

하지만 가장 하얀 피의 바다와
가라앉힌 고통의 바다,
사냥에서의 추적과 죽음의 바다, 잠든 금속 와인과
키 작은 달이 있었다.
가장 힘든 사랑을 위해 젖은 커다란 창문들의 바다
그자와 함께 고독을 감행하고, 그려진
화톳불과 횃불로 꼬아 만든 갈기로 노래한다,
네 이름이 쇠하듯 쇠하는 가장 힘든 사랑의 바다:
즉, 내게서 전율하는 사람과 우선인 네 이름.

Me queda la mar media

Me queda la mar media en el triunfo del agua,
en el advenimiento de los espejos y de las aleaciones,
me queda la mar media y sus ahogados, cantiga y quemadura,

ebrios de agua profunda y profundo dolor.

Pero había un mar de la sangre más blanca
y del dolor apagado,
mar de la caza y muerte en montería, vino metal dormido y
baja luna.
Mar de los ventanales empapados para el amor más duro
con quien a soledad se atreve y canta, con crines antorchadas
y dibujada hoguera,
mar del amor más duro que decae como decae tu nombre:
el hombre que en mí tiembla y tu nombre primero.[1]

의식의 흐름과 꿈을 향해 계속되는 몽환적 이미지들이 그녀가 초현실주의자임을 보여 주고 있다. 허무의 냄새가 진동한다. 바다와 물이라는 단어가 작품 내내 반복되며 그에 반대되는 단어인 불과 횃불에 맞서고 있다. 하지만 이 단어들이 갖는 원래의 의미는 사라지고 없다. 불과 물이 같은 물질로 된 것인 양 보이도록 하는 거울이 있다. 주 테마는 사랑이다. 사랑을 넘어 냉담, 무관심, 사랑하는 이의 이름을 잊고자 하는 희망일 수도 있다. 삶이라는 바다에 질식해서 사라지는 자들의 죽음 역시 작품의 주인공으로 보인다. 마약에 만취하듯 몽롱한 시인의 의식에 독자를 취하게 만든다. 아래의 작품은 이 정도의 해석도 불가능해 보일 정도로 터무니없다. 비문법적 구조도 도를 넘는다. 아예 없다고 하는 말이 맞을 정도이다. 시를 쓰는 게 아니라 터무니없는 것들의 나열을 통해, "모두 숨겨 놓아서 도통 알 수가 없다"는 평도 불사하는 시이다.

죽음 새 왕자…

죽음 새 왕자, 새는 미성숙한 천사이다.
그리고 그래서 난 멀어져 가는 네 손들에 대해서 그리고 불타고 있는 너무나 아름다운 것의 손들에 대해 말할 거야,
사슴코를 가진 자그마한 신, 나의 형제, 간헐적으로 나오는 영혼의 영웅들,
죽는다고 결코 믿지 않는 황금 피하의 계집아이들,
눈동자는 어찌나 날카로운지 그리고 천사가 은과 진의 부리를 하고
상공을 비행하고
그냥 지나치는 동안 죽음을 밝히는 손가락들의 칼날,
네 손 위에서 멀어져 가는 새에 있는 단호한 오후의 입술들 그리고 나의 손들과
야생의 그리스풍 작은 사슴의 손들, 나의 형제,
그리고 기억상실증에 걸린 성모 마리아들의, 영웅들의 혈관들이 없는 손들.
네 손들에게 박탈당한 나의 고통의 날개들, 내 사랑이여, 하얗게 칠해진 내 심장,
단말마의 병들과 삶을 용해하는 액체를 담은 나의 고통의 날개들,
그리고 내게서 그리고 경련을 일으키는 삶에서 너를 사랑하는 입술들,
그리고 그지없이 가는 호른, 아치의 곡선을 높인
아치의 곡선을 높인 트럼펫들, 어린 기둥들에서 나는 음악,
도가 얼마나 최고 음역인지,
가장 높은 시선과 가장 높은 불평,
날고 있는 죽음 새 왕자,
새는 미성숙한 천사이다.

Muerte pájaro príncipe...

Muerte pájaro príncipe, un pájaro es un ángel inmaduro.
Y así, hablaré de tus manos que se alejan y de las manos de lo hermosísimo ardiendo,
pequeño dios con nariz de ciervo, hermano mío, héroes de alma entrecortada,
niñas de oro hipodérmico que nunca creen morir,
qué aguda la pupila y el filo de los dedos encendiendo la muerte mientras un ángel
sobrevuela y pasa de largo
con el pico de plata y de ginebra,
labios del mediodía resuelto en ave sobre tus manos que se aleja y mis manos
y las manos del pequeño ciervo de aire griego salvaje, hermano mío,
y las manos sin venas de los héroes, de las madonas amnésicas.
Mis alas de dolor robadas por tus manos, amor mío, corazón mío pintado de blanco,
mis alas de dolor con botellas agónicas y líquidos que disuelven la vida,
y los labios que te aman en mí y en la convulso[2],
y la música en trompas delgadísimas, trompetas peraltadas,
peraltadas, columnas niñas, qué
sobreagudo el do,
la mirada más alta y la más alta queja,
muerte pájaro príncipe volando,
un pájaro es un ángel inmaduro.

—『샤갈로 살기 위해 온 어느 시골 소녀의 이야기』 중에서[3]

아도니스 상 심사 위원들의 평가가 이 시를 이해하는 데 도움이 될 것 같아 소개해 본다.

"무모하고 아주 상상력이 풍부한 말, 언어에서 용감하고 단지 그녀에게만 속해 있어 보이는 시적 세계를 창조한 자." 또 다른 심사위원은 이렇게도 말한다. "심장에 숨겨 놓은 참을 수 없는 정열이 말해지는 것이 되고자 꿈꾸며, 그 말해지는 것을 받치며, 그 말해지는 것으로 죽음도 불사한다." 또 이렇게도 말한다. "아름답게 갈겨쓴 것으로 비참함을 묻고, 마술이니 낭만주의니, 무지와 같은 이런 말들에게는 가장 순수한 의미를 되돌리려는, 목구멍에서 터져 나온 감상적인 문학이다."

안토니오 루카스

Antonio Lucas, 1975-

안토니오 루카스는 마드리드에서 태어나 시에 매료당했던 아버지에 이끌려 시인으로 활동하고 있다. 아버지는 시인에게 라파엘 알베르티와 안토니오 마차도 그리고 미겔 에르난데스의 시를 읽게 했고, 시인은 상징주의 시인인 아르튀르 랭보와 다다이즘과 초현실주의의 대표주자이자 프랑스 저항시의 백미로 알려진 폴 엘뤼아르, 그리고 50년대 스페인 시인인 클라우디오 로드리게스Claudio Rodriguez(1934-1999) 시를 좋아한다. 대학에서 신문방송학을 전공했다. 1996년부터 『엘 문도』 신문 기자로 일하고 있다. 2014년 로에베Loewe 상의 영광을 안은 『환멸들Los desengaños』로 스페인 현대시의 모습을 전반적으로 밝혀 주고 있다. 이외 『세상 이전Antes del mundo』으로 1995년에 아도니스 상을, 『천창天窓Lucernario』으로 2000년에 비평 상(El ojo crítico)을 받았다. 완벽한 시어로 파편화된 인간들 간의 화해를 모색하고 있는 『반대의 세상들Los mundos contrarios』도 있다.

시인에 따르면 현대를 사는 사람들에게는 다른 시대에 있었던 정전이 존재하지 않는다. 이전에는 무언가 붙들 것이 있었다. 이 정전이 모든 일을 정해 주었고 또 숨길 것은 숨겨 주었다. 지금은 한 공간에 살고 있지만 목소리들이 서로 충돌하고 있다. 그렇다고 그 목소리가 정실도 아니다. 서생의 것이며 서로 공유했으나 이제는 서로 너무나 달리 옮기고 있는 게 지금 시의 경향이라고 정리하고 있다. 그래서 현대시는 불안의 시이며, 새로운 시어의 창조로 신 바로크적이며 파편화된 시라 이해하기가 어렵다. 아래 시는 차분하면서도 분명한 어조로 시인이 확실하다고 생각했던, 확실하게 보였던 세상의 상실을 글로 옮긴 것이다.

이전

네가 네게 대해 말하는 바를 지금 난 알아.
그러니까 어떤 사랑이든 요구하는
조바심 내는 망각,
허물어지는 대지,
생각지도 못한 새벽, 아득함,
되찾기 위한 장소,
새로이 혼자 있을
그리고 재를 불고,
불을 치울
존재할 줄 모르는
토요일이 세상인 양
네 비밀스러운 이름을 다시 조립할 생생한 힘.

내가 사랑한다는 그 음절의 가파름이란.
네 반향에서의 얼마만 한 침묵이.
한 판자에 있는 어느 사진의 연무가
아직도 기운이 날
그 영원성으로부터
나를 부르지 않는 목소리는 얼마나 단단히 고정
[되었는지.

Mudanza

Ahora sé lo que de ti me dices:
el olvido impaciente
que todo amor exige.
la tierra que se desmorona,
la madrugada de golpe, la lejanía,
el sitio a recobrar,
la viva fortaleza de estar sola de nuevo
y soplar ceniza,
desamueblar el fuego,
recomponer tu nombre clandestino
como si fuera el mundo un sábado
que no sabe existir.

Qué escarpada la sílaba del quiero.
Qué silencio en tu estampida.
Qué fija la voz que no me llama
desde esa eternidad
donde aún se aviva
la bruma de una foto en un tablero.

—『환멸들』 중에서[4]

시인은 우리에게 말한다. "네가 살면서 남길 자취일랑 모두 찾아, 어떠한 것이 되든지 삶의 흔적을, 무엇이든 동맥의 소음을…" 우리는 늘 돌아오지 않을 것들을 기억하고 있기 때문이다. 하지만 때 묻지 않은 유년기의 삶이 가능할까?

배신

진실은 존재하지 않아, 네가 말하곤 했지.
그리고 어떤 진실이 있다면 늘
이런 식으로 더 확실한 다른 문들을 닫
[기 위한 책임 때문인 것이라고.

난 살고자 너를 바라보곤 했어.
네 유년기의 변두리를 난 알고 있어.
너를 사랑했던 모든 사람들의 가장 우매
[한 가면들을 난 봐 왔지.
난 네 몸을 그리고 네 몸의 테두리들의 여정
[을 사랑했지.

난 늘 네게 있었지,
어느 한 날 자포자기하는 자를 무척 사랑하듯.

그리고 공기는 네 존재로부터 나를 침입하
[곤 했던 그거였어,
자신의 불면의 가면을 갖고,

Traición

No existe la verdad, tú lo decías.
Y si existe una verdad siempre es culpable
de cerrar así otras puertas más exactas.

Yo te miraba para vivir.
Conozco el extrarradio de tu infancia.
He visto las máscaras más necias de cuantos te quisieron.
Amé tu cuerpo y la ruta de sus bordes.

Estaba en ti de siempre,
como se ama a quien un día se abandona.

Y el aire era aquello que de tu ser me invadía
con su disfraz de vela,

자신의 궁정의 기적을 갖고.	con su milagro de palacio.
그리고 '만일 죽은 뒤 우리가 일어난다면'…	Y 'si después de morir nos levantamos'...
누군가는 지금 내 입을 다물게 해야 할지도 몰라,	Alguien debiera callarme ahora,
내 죽음의 날짜를 말해야 될지도,	decir la fecha de mi muerte
어느 숲이, 어느 도피가, 어느 격렬한 과실이, 불타는	como se pronuncia un bosque,
어느 세포가 선고하듯이 말이야.	una fuga, un violento fruto, una célula que arde.
망각이 베푸는 것을 경작하는	Dejar inscrita en mi sangre la llamarada
화염이 내 피에 새겨지도록 해야 할지도.	que labra lo que el olvido dispensa.
그리고 내 열망 없는 젊음에 녹도록 해야 할지도,	Y que en mi juventud sin afán se disuelva,
우리가 시험해 보지 못한	sonriendo a lo oscuro y al azul de las cosas
사물들의 푸름과 어둠에 미소 지으면서,	que no hemos probado,
도망가는 게 자유롭게 되는 양.	como si huir fuese estar libre.
자유롭다는 것이	Como si ser libres fuese algo más que el silencio
자신들의 환상들로 굴복한	entre dos seres vencidos
두 존재 사이에 있는 침묵 그 이상인 그 무엇인 양.	por sus alucinaciones.

—『환멸들』 중에서[5]

삶의 환멸은 다양한 모습으로 온다. 늙음으로, 사랑의 실패로, 꿈의 상실로. 이러한 것들을 의식할 때마다 인간은 평정심을 잃게 된다. 그러니 산다는 것은 증명할 수 없는 것들을 받아들이고 균형감각을 유지하는 일이다. 시인은 상실에 대한 생각이 분명해질수록 살아남고자 하는 본능적인 욕망의 필요성을 이해할 필요가 있다고 한다.

이렇게 시인은 확실해 보였던 세상이 무너져 내리고, 사회와 경제와 문화와 도덕이 위기로 내몰려 집단적 실망이 일고 있는 우리 세대에 삶을 재정비하도록 우리 앞에 있는 환멸을 쓸 필요가 있다고 한다. 환멸 다음에는 더 나은 무엇이 있을 거라고, 환멸 뒤에 살아남을 것에 기대며 다음은 더 나아질 것이라는 생각으로, 우리를 살도록 부추기는 무엇인가가 있어야 할 필요가 있다는 생각으로 시를 쓴다고 한다. 물론 우리는 또다시 환멸을 맛볼 것이고, 한순간 무너져 내릴 수 있는 현실에서 늘 부유하고 있는 존재라는 사실을 알게 될 것이다. 그래서 시는 계속된다.

루나 미겔

Luna Miguel, 1990-

루나 미겔은 마드리드 출생으로 현재 플레이그라운드 매거진 편집자로 일하고 있다. 스페인의 대중 작가들 중의 하나로 인정받고 있다. 2010년 『병환 중이라는 것Estar enfermo』을 시작으로 『시는 죽지 않았다Poetry is not dead』, 『불모의 생각들Pensamientos estériles』(2011)을 이어 시적으로 한층 높은 경지에 올랐음을 보여 주는 『수부의 무덤La tumba del marinero』(2013) 그리고 『위장들Estómagos』(2015)이 있다. 고독, 죽음, 인간 간의 결속 등을 아주 쉽고도 경쾌하게 보여 준다는 평이 지배적이다.

흉터들

내 할아버지는 위에 흉터가 있다.
내 할머니는 가슴에 흉터가 있다.
내 어머니는 목구멍에 흉터가 있다.
내 아버지는 무릎에 흉터가 있다.
내 연인은 옆구리에 흉터가 있다.
내 삶은 흉터가 없다. 단지 얼룩들,
기름, 타 버린 시간:
할퀴기가.

Cicatrices

Mi abuelo tiene una cicatriz en el estómago.
Mi abuela tiene una cicatriz en el pecho.
Mi madre tiene una cicatriz en la garganta.
Mi padre tien una cicatriz en la rodilla.
Mi amante tiene una cicatriz en el costado.
Mi vida no tiene cicatrices. Solo manchas,
aceite, tiempo quemado:
un rasguño.[6]

나쁜 피

V

내 이모의 자궁은 밧줄 모양을 하고 있다.
중국 사람들이 파는 계집아이들의 플라스틱 팔
[찌를
닮은 밧줄들, 완전한 동물체의 형상을 갖고 있다.
내 이모 루데스의 자궁은 완벽한
동물이다: 거름 냄새가 나고 젖은 풀 냄새가 나고
가끔은 파리들이 먹어 치우기도 한다. 내 이모의
자궁 한 조각을 사람들이 떼어 냈다, 죽지는 않
[을 것이다
하지만 아프다. 죽지는 않을 것이지만 놀라긴
[한다. 내 이모의
자궁을 제거했고, 나쁜 조카인 나는 그녀를 보
[러 가지 않았다.
난 병원이 무섭다. 너무 무서워 내가 사랑하는
[사람들을
보러 가지 않는 쪽을 선호한다. 그저 이모 안녕,
[나 바빠,
라거나 안녕, 이모, 지금 부재중이야,
라고 거짓말을 택한다.
내가 병원에서 처음으로 자고자 했을 때가
열두 번째 수술을 받은
내 할머니를 돌보기 위한 거였다. 내가 병원에
[서 처음으로

La mala sangre

El útero de mi tía tiene forma de soga. Las sogas,
como las pulseras plásticas de las niñas que
venden en los chinos, tienen formas de animales
perfectos. El útero de mi tía Lourdes es un
animal perfecto: huele a estiércol y a hierba mojada
y a veces se lo comen las moscas. A mi tía le
han quitado un trozo de útero y no se va a morir
pero le duele. No se va a morir pero le asusta. A
mi tía le han quitado el útero y yo, que soy una
mala sobrina, no he ido a visitarla. Los hospitales
me dan miedo. Tanto que a veces prefiero no
ir a ver a mis seres queridos, opto por decir hola,
tía, estoy ocupada, opto por mentir, hola, tía, estoy
ausente. La primera vez que me quedé a dormir
en un hospital, fue para cuidar a mi abuela después
de su duodécima operación. La primera
vez que me quedé a dormir en un hospital mi

자고자 남았을 때 내 할머니는 옷을 입은 채 똥
[을 쌌다. 방은
똥냄새로 진동했다. 치우라고 간호사들을 불렀
[으나
아무도 오지 않았다. 난 부끄러워 울던
할머니를 부둥켜안았다. 악취는 오히려 내게
사랑을 불러일으켰다. 그녀에게서 나는 악취
[는 단지 그녀에 대한
나의 사랑이었다. 그녀의 똥은 그녀에 대한 나
의 사랑이었다. 나의 느긋한 얼굴, 찡그리지 않
[은 나의 미간은
나에 대한 그녀의 사랑이었다. 세상의 종말이
이와 비슷해야 할 것이다, 라고 생각했다: 너를
[둘러싸고
있는 것 모두가 불행한 종말의 악취를 풍길 때
네가 사랑하는 누군가의
옆에 있는 것.
세상의 종말은 이래야 될 것이다.

불화의 와중에서 껴안고 있는 두 사람.

차분하지만 슬픈.
눈물이 나지만 견뎌 내면서.

abuela se cagó encima. La habitación comenzó
a apestar. Llamé a las enfermeras para que limpiaran
pero no venía nadie. Abracé a mi abuela,
que lloraba de vergüenza. Pero su peste solo
me provocó amor. Su mierda era mi amor por
ella. Mi cara relajada, mi ceño sin fruncir, era su
amor por mí. El fin del mundo tiene que ser algo
parecido a esto, pensé: estar al lado de alguien a
quien amas cuando todo lo que te rodea apesta
a final infeliz.
El fin del mundo debería ser así.

Dos personas abrazadas en mitad del desconcierto.

Tranquilas pero tristes.
Con lágrimas pero soportando.

—『수부의 무덤』 중에서[7]

갈리시아, 카탈루냐, 바스크 시

셀소 에밀리오 페레이로

가브리엘 아레스티 세구롤라

살바도르 에스프리우

셀소 에밀리오 페레이로

Celso Emilio Ferreiro, 1914-1979

현재 스페인에서 공식적으로 사용되는 언어는 네 개다. 제일의 언어는 우리가 보통 스페인어로 알고 있는 카스테야노이다. 역사적으로 행정의 중심이 된 카스티야 지역에서 사용하던 언어이다. 이 언어 외에 앞선 중세 갈리시아-포르투갈 서정시와 로살리아 카스트로 시에서 본 바와 같이 갈리시아 지역에서 사용하는 가예고 언어가 있고, 이베리아 반도 북동쪽에 있는 파이스 바스크와 나바라 지역에서 사용하는 에우스케라라는 바스크 언어가 있으며, 카탈루냐와 발렌시아 지역에서 사용하는 카탈란 언어가 있다. 그러니 좀 더 보편적이고 정확하게 스페인 문학을 얘기하자면 이 언어로 행해진 문학을 스페인 문학의 범주에 포함시켜야 할 것 같다. 문학이란 다름 아닌 언어를 예술적으로 사용한 것이라 그렇다.

갈리시아 문학은 중세에 시작되었다. 13, 14세기 서정시로 그 시작은 창대하다. 당시 스페인 문학의 대표 주자로, 2천여 점의 작품이 네 편의 거대한 가곡집에 담겨 있다는 게 그 증거가 될 것이다. 프로방스 시와의 유사성과 대중의 노래가 문학으로 들어앉은 흔적을 보여 주고 있다. 외지인들이 갈리시아어로 시를 쓰도록 할 정도로 위력이 막강하였다. 그 한 예로 카스티야의 알폰소 현왕(1221-1284)은 가예고 언어로 성모 마리아 찬가를 지었다. 15세기 이후부터 갈리시아와 포르투갈의 언어적, 문화적 통일성은 깨어진다. 사실 포르투갈은 12세기부터 카스티야-레온 왕국과는 별도로 독립된 왕국이었는데, 지역적·환경적 요인으로 갈리시아와 함께 가예고-포르투갈 문화를 이루어 언어적 공동체 속에 있었다. 이후 세월과 함께 각각의 언어로 발전해 갔다.

중세 동안 화려했던 갈리시아 문학은 15세기부터 19세기까지는 그 흔적을 찾아볼 수 없을 정도로 지워졌다가 1850년에 들어 다시 살아난다. 자신들의 과거를 되찾고 민속적인 요소들을 재발견하도록 고무한 낭만주의 태동이 그 한 이유이다. 다른 이유도 있다. 지배계층으로서, 사고와 문화의 새로운 형태를 추구하는 중산층의 부상이라는 사회적 요소가 있다. 이 "소생Rexurdimiento" 운동에 첫 발을 내디딘 작품이 니코메데스 파스토르 디아스Nicomedes Pastor Díaz의 「여명에게A alborada」이다. 가예고 언어로 된 첫 번째 책은 1853년에 나온 후안 마누엘 핀토스Juan Manuel Pintos의 『갈리시아의 가죽 피리에게A gaita gallega』이다. 10년이 흐른 뒤 앞서 소개한 로살리아 데 카스트로의 『갈리시아 노래들Cantares gallegos』이 세상에 나옴으로써 진정한 현대 갈리시아 문학이 시작되었다고 볼 수 있다.

이 여류 시인을 이어 갈리시아 지역민의 역사적 뿌리를 이상화한 에두아르도 폰달Eduardo Pondal(1835-1917), 사회시를 쓴 마누엘 쿠로스 엔리케Manuel Curros Enríquez(1851-1908), 대중의 목소리를 시에 실어 갈리시아 농부의 삶을 예리하게 묘사한 발렌틴 라마스 카르바할Valentin Lamas Carvajal(1849-1906) 등이 등장한다. 물론 이런 일은 로살리아 데 카스트로가 사회를 주제로 해서 쓴 시나 민속 시, 또는 고뇌에 찬 내밀한 서정적 표현이 없었다면 불가능했을 것이다.

20세기에 들어 『노스Nos』(1920-1936) 잡지가 발간되자 갈리시아 문학의 특징 중의 하나였던 민속적인 색깔은 사라진다. 대신 자신들이 처한 현실에 무게를 두면서 유럽 문학의 흐름도 받아들인다. 하지만 스페인 내란과 그 이후로 그 흐름은 멈춰 버린다. 1945년 이후에는 일간지 『밤La Noche』을 통하여 앞서 시작된 문학의 맥을 이어 간다. 서정시에서는 라몬 카바니야스Ramón Cabanillas(1876-1959)가 전 세기와 현 세기를 이어 주는 교량 역할을 했다.

셀소 에밀리오 페레이로는 갈리시아를 대표하며 갈리시아 밖에서 가장 많이 알려진 시인이다. 1914년 오렌세에서 태어나 1935년에 자신의 첫 시집을 발표한다. 1962년에 나온 『돌의 긴 밤Longa noite de pedra』이 대표적이다. 1966년에 베네수엘라로 이민 가 그곳에서 몇 년을 살았는데, 이러한 이민의 경험에서 나온 작품이 『난쟁이 나라로의 여행Viaxe ao país dos ananos』

(1968)이다. 마지막 작품이 『세상이 셀라노바라고 부르는 곳Onde o mundo se chama Celanova』(1975)이다. 주로 불의에 대한 고발이나 고통받는 자들 간의 결속, 돌에 짓이겨지고, 빛을 박탈당했을 때의 느낌 등을 시로 읊었다. 힘 있는 표현력과 테마들의 예를 다음 시로 확인할 수 있을 것이다.

넌 멀리서 와
지나가는 여행자,
내 언어의
가장 생명 있는 말로, 난 말하노라.
불의를 버리고
자유를 부르짖노라.
난 진실을 말하고
민중에게서 휴식을 취하노라 (…).

viaxeiro, que vés de lonxe
e vas de paso,
coa palabras máis viva
do meu linguaxe, fao.
Repudio as inxusticias
i a liberdá procramo.
Digo a miña verdade
e no pobo descanso (...).[1]

다음 시는 대표작인 「바다 앞에 엎드려Deítado frente al mar」이다.

내 마을의 무산자들의 언어,
난 그 언어로 말한다. 그건, 그래, 내 마음에 들어서다,
그렇게 해야 되고, 내가 좋아하고 그러고 싶어서다.
넥타이를 매자마자 이미
조상들의 사랑을 지킬 줄 모르고,
돌아가신 조부님들의 언어,
모어를 말할 줄 모르고,
머리를 꼿꼿하게 세운 채 늘 수부가, 언어의 농부가

Lingoa proletaria do meu pobo
en fáloa por que sí, porque me gosta,
porque me peta e quiero e dame a gaña;
porque me sai de dentro, alá do fondo
de unha tristura aceda que me abrangue
ao ver tantos patufos desleigados,
pequenos mequetrefes sin raíces
que ao por a garabata xa non saben

노와 쟁기와 뱃머리와 격자창이
될 줄 모르는 근원을 모르는
소인배 주책바가지들,
그 많은 박정한 크레틴 병 환자들을 볼 때,
내 내부, 내게서 범람하는 쓴 슬픔의
바닥 저곳으로부터 그 언어가 나오기 때문이다.

난 그 언어로 말한다. 그건 그래, 내 마음에 들어서다,
그리고 다른 언어로 얘기된 역사를
견뎌 낸 지 오래된 선한 인간들 가까이에서
나의 사람들과, 나의 것들과 함께 있고 싶어서다.

오만한 자들을 위해 난 말하지 않는다,
인색하고 힘 있는 자들을 위해 난 말하지 않는다,
우둔한 자들을 위해 난 말하지 않는다,
멍청한 자들을 위해 난 말하지 않는다,
허영에 찬 인간들을 위해 난 말하지 않는다,
조용히 서서 계속되는 거짓과 불의를 견뎌 내고 있는
사람들을 위해 난 말한다.
땀 흘리고 나비의,
헐벗은 눈동자 위의 바람과 불의 일상의
통곡을 우는 자들을 위해 난 말한다.
난 이 세상에서 고통받고 있는 모든 사람들로부터
내 말을 떼어 놓을 수가 없다.

afirmarse no amor dos devanceiros,
falar a fala nai,
a fala dos abós que temos mortos,
e ser, co rostro erguido,
mariñeiros, labregos do lingoaxe,
remo I arado, proa e rella sempre.

Eu fáloa por que sí, porque me gosta
e quero estar cos meus, coa xente miña,
perto dos homes bós que sofren longoa.
unha historia contada en outra lingoa.

Non falo pra os soberbios,
non falo pra os ruís e poderosos,
non falo pra os finchados,
non falo pra os estúpidos,
non falo pra os valeiros,
que falo pra os que agoantan rexamente
mentiras e inxusticias de cotío;
pra os que súan e choran
un pranato cotidián de volvoretas,
de lume e vento sobre os ollos núos.
Eu non pdo arredar as miñas verbas
de tódolos que sofren neste mundo.

그리고 나의 대지, 내 가계의
요람,
갈리시아, 스페인들의 달콤한 고통인 너는
바다 옆에 던져져 세상에서 살고 있다, 그 길은…

E ti vives no mundo, terra miña,
berce da miña estirpe,
Galicia, doce mágos das Españas,
deitada rente ao mar, ise camiño...

—『돌의 긴 밤』 중에서[2]

내가 계승한 대지

A terra que eu heredei...

나의 선조들로부터 내가 계승한 대지는
연기와 바람으로 변했다.

그곳의 나의 형제들은 죽었다;
이곳의 형제들은 내게 남이다.
열대의 태양은 독이다.
제발 내게 눈과 차가운 바람을 보내 줘.
겨울이 없는 열두 달 여름은
이어지는 너무 많은 8월이다.

많은 자동차들이 지난다.
거리들은 지옥이다.
외지인이 된다는 건 슬프지만
그렇게 되지 않는 것과
자기 집에서 이방인으로 느끼는 건 더 슬프다.

A terra que eu herdei dos meus aboengos
trocouse en fume e vento.

Os meus irmaus de alá morreron;
os de eiquí sonme alleos.
O sol do trópico é un veneno.
Por favor, mandaime neve e cercio.
Doce meses de vrau sin un inverno
son moito agosto a eito.

Pasan os automóviles a centos.
As ruas son un inferno.
E triste ser estraxeiro
pro é mais triste non sélo
e sentirse estrano nos propios eidos.

누가 하늘에 문을 놓았는가?
누가 저 안에서 나를 부르는가?

¿Quén lle puxo porta ao ceo?
¿Quén me chama alá dentro?

—『난쟁이 나라로의 여행』 중에서[3]

저항과 저주의 분위기를 담고 있는 이 시집은 시인의 이민의 경험에서 나온 산물로, 지리적 고립과 내적 고립으로부터 나오고자 한 시도가 결국 쓰라린 환멸로 끝났음을 알 수 있다. 풍요로운 사회가 남긴 여분으로 살아가고 있는, 도덕적으로 추악한 갈리시아인들을 난쟁이로 표현하고 있다.

가브리엘 아레스티 세구롤라

Gabriel Aresti Segurola, 1933-1975

바스크 기록 문학은 1545년에 나바라 지역 출신인 베르나르트 데체파레Bernart Dechepare가 보르도에서 바스크 언어로 책을 발간함으로써 시작되었다. 이베리아 반도에서 가장 오래된 언어로 된 이 문학은 그 이후로 쉼 없이 계속된다. 다른 언어에 비해 늦게 시작된 이유는 바스크 언어는 중세와 그 이후까지 제3의 언어였기 때문이다. 제1의 언어는 라틴어, 제2의 언어는 로망스어군의 언어들이다. 더군다나 바스크 민족의 유일한 국가조직이었던 중세 나바라 왕국은 로망스어를 제2의 언어로 사용했다.

바스크 기록 문학의 특징은 우선 작품 수가 많지 않다. 사제들이 실용적 목적으로 개발한 문학이 대부분으로 시가 많다. 데체파레의 첫 작품인 『원시 바스크 언어Linguae Vasconum Primitiae』는 종교와 사랑에 대한 시 모음집이다. 낭만주의에 들어 호세 마리아 이파라기레José María Iparraguirre(1820-1882)가 바스크 민족의 자유를 상징하는 찬가 「오크 나무gernikako arbola」를 썼고, 이 시는 파이스 바스크를 알리는 데 크게 일조했다. 빌린치Vilinch라 불리는 인달레시오 비스카론도Indalecio Bizcarrondo(1831-1876)는 19세기를 대표하는 시인이다. 리자르디Lizardi로 불리는 호세 마리아 아기레José María Aguirre(1896-1933)는 바스크 언어로 바스크 지역의 풍경을 가장 잘 담아 낸 시인으로 알려져 있다. 다음은 그의 『심장과 눈에Biotz Begietan』에 실린 「달리는 기차bultzi-leiotik」의 일부분이다.

오, 대지여, 대지여, 나의 대지여!
오, 미소 지으며
달콤하게 태어난,
부드러운 아침이여!
녹색의 옥수수 밭,
산들, 낡은 농가들; 붉은 과일이
압도하는 사과나무들.
모든 것이 모든 것이
여린 안개로 지켜지고
모든 것이
태양에 물든…

Oi, lur, oi, lur!
Oi, ene lur nerea!..
oi, goiz eme,
parre gozoz ernea!…
Arto musker,
mendi, baserri zaarrak;
ale gorriz abailduta sagarrak
oro laño
mee batek estalia,.
urrez oro
egukiak yantzia….[4]

스페인 내전(1936-1939)과 독재 체제(1939-1975) 동안 침묵을 지켰던 바스크 문학은 1960년 이후 잡지 발간과 출판사들의 부상으로 활기를 되찾기 시작한다. 지역주의에만 머물지 않고 외국의 영향도 받아들이면서 순수 바스크 언어를 사용하기를 원하는 그룹과 실용적인 언어를 추구하는 그룹들 간의 논쟁은 계속되고 있다.

가브리엘 아레스티 세구롤라는 빌바오에서 태어났으나 그의 모어는 카스테야노이다. 12살에 바스크 언어를 익히기 시작하였고 바스크어로 문학 활동을 했다. 대표작은 『돌과 민중 Harri eta Herri』(1964)으로 가브리엘 셀라야와 블라스 데 오테로의 영향을 많이 받았다. 그는 순수한 바스크어보다 분명한 바스크 언어를 원한다고 고백했다. 민중들이 후자를 더 원한다는 게 그의 변론이다. 스페인의 50-60년대 시인들처럼 이야기 투에 일상에서 사용하는 언어를 서정시의 기본으로 하고 있다. 가끔은 빈정거리기도 하지만 표현이 살아 있고 이미지가 탁월하며 사회와 정치를 시에 끌어왔다. 그는 시를 망치라고 했다. 『돌과 민중』에서 「나의 아버지의 집Níre aítaren etxea」을 소개한다.

난 지킬 것이야	Nire aitaren etxea
내 아버지의 집을.	defendituko dut.
늑대에 맞서,	Otsoen kontra,
가뭄에 맞서,	sikatearen kontra,
고리대금에 맞서,	lukurreriaren kontra,
벌에 맞서,	justiziaren kontra,
난 지킬 것이야	defenditu
내 아버지의	eginen dut
집을.	nire aitaren etxea.
난 목축들,	Galduko ditut
과수원,	aziendak,
송림을 잃어버릴 것이야;	soloak,
이자,	pinudiak;
소작료,	galduko ditut
배당금을	korrituak,
난 잃어버릴 것이야	errentak,
하지만 내 아버지 집을 지킬 것이야.	interesak,
내게서 무기를 앗아 갈 것이야	baina nire aitaren etxea defendituko dut.
그러면 내 손으로 내 아버지의	Harmak kenduko dizkidate,
집을 지킬 것이야;	eta eskuarekin defendituko dut
내 손을 잘라 버릴 것이야,	nire aitaren etxea;
그러면 팔로 내 아버지의	eskuak ebakiko dizkidate,/
집을 지킬 것이야;	eta besoarekin defendituko duk
내 팔을,	nire aitaren etxea;

내 어깨를
그리고 나의 가슴을 앗아가 버릴 것이야,
그러면 난 영혼으로
내 아버지의 집을 지킬 것이야.
나는 죽을 것이고,
내 영혼을 잃을 것이며
내 가계도 잃을 것이야,
하지만 내 아버지의 집은
계속
우뚝
서 있을 것이야.

besorik gabe,
bularrik gabe
utziko naute,
eta arimarekin defendituko dut
nire aitaren etxea.
Ni hilen naiz,
nire arima galduko da,
nire askazia galduko da,
baina nire aitaren etxeak
iraunen du
zutik.[5]

살바도르 에스프리우

Salvador Espriu, 1913- 1985

카탈루냐의 기록 문학은 중세에 시작되어 1200년경 첫 번째 문학 텍스트가 있고, 카탈루냐 시인들은 프로방스 언어로 시를 지었다. 14세기까지 프랑스 남부 언어인 오크어로 서정시를 쓴 그룹도 있다. 그러니까 프로방스 시학파와, 카탈란어, 프로방스어, 오크어, 이렇게 세 언어 사이에 존재하는 유사성이 당시 카탈루냐 문학을 설명하고 있다. 14세기 말부터 15세기 동안은 카탈루냐 문학의 고전기로 문학의 전성기이다. 프로방스 시 전통 위에 페트라르카의 영향과 전 르네상스 사상이 더해지고, 특히 발렌시아 지역 경제가 활성화되면서 위대한 시인들이 등장한다. 조르디 드 상 조르디Jordi de Sant Jordi와 아우시아스 마치Ausias March는 15세기 스페인 반도에서 호르헤 만리케와 함께 서정시의 최고봉에 올랐다. 그들의 감상적이자 성찰의 시는 시의 품격을 한층 올려 주었다. 하지만 1500년 이후부터는 침체기에 들어가 300년이 넘는 세월 동안 내놓을 만한 작가나 작품이 없다. 공식적인 언어로 사용되고 있었던 카탈란 언어가 1858년에는 교육 과정에서 배제된다. 이는 도구로서의 언어의 쇠퇴를 의미할 뿐만 아니라 좀 더 수준 높은 차원에서 언어를 실현화할 수 있는 문학의 쇠퇴를 의미한다. 19세기에 들며 카탈루냐 문학은 다시 힘을 발휘한다. 이유는, 카탈란 언어가 구어로는 계속 사용되고 있었기 때문이고, 최초의 산업화가 카탈루냐에서 이루어지면서 경제 권력으로서 부르주아라는 힘 있는 사회 계급이 만들어졌으며, 낭만주의의 영향으로 민족주의가 부상하고 전반적으로 문화가 풍요로웠기 때문이다. 이러한 재생의 과정은 갑자기 이루어진 것이 아니라 점진적으로 진행되었다. 먼저 부에나벤투라 카를로스 아리바우Buenaventura Carlos Aribau가 1833년에 『조국에 바치는 송가Oda a la Pàtria』로 대중을 열광시켰다. 1859년에는 바르셀로나에서 시 콩쿠르(Jocs Florals)가 열렸다. 이로써 사회적으로 시의 중요성이 부각된 계기가 되었다. 1877년 시 콩쿠르에서 하신토 베르다게르Jacinto Verdaguer가 「라틀란티다L'Atlàntida」로 우승을 했다. 하신토는 19세기에 문학 언어를 단련한 카탈루냐의 위대한 낭만주의 시인으로 평가받고 있다. 이러한 분위기는 1931년에서 1939년에 정점을 찍었다. 카탈란 언어가 공식적으로 공용어가 되기도 했다. 하지만 내란이 끝나면서 카탈란 언어는 금지되어 출판물이나 일간지에서 자취를 감추었다. 1960년 이후에 다시 생명력을 얻기 시작했다.

20세기를 대표하는 시인으로는 조안 마라갈Joan Maragall(1860-1911)이 있다. 카탈루냐 모더니즘을 대표한다. 조셉 카너Josep Carner와 카를 리바Carles Riba는 고전주의를 대표한다. J. V. 포이쉬Foix는 아방가르드를 대표한다. 이외 조안 살바트-파파세Joan Salvat-Papasseit, 조셉 엠 데 사가라Josep M. de Sagarra, 마리아 마넹María Manent, 가브리엘 페라테르Gabriel Ferrater 등이 있다.

살바도르 에스프리우는 스페인 현대 문학에서 가장 빼어난 인물 중의 하나로 평가되고 있다. 시인이자 소설가이며 극작가로 성공하였고, 그의 시는 형식이나 내용에서 쉽지가 않음에도 불구하고 대중의 인기를 한 몸에 받았다. 시인은 카탈루냐 지역의 지로나에서 1913년에 태어나 19세에 소설 두 편을 발표한다. 스페인 내전은 누구에게나 그러했지만 시인의 도덕적 감각과 감성을 황폐하게 만들었다. "내가 쏟아붓지 않은 피가 내게서 세계를 파괴했도다." 어린 시절 겪어야 했던 병과 가족의 불운으로 은둔형 인물이 되었지만 통찰력이 뛰어나고 내적 에너지가 충만한 인물로 평가되곤 한다. 시작품으로 『시네라 묘지Cementiri de Sinera』, 『아라드나의 노래들Les cançons d'Aradna』, 『시간들Les hores』, 『나그네와 담El caminant i el mur』(1955), 『미로의 끝Final del labrint』, 『소가죽La pell de brau』(1960), 『시레나의 책Llibre de Sirena』(1963) 그리고 『성주간Setmana Santa』(1970) 등이 있다

그가 다룬 주제는 다양하다. 죽음에 대한 성찰에서 실낙원에 대한 비가, 굴욕감, 고향과 자신의 언어에 대한 긍지 등이다. 다음은 죽음에 대한 묘사이다.

아, 시네라의 바다에서	Ai, la barca negra,
내 꿈으로 오는	que ve pel meu somni
검은 배여!	del mar de Sinera!

"시네라"는 시인의 가계가 시작된 바르셀로나 주에 있는 아레니스 데 마르Arenys de Mar를 시적으로 이름한 것이다.

벽돌들, 천들,	Tracta en pa, rajoles,
고철, 빵으로 취급한다.	teixits, ferro vell.
오늘은 3원인 것을	Ven avui per cent
100원에 판다.	el que costa tres.
신음하며 잃은	Gemegant contava
모든 것을 계산하곤 했다.	a tothom que hi perd.

—『시네라 묘지』 중에서[6]

시인의 시는 풍자시, 인간과 인간의 조건에 대한 시적 성찰, 소위 형이상학시라고 부르는 것, 그리고 사회 시로 정리된다. 사회 시는 공동체의 대변인으로 공동체를 향한 소리이다. 보다시피 언어는 검소하고 정확하여 지적이다. 대부분의 시가 짧고, 형식은 자유롭다.

나는 더 이상 투쟁하지 않는다.	No lluito més. Et deixo
네게 내 부모님의 대지였고,	el sepulcre vastíssim
꿈, 느낌이었던 광대한 무덤을 맡긴다.	que fou terra dels pares,
난 죽는다,	omni, sentit. Em moro,
내가 어떻게 살아야 할지를 모르기 때문이다.	perquè no sé com viure.

신전에서의 찬미가 연습

오, 난 얼마나 나의 비겁함에,
너무나 야만인 오래된 대지에 지쳐 있는가!,
그래서 북쪽으로
물러갈 수 있다면 얼마나 좋을까!
말하기를 그곳에서는 사람들이
깨끗하고 귀족적이고 교양 있고 풍요롭고 자유롭고
깨어 있으며 행복하다고 하던데!
그렇게 되면 형제들은 단체로
비난하면서 말할 게야, "둥지를 버리는 새처럼
그렇게 인간은 자기 고향을 등진다"라고.
반면 난 이미 아주 멀리서
이 나의 불모의 민족의
오래된 지혜와 법을 비웃을지도 몰라.
하지만 난 결코 나의 꿈을 좇지 않을 것이며
이곳에서 죽을 때까지 난 있을 것이야.
그건 나 역시 아주 비겁하며 야만인이며
게다 절망적인 고통으로
이 나의 가난하고
더럽고 슬프고 불행한
조국을 사랑하기 때문이야.

Assaig de càntic en el temple

Oh, que cansat estic de la meva
covard, vella, tan salvatge terra,
i com m'agradaria d'allunyar-me'n,
nord enllà,
on diuen que la gent és neta
i noble, culta, rica, lliure,
desvetllada i feliç!
Aleshores, a la congregació, els germana dirien
desaprovant:"Com l'ocell qe deixa el niu,
així l'home que se'n va del seu indret",
mentre jo, ja ben lluny, em riuria
de la llei i de l'antiga saviesa
d'aquest meu àrid poble.
Però no he de seguir mai el meu somni
i em quedaré aquí fins a la mort.
Car sóc també molt covard i salvatge
i estimo, a més, amb un
desesperat dolor
aquesta meva pobra,
bruta, triste, dissortada pàtria.

—『나그네와 담』 중에서[7]

부록

형식적인 면에서의 시 분석법

1. 음절 수 계산법

시에서 일어나는 음절분해는 문법상 분절하는 음절과 늘 일치하는 것이 아니며, 악센트 종류에 따라 음절수가 더해지거나 감해진다.

시날레파: 앞 단어의 마지막 모음과 이은 단어의 첫 모음, 이 두 모음을 연결하여 하나의 음절로 계산하는 경우.

sobre el-cue-llo-de-cris-tal

Pu-ra, en-cen-di-da-ro-sa

Cuan-do en-a-ques-te-va-lle al-fres-co-vien-to

Y o-ro-de-ca-be-llo-dio a-tu-fren-te

Y-vis-te-de her-mo-su-ra y-luz

시네레시스: 한 단어 내에서 문법적으로는 분절해야 하는 모음을 한 음절로 계산하는 경우.

aé-rea

이아또: 단어 내 인접한 강모음의 분절로 이는 문법적으로 정상인 경우.

El-que-a-mí-can-ta-ba-la-mi-sa-ca-da-dí-a

디에레시스: 한 단어 내에서 문법적으로 한 개의 모음으로 정리되는 모음을 강제로 분리하는 경우.

pi-e-dra, su-er-te

악센트: 마지막 음절에 강세가 떨어지는 악센트 아구도(sol, volar)의 경우 음절수 계산에서 하나를 더하고, 끝에서 두 번째 음절에 강세가 떨어지는 악센트 야노(casa, libro)의 경우는 그대로이며, 끝에서 세 번째 음절에 강세가 떨어지는 악센트 에스드루훌로(gramática, démelo)인 경우 하나를 제한다.

2. 연 형식

자음 운을 이루되 행마다 음절수가 같은 행으로 된 연

두 개의 행으로 된 연들: 파레아도(AABBCC)

A Cuenta Barbey en versos que valen bien su prosa
A una hazaña del Cid, fresca como una rosa
B pura como una perla. No se oyen en la hazaña
B resonar en el viento las trompetas de España,
C ni el azorado moro las tiendas abandona
C al ver al sol el alma de acero de Tizona... 루벤 다리오

세 개의 행으로 된 연들: 테르세토(ABA/BCB/CDC/DED): 가장 많이 사용된 조합은 11음절로 된

'연결된 테르세토*terceto encadenado*'로 운은 다음과 같다. 각 연의 첫 행은 세 번째 행과 운을 이루고, 두 번째 행은 다음 연의 첫째, 셋째 행과 운을 이룬다. 마지막은 3행으로 끝내는 것보다 4행으로 교차하는 운으로 마무리한다. 운이 없는 행이 남지 않도록 하기 위함이다.

A ...Que aunque todas las aguas del olvido
B Bebiese yo, por imposible tengo
A Que me escapase, de tu lazo asido,
B Donde la vida a más dolor prevengo.
C ¡Triste de aquel que por estrellas ama,
B Si no soy yo, porque a tus manos vengo!
C Donde si espero de mis versos fama,
D A ti lo debo, que tú sola puedes
C Dar a mi frente de laurel la rama,
D Donde murieron, vencedora quedes. 로페 데 베가

네 개의 행으로 된 연들: 쿠아르테토, 세르벤테시오, 레돈디야, 쿠아르테타

9음절 이상의 행(아르테 마요르arte mayor): cuarteto(ABBA)

A A veces una hoja desprendida
B De lo alto de los árboles, un lloro
B De las ninfas que pasan, un sonoro
A Trino de ruiseñor, turban mi vida. 엔리케 곤살레스 마르티네스

serventesio(ABAB)

A Flor deliciosa en la memoria mía,
B ven mi triste laúd a coronar,
A y volverán las trovas de alegría
B en sus ecos tal vez a resonar. 엔리케 힐 이 카라스코

8음절까지의 행(아르테 메노르arte menor): redondilla(ABBA)

A Dadme licencia, Señor,
B Para que deshecho en llanto
B Pueda en vuestro rostro santo
A Llorar lágrimas de amor. 로페 데 베가

cuarteta(ABAB)

A Anoche cuando dormía
B Soñé ¡bendita ilusión!
A Que una fontana fluía
B Dentro de mi corazón. 안토니오 마차도

쿠아데르나 비아(Cuaderna vía): 14음절, 모음 단운

A Mester trago fermoso, non es de joglaría,
A Mester es sen pecado, ca es de clerezía;
A Fablar curso rimado por la quaderna vía,
A A sílabas cuntadas, que es grand maestría. *알렉산더 서(1240년경)*

다섯 개의 행으로 된 연들: 킨테토라 하며 아르테 마요르에서는 별로 사용되지 않는다. 아르테 메노르인 킨티야는 주로 8음절로 이루어지며 운은 다음의 세 조건을 준수해야 한다. 운이 없는 행은 없어야 하고, 세 개의 행이 연이어 같은 운을 이루면 안 되며, 마지막 두 행이 파레아도를 이루면 안 된다.

A No en las vegas de Jarama
A Pacieron la verde grama
B Nunca animales tan fieros
A Junto al puente que se llama
B Por sus peces, de Viveros,
A Como los que el vulgo vio
B Ser lidiados aquel día;
A Y en las fiestas que gozó,
B La popular alegría
A Muchas heridas costó.

니콜라스 페르난데스 데 모라틴

여섯 개의 행으로 된 연들: 섹스티나라 하며, 가장 많이 사용되는 조합은 AAB'CCB'이다. 세 번째와 여섯 번째 행의 마지막 단어가 악센트 아구도이다.

A ¡Ay! La pobre princesa de la boca de rosa
A Quiere ser golondrina, quiere ser mariposa,
B Tener alas ligeras, bajo el cielo volar;
C Ir al sol por la escala luminosa de un rayo,
C Saludar a los lirios con los versos de Mayo,

B O perderse en el viento sobre el trueno del mar. 루벤 다리오

여덟 개의 행으로 된 연: 아르테 마요르 코플라는 항상 ABBAACCA로 운을 이룬다. 옥타바 레알은 11음절 6개 행은 교차 운을 이루지만, 마지막 두 행은 파레아도를 이룬다.

아르테 마요르 코플라

A Tus casos falaces, Fortuna, contamos.
B Estados de gentes que giras e trocas,
B Tus grandes discordias, tus firmezas pocas,
A E los que en tu rueda quexosos fallamos,
A Fasta que al tiempo de agora vengamos;
C De fechos passados cobdiçia mi pluma
C E de los presentes, fazer breve suma:
A Dé fin Apolo, pues nos començamos. 후안 데 메나

옥타바 레알

A Cerca del Tajo en soledad amena
B De verdes sauces hay una espesura
A Toda de hiedra revestida y llena,
B Que por el tronco va hasta el altura,
A Y así la teje arriba y encadena
B Que el sol no halla paso a la verdura;
C El agua baña el prado con sonido
C Alegrando la vista y el oído. 가르실라소 데 라 베가

옥타바 이탈리아나: 4, 8번째 행에서 아구다 운을 이뤄야 한다는 조건 이외에는 다양하게 각운을 이룬다. 가장 많이 접하는 형식은 2, 3번째 행이 운을 이루고 1, 5번째 행은 자유로운 경우이다.

A Tu aliento es el aliento de las flores;
B Tu voz es de los cisnes la armonía;
B Es tu mirar el esplendor del día,
C' Y el color de la rosa es tu color,
D Tú prestas nueva vida y esperanza
E A un corazón para el amor ya muerto;
E Tú creces de mi vida en el desierto
C' Como crece en un páramo la flor. 벡케르

옥타바 이탈리아나가 아르테 메노르인 경우 옥타비야라고 한다.

A Con diez cañones por banda,
B Viento en popa a toda vela,
B No corta el mar, sino vuela,
C' Un Velero bergantín:
D Bajel pirata que llaman
E Por su bravura, el Temido,
E En todo mar conocido
C' Del uno al otro confín. 에스프론세다

열개의 행으로 이루어진 연들: 데시마 또는 비센테 에스피넬라(1550-1624)가 형식을 결정적으로 확정했다 하여 '에스피넬라'라고도 부르는데, 8음절 열 개의 행으로 구성된다. 각운은 ABBAACCDDC, 즉 1행과 4, 5행, 2행과 3행, 6, 7행과 10행, 그리고 8행과 9행이 운을 이룬다.

소네트: 두 개의 쿠아르테토와 두 개의 테르세토인, 총 14개 행으로 이루어진 것으로 이탈리아에서 탄생되어 유포되었다.

가장 대표적인 것으로 11음절 ABBA, ABBA, CDC, DCD로 운을 이룬다. 두 개의 테르세토가 CDE, CDE로 운을 이루기도 하고, 쿠아르테토 대신 세르벤테시오가 사용되기도 하지만 예외적인 경우에 속한다. 시로써 소네트 형식의 어려움을 재미있게 묘사한 로페의 시를 보자.

A Un soneto me manda hacer Violante,
B Que en mi vida me he visto en tanto aprieto:
B Catorce versos dicen que es soneto;
A Burla burlando, van los tres delante.
A Yo pensé que no hallara consonante,
B Y estoy a la mitad de otro cuarteto;
B Mas si me veo en el primer terceto,
A No hay cosa en los cuartetos que me espante.
C Por el primer terceto voy entrando,
D Y parece que entré con pie derecho,
C Pues fin con este verso le voy dando,
D Ya estoy en el segundo, y aun sospecho
C Que estoy los trece versos acabando.

D Contad si son catorce, y está hecho.

자음 운이며 음절수가 다른 행으로 된 연

피에 케브라도 코플라: 8음절 행에 4음절(때론 5음절) 반행구가 함께한다. 다양한 형식이 있지만 가장 알려진 것으로 호르헤 만리케의 '아버지 죽음에 부친 시'이다. 구조는 ABcABc이다.

A ¿Qué se fizieron las damas,
B sus tocados, sus vestidos,
c sus olores?
A ¿Qué se fizieron las llamas
B de los fuegos encendidos
c de amadores?
D ¿Qué se fizo aquel trobar,
E las músicas acordadas
e que tañían?
D ¿Qué se fizo aquel dançar,
E aquellas ropas chapadas
e que traían? 호르헤 만리케

라 에스탄사 또는 에스탄시아: 11음절과 7음절을 다양한 방식으로 조합한 형식으로, 16, 17세기에는 '칸시온'으로 불렸다. 시인의 기호대로 행의 수에는 제약이 없다. 마지막 연은 앞선 연들보다 짧을 수 있다. 대표적인 형식은 세 부분으로 되어 있다. 이탈리아 용어로 카포capo, 코르포corpo, 코다coda라고 칭한다. 카포는 같은 운을 이루지 않는 3개의 행과 이 3개의 행과 운을 이루는 이은 3개의 행으로 이루어지고, 코르포는 일곱 번째 행에서 보통 7음절로 시작하고 카포의 마지막 행과 운을 이룬다. 그리고 2, 3개 행으로 마무리되는 부분이 코다이다.

Capo A Corrientes aguas puras, cristalinas;
B Arboles que os estáis mirando en ellas.
C Verde prado, de fresca sombra lleno;
B Aves que aquí sembráis vuestras querellas;
A Hiedra que por los árboles caminas
C Torciendo el paso por su verde seno:
Corpo c Yo me vi tan ajeno
d Del grave mal que siento,
d Que de puro contento
E Con vuestra soledad me recreaba,
E Donde con dulce sueño reposaba
Coda F O con el pensamiento discurría
e Por donde no hallaba
F Sino memorias llenas de alegría. 가르실라소 데 라 베가

리라: 르네상스 시대 시인들은 고대 그리스 로마 시작 형식을 모방했다. 그중 하나가 11음절과 7음절을 함께 사용하는 것으로, 특히 호라티우스가 애용한 형식을 따랐다. 이러한 모방으로 가장 성공을 거둔 형식이 리라이다. 다섯 개의 행으로 이루어진 연인데, 1, 3, 4행은 7음절이고, 나머지인 2, 5행은 11음절로 되어 있다. 첫 번째와 세 번째 행, 두 번째와 네 번째, 다섯 번째 행이 운을 이룬다. 이러한 양식으로 처음 시를 쓴 사람이 가르실라소이고, 시인은 자신의 「그니도의 꽃에서 부치는 노래」라는 시에서 '리라'라고 이름했다.

a Si de mi baja lira

B Tanto pudiese el son, que en un momento

a aplacase la ira

b Del animoso viento

B Y la furia del mar y movimiento...

이 밖에 '섹스티나 로만티카(AaBccB)', '옥타바 이탈리아나 데 피에 케브라도(ABBc'ADDc')'도 11음절과 7음절의 조합으로 만들어 낸 시 형식들이다.

실바: 11음절과 7음절 조합을 연의 구분 없이 무한정 사용할 수 있는 형식이다. 운 역시 시인의 자유에 맡겨 일부나 전부 없는 경우도 있지만, 운이 너무 떨어져 있지 않아야 된다는 조건이 있다. 17세기 극에는 파레아도 형식이 유행했다.

¿Con qué culpa tan grave,
Sueño blando y suave.
Pude en largo destierro merecerte
Que se aparte de mí tu olvido manso?
Pues no te busco yo por ser descanso,
Sino por muda imagen de la muerte.
Cuidados veladores
hacen inobedientes mis dos ojos
a la ley de las horas:
no han podido vencer a mis dolores
las noches, ni dar paz a mis enojos.Madrugan más en mí que en las auroras

lágrimas a este llanto,
que amanece a mi mal siempre temprano;
y tanto, que persuade la tristeza
a mis dos ojos, que nacieron antes
para llorar que para ver. Tú, sueño,
de sosiego los tienes ignorantes... 케베도

자음 운 파레아도로 이루어진 실바의 예

¿Qué es esto, cielos puros,
claros a un tiempo, y en el mismo oscuros,
dando al día desmayos?
Los truenos, los relámpagos y rayos
abortan de su centro
los asombros que ya no caben dentro.
De nubes todo el cielo se corona,
y preñado de horrores, no perdona
el rizado copete de este monte.
Todo nuestro horizonte
es ardiente pincel del Mongibelo,
niebla el sol, humo el aire, fuego el cielo. 칼데론 데 라 바르카

모음 운으로 된 연

스페인 전통 시 특징 중의 하나가 모음 운이다. 프랑스와 이탈리아에서는 모음 운이 자음 운

으로 완전히 대체됐을 때조차 스페인에서는 전통시의 영향으로 꾸준히 살아남았다. 스페인 최초의 서사시 「엘 시드의 노래」에서 그 전통을 확인할 수 있다.

A grandes vozes llama   el que en buen ora nació:
-«¡Feridlos, cavalleros,   por amor del Criador!»
«¡Yo soy Roy Díaz, el Cid   de Bivar Campeador!»
Todos fieren en el az   do está Per Vermudoz.
Trezientas lanças son,   todas tienen pendones;
seños moros maraton,   todos de seños colpes;
a la tornada que fazen   otros tantos muertos son.

다음은 전통 서정시의 예이다.

Del rosal vengo, mi madre
  vengo del rosale
A riberas de aquel vado
Viera estar rosal granado:
  Vengo del rosale.
A riberas de aquel río
Viera estar rosal florido:
  Vengo del rosale.   힐 비센테

로망스: 14세기 말과 15세기에 탄생된 스페인 고유의 시 양식이다. 행의 수에는 제한이 없고 연 역시 구분되어 있지 않으며, 짝수 행에서 운을 이루고 홀수 운은 자유롭다. 로망스 고유

음절수는 8음절이며, 7음절 로망스는 '로만세 엔데차' 또는 '엔데차'라고 한다. 6음절은 '로망시요'이다. 11음절은 '로망스 에로이코'이다. 로페 데 베가의 엔데차를 보자.

¡Ay, soledades tristes
de mi querida prenda,
donde me escuchan solas
las ondas y las fieras!
Las unas que, espumosas,
nieve en las peñas siembran,
porque parezcan blandas
con mi dolor las peñas;
las otras que bramando
ya tiemplan la fiereza,
y en sus entrañas hallan
el eco de mis quejas 로페 데 베가

코플라: 일반적으로 '연'이라는 의미를 가지고 있지만 구체적으로 모음 운 8음절 쿠아르테타를 칭하기도 한다. 2, 4번째 행은 운을 이루고, 1, 3번째 행은 자유롭다. 로망스와 다른 점은 쿠아르테타가 계속될 경우 그마다 운을 달리한다.

Bueno es saber que los vasos
nos sirven para beber;
lo malo es que no sabemos
para qué sirve la sed. 안토니오 마차도

안달루시아 지역의 '고독의 코플라'인 '솔레아레스'는 3행으로 되어 있다. 1, 3행은 모음 운을 이루고 나머지 두 번째 행은 자유롭다.

Muerto se quedó en la calle
con un puñal en el pecho.
No lo conocía nadie. 페데리코 가르시아 로르카

세기디야: 7음절 두 개 행과 5음절 두 개 행으로 이루어진 것으로 짝수 행에서 모음 운을 이룬다. 15세기 후반에 모습을 보이다 이전의 비얀시코와 그때까지 개발됐던 가벼운 유형들을 제치고 16세기에 갑자기 부상하기 시작했다.

Eres como la rosa
que está en el huerto,
colorada por fuera,
blanca por dentro. 익명의 노래

Pues andáis en las palmas,
ángeles santos,
que se duerme mi niño,
tened los ramos. 로페 데 베가

가끔은 마지막에 3개의 행으로 된 후렴을 가지기도 한다. 후렴에서 첫 번째와 세 번째 행은 5음절이며 운을 이루는데, 앞선 연과는 다른 모음 운이다.

Cuatro lunares tienes,
niña en tu rostro:
tienes abril y mayo,
julio y agosto.
De tal manera,
tienes, niña, en tu cara
la primavera.

익명의 노래

모음운 실바: 로망스처럼 짝수 행에서 모음 운을 이루며 7음절과 11음절이 섞인 다양한 형태가 만들어졌는데, 모음 운 실바가 그 한 가지이다.

A la desierta plaza
conduce un laberinto de callejas.
A un lado, el viejo paredón sombrío
de una ruinosa iglesia;
a otro lado, la tapia blanquecina
de un huerto de cipreses y palmeras,
y, frente a mí, la casa
y en la casa, la reja,
ante el cristal que levemente empaña
su figurilla plácida y risueña.
Me apartaré. No quiero
llamar a tu ventana... Primavera
viene -su veste blanca

flota en el aire de la plaza muerta-;
viene a encender las rosas
rojas de tus rosales... Quiero verla... 안토니오 마차도

4개의 행으로 연이 이어지는 모음 운 쿠아데르나 형식의 실바도 있다.

Olgas gigantes que os rompéis bramando
En las playas desiertas y remotas,
Envuelto entre la sábana de espumas,
¡Llevadme con vosotras!
Ráfagas de huracán, que arrebatáis
Del alto bosque las marchitas hojas,
Arrastrado en el ciego torbellino,
¡Llevadme con vosotras! 벡케르

Como guarde al avaro su tesoro,
Guardaba mi dolor.
Yo quería mostrar que hay algo eterno
A la que eterno me juró su amor.
Mas hoy le llamo en vano, y oigo al tiempo
Que le agotó decir:
«¡Ah, barro miserable, eternamente
No podrás ni aun sufrir!» 벡케르

후렴구와 주해

후렴구(estribillo): 시에서 핵심적 의미를 담고 있는 하나 또 그 이상의 행이 반복되어 나오는 것. 서정시에서 주로 사용되었다. 스페인 시에는 특히 중세 대중시에서 후렴구를 애용한 두 가지 시 유형이 있는데, 대구법과 세헬이다.

대구법(paralelismo)은 가예고 포르투갈 대중 서정시 고유의 것으로 한 연의 의미가 큰 변화 없이 다음 연에서 반복되는 것이다. 단지 운만 변한다. 이런 유형의 시는 합창으로나, 두 사람이 번갈아 가며 부르곤 한다. 16세기까지 카스티야 지역에서도 애용되었다.

Levad'amigo que dormides as manhanas frías;Levantáos, amigo que dormís en las mañana frías.
Toda' las aves do mundo d'amor dezíam.Todas las aves del mundo hablaban de amor
¡Leda m'and'eu! ¡Alegre estoy!
Levad' amigo que dormides las frías manhanas;
Toda' las aves do mundo d'amor cantavam.
¡Leda m'and'eu!
Toda' las aves do mundo d'amor dizíam.
Do meu amor e do voss' en ment'avíam.Se acordaban de mi amor y del vuestro.
¡Leda m'and'eu!
Toda' las aves do mundo d'amor cantavam.
Do meu amor e do voss' y enmentavam.
¡Leda m'and'eu!

누노 페르난데스 토르네올(13세기)

세헬(Zejel)또는 비얀시코(Villancico): 무슬림이 지배하던 스페인에서 탄생되어 이슬람 세계와 스페인 전역 및 이탈리아와 프랑스로 퍼져 나간 형식이다. 스페인 초기 전통 서정시에서 비얀시코란 이름으로 대중적 인기를 누렸다. 하나의 후렴구와 일련의 연으로 이루어지며, 연마다 마지막 행은 후렴구와 운을 이룬다. 후렴구는 두서 개의 행으로 되어 있고 연은 가장 단순하게는 단운의 세 개의 행과 후렴구와 운을 이루는 네 번째 행으로 구성된다. 조합은 다양하게 이루어지고 주로 자음운을 이루지만 모음운도 종종 발견된다.

Tres morillas me enamoran
en Jaén:
Axa y Fátima y Marién
Tres morillas tan garridas
iban a coger olivas
y hallábanlas cogidas
en Jaén:
Axa y Fátima y Marién. 익명(1520년경)

레트리야(La letrilla): 황금세기에는 부엘타와 후렴구로 된 일련의 연들을 모두 레트리야라 했다.

La más bella niña
de nuestro lugar
hoy viuda y sola
y ayer por casar,
viendo que sus ojos
a la guerra van,
a su madre dice
que escucha su mal:
Dexame llorar

orillas del mar.

Pues me distes madre,
en tan tierna edad
tan corto el placer
tan largo el penar,
y me cautivastes
de quien hoy se va
y lleva las llaves
de mi libertad.
Dexadme llorar,
orillas del mar.

공고라

주해(La glosa): 설명이나 해설을 의미한다. 이런 의미로 보면 앞서 본 비얀시코나 레트리야의 연들은 모두 주해인 셈이다. 후렴구에 담긴 의미를 확장하고 있기 때문인데, 본래의 주해는 다섯 개 행을 넘지 않는 텍스트가 있고, 그 텍스트의 의미를 일련의 연으로 밝혀 놓는 것이다. 텍스트의 전체 의미일 수도 있고 순차적일 수도 있다. 하나의 연은 열 개의 행을 넘지 않는 게 보통이다. 텍스트의 행 내용이 연마다 맞아떨어지도록 해야 한다. 따라서 주해는 숙련된 솜씨가 요구되는 놀이이기도 하다. 다음은 로페 데 베가의 올메도 기사(El Caballero de Olmedo)에 나오는 주해인데, 주인공은 여인과 헤어지면서 익히 알려진 옛 노래를 텍스트로 이용하고 있다.

Puesto ya el pie en el estribo,
con las ansias de la muerte.

Señora, aquesta te escribo.

Yo lo siento y voy a Olmedo,
Dejando el alma en Medina.
No sé cómo parto y quedo:
Amor la ausencia imagina
Los celos, señora, el miedo.
Así parto muerto y vivo,
Que vida y muerte recibo.
Mas ¿qué te puedo decir,
Cuando estoy para partir,
Puesto ya el pie en el estribo?

Ando, señora, estos días,
Entre tantas asperezas
De imaginaciones mías,
Consolado en mis tristezas
Y triste en mis alegrías.
Tengo, pensando perderte,
Imaginación tan fuerte,
Y así en ella vengo y voy,
Que me parece que estoy
Con las ansias de la muerte.

La envidia de mis contrarios
Temo tanto, que aunque puedo
Poner medios necesarios,
Estoy entre amor y miedo
Haciendo discursos varios
Ya para siempre me privo
De verte, y de suerte vivo
Que mi muerte presumiendo,
Parece que estoy diciendo:
Señora, aquesta te escribo.

주해는 16, 17세기 동안 유행하다가 신고전주의 이후 사양길에 접어들었지만 중남미 대중시에 살아남아 오고 있다.

각운이 없는 행들의 조합

고전 자유시: 각운이 없는 11음절의 시들을 versos sueltos, libres 또는 blancos라고 한다. 운이라는 것을 몰랐던 고대 그리스 로마 시를 모방한 것으로 이탈리아 문예부흥기 때 사용되었다. 스페인에서는 귀족적이고 엄숙한 분위기의 시에 사용되었다.

Como la rosa del zaral bravío
con cinco blancos pétalos, tu cuerpo,
flor de la creación; sangriento cáliz
tu henchido corazón, donde destilas
el suero de la crema de la vida.

Se colmó de dolor tu cáliz, vaso
de la insondable angustia que no coge
en corazón mortal; de Ti aprendimos,
divino Maestro de dolor, dolores
que surten esperanzas...

미겔 데 우나무노

사포 시: 기원전 6세기의 고대 그리스여류시인 사포가 사용한 형식이자 고대 로마 문학에서는 호라티우스가 차용한 시 형식이다. 3개의 11음절은 사포가 즐겨 사용한 것이고 이어 5음절 하나의 행이 따른다. 이 5음절로 아도니스를 찬미했다 하여 사포-아도니스라는 이름으로도 불린다. 스페인 낭만주의 시인 두케 데 리바스는 5음절 대신 7음절로 쓰기도 했다.

Dulce vecino de la verde selva,
Huésped eterno del abril florido,
Vital aliento de la madre Venus,
Céfiro blando;
Si de mis ansias e amor supiste,
Tú, que las quejas de mi voz llevaste,
Oye, no temas, y a mi ninfa dile,
dile que muero.

에스테반 마누엘 데 비예가스

【주】

중세

1. 독일에서 출생하여 어려서부터 지중해 문화에 심취하여 이른 나이에 이탈리아어와 스페인어를 배우고, 본 대학에서 프로방스어를, 하이델베르크 대학에서 동양 언어를 공부하고 베를린 대학에서 법학 박사학위를 받았다. 삶의 대부분을 스페인 연구에 바칠 정도로 스페인에 매료되어 스페인 문학과 스페인 극 역사에 대한 책을 집필하였고, 스페인 내 아랍 유산 연구에 매진하였다. 작품은 그 결과물이다.
2. 스페인을 대표하는 역사학자이자 문헌학자인 라몬 메넨데스 피달Ramón Menendez Pidal(1869-1968)은 『아랍시와 유럽시Poseía árabe y poesía europea』(1941)에서 세헬로써 같은 이론을 펼치고 있다. 그리고 에밀리오 가르시아 고메스Emilio García Gómez는 무슬림이 지배하던 스페인 내 아랍 시인들의 시를 엮은 『안달루시아 아랍시들Poemas arabigoandaluces』(1940)을 통해 당시 풍요로웠던 스페인 땅에서의 아랍시문학을 증언하고 있다. 이런 이론들을 총 정리하듯 후안 베르네Juan Vernet는 『유럽이 스페인 회교권에 진 빚Lo que Europa debe al Islam de España』(1999)에서 스페인 무슬림이 유럽에 전해준 다양하고도 풍요로운 학문들을 소개하고 있다.
3. Adolfo Freidrich von Schack(1988), Poesía y arte de los árabes en España y Sicilia, 291-292페이지.
4. 같은 책, 294페이지.
5. Lírica española de tipo popular(1983, ed. Margit Frenk Alatorre), 38페이지.
6. 같은 책, 39페이지.
7. 같은 책, 동일 페이지.
8. 같은 책, 동일 페이지.
9. 같은 책, 38페이지.
10. 무데하르는 기독교 지배하에 살던 이슬람교도, 모리스코는 기독교로 개종한 무슬림.
11. Adolfo Friedrich von Schack, 277-278페이지.
12. 천재 난봉꾼이라는 프랑스의 프랑수아 비용(1431-1463)이 애용한 발라드의 원형이 바로 하르차라는 사실이 이를 입증하는 또 다른 예가 될 것이다. 그 외 유사성의 예는 앞서 본 피달의 『아랍시와 유럽시』에서 만날 수 있다.
13. Lírica española de tipo popular, 13페이지.
14. Adolfo Friedrich von Schack, 289-290페이지.
15. Ramón Menéndez Pidal(1963), Poesía árabe y poesía europea, 17-18페이지.
16. Antología de la poesía española, lírica de tipo tradicional (1992, ed. Dámaso Alonso y José Manuel Blecua), 154페이지.
17. 같은 책, 187-188페이지.
18. 7음절과 5음절 행이 교차하면서 짝수 행에서 모음 운을 이룬다. 그대는 정원에 있는/장미 같구나/밖으로는 붉고/안으로는 흰(Eres como la rosa/que está en el huerto,/colorada por fuera/blanca por dentro.//모음만 반복되면 모음 운, 자음까지 운을 이루면 자음 운이라 한다.
19. 황금세기에 후렴구와 부엘타로 구성된 일련의 연들로 이뤄진 시는 모두 그렇게 불렀다. 한 연을 구성하는 행은 열 개도 된다.

20. Poesía lírica del Siglo de Oro(2009, ed. Elías L. Revers), 242-243페이지.

21. 갈리시아-포르투갈의 음유시인인데, 이 자에 대한 정보는 없다. 아마도 1279년에서 1325년까지 통치한 왕이자 음유시인인 포르투갈의 디오니시오 1세와 동시대인이 아닌가 한다. 9편의 작품이 전해지고 있다.

22. Lírica española de tipo popular, 52페이지.

23. 같은 책, 46페이지.

24. 13세기 갈리시아 음유시인이라는 것 이외 다른 정보는 없다. 위의 조안 소로에 대한 정보는 전무하다.

25. 같은 책, 45-46페이지.

26. Antología de la poesía española, Lírica de tipo tradicional, 16페이지.

27. 같은 책, 92페이지.

28. 같은 책, 77페이지.

29. Antología de poesía española(2016), Varios autores, 26페이지.

30. Antología de la poesía española, lírica de tipo tradicional, 129-130페이지.

31. Poema de Mío Cid(1981, ed. Ian Michael), 129-133페이지.

32. Gonzalo de Berceo(1983), Milagros de Nuestra Señora, ed. Vicente Beltrán. 62-63페이지.

33. El romancero viejo(1984, ed. Mercedes Díaz Roig), 145페이지.

34. 같은 책, 231페이지.

35. 같은 책, 272페이지.

36. Lengua española y literatura 2(1976, ed. María Fernanda de Abréu, Bernardo de Nalda, Julián Viera), 116페이지.

37. Archipreste de Hita(1981), Libro de Buen Amor I, ed. Jacques Joset, 50페이지.

38. 같은 책, 241페이지.

39. 같은 책, 252-256페이지.

40. Archipreste de Hita(1981), Libro de Buen Amor II, 29-40페이지.

41. 보통 명사 '노래'라는 뜻을 가지지만, 르네상스기의 '칸시온'은 까다로운 시형식이기도 하다. 옛 프로방스 지역의 '칸소cansó'에서 유래된 것으로, 스페인에는 16세기 보스칸이 단테의 이탈리아 '칸소네'를 들여옴으로서 시작되었다. 초기에는 일정한 음악 리듬에 맞춰 노래되어야 했기 때문에 형식이 엄격했으나 스페인에 들어온 후 스페인 시인들 사이에서는 다음과 같은 조건을 갖추면서 좀 더 자유로운 형식이 되었다. 연이나 행의 수는 시인별 다양하고 운에서도 그리 엄격하지 않다. 단, 첫 연의 형태가 다른 연들에서 그대로 반복되어야 한다. 그리고 연은 두 부분으로 구성되는데, 첫 부분인 시작행들은 '프론테fronte'라 하는데, 두 부분으로 나뉘며 각 부분을 '피에데piede'라 한다. 나머지 부분은 '코다coda'라 하며, 이 또한 세분되기도 하는데, 세분화 된 부분은 각각 '베르소verso'라 한다. '프론테'와 '코다' 사이에 이 둘을 연결하는 '볼타volta'가 있는 경우도 있다. 이 '볼타'는 앞선 두 번째 '피에데'의 마지막 행과 같은 운을 이루어야한다. 시 마지막은 앞선 연의 행수보다 적은 수의 행으로 된 한 개의 연으로 끝이 난다. 이를 '토르나타tornata' 또는 '엔비오envío'라 한다.

42. Serrana에 축소사 -illa가 붙은 것. 앞의 것보다 짧다.

43. Poesía de Cancionero(2002, ed. Álvaro Alonso), 144-145페이지.

44. 일반적으로 '연'이라는 의미로 사용되지만 8음절 다양한 모음 운의 시에도 적용된다. 이 시에서는 연마다 ABcABcDEfDEf식으로 운을 반복한다.

45. 같은 책, 253-268페이지.

르네상스

1. 고대 로마 시인 호라티우스(B.C.65-B.C.8)의 말로. '카르페 디엠'은 '그 날을 잡아라', 즉 '순간을 즐겨라'란 뜻이고, '베아투스 일레'는 '-한 자는 복이 있도다', 란 의미. 소음의 도시가 아니라 단순한 시골의 삶을, 목가적 삶을 찬미하는 표현.
2. 형식적으로는 11음절과 7음절로 된 6개 이상의 행이 한 연을 이루며 자음으로 운을 이루고, 나머지 연들은 처음 연과 같은 구조로 반복되는 '에스탄시아(스탄자Stanza)'와 같고, 내용은 이상화된 자연을 배경으로 목동들이 사랑에 대해 독백이나 대화로 부르는 시 양식. '실바'는 연의 구분이 없다는 점에서 차이가 남. 고즈넉한 자연을 배경으로 사랑의 애환을 노래하지만 이전에는 작가나 친구들이나 당시 정치 상황 등을 노래하기도 했다. 도시 문명에 지친 자들이 자연을 가까이에 두고 단순한 삶을 영위하고자 했던 적이 있다. 고대 그리스 테오크리토스 데 시라쿠사(Teócrito de Siracusa, 3-2 B.C.)가 그 시작이다. 이후 로마의 비르길리우스가 '목가'를 쓰면서 형식과 내용이 고착되었다.
3. 살리시오와 네모로소라는 두 목동이 등장하여 각자의 고통을 노래한다. 두 명 모두 시인 자신으로 살리시오는 이사벨이 결혼하게 되자 질투로 불평이 일고, 네모로소는 그녀가 산고로 죽자 고통으로 슬픔이 인다. 한 연이 14행으로 되어 있다.
4. Garcilaso de la Vega y sus comentaristas(1972, ed. Antonio Gallego Morell), 162-163페이지.
5. 같은 책, 232페이지.
6. 같은 책, 170페이지.
7. 같은 책, 172페이지, 38행에서 43행.
8. 같은 책, 118페이지.
9. 1, 3, 4행은 7음절, 2, 5행은 11음절로, 1행과 3행이 운을 이루고 2행과 4행과 5행(ababb)이 운을 이루는, 한 연이 5행으로 된 시 형식. 가르실라소의 5번 칸시온 '그니도의 꽃에 드리는 노래(A la flor de Gnido)'에서 이 용어를 처음으로 사용했다. '그니도'는 나폴리 동네 이름으로, 이 곳의 여인인 도냐 비올란테 산세베리노를 짝사랑한 시인의 친구 마리오 갈레오타를 변호하기 위해 쓴 시.
10. Lengua española y literatura 3(1977, ed. María Fernanda de Abréu, Bernardo de Nalda, Julián Viera), 136페이지.
11. Poesía lírica del Siglo de Oro(2009, ed. Elías L. Rivers), 115-116페이지.
12. 논란이 많은 표현이자 아직 의미가 분명하지 않은 것으로 '예루살렘의 딸들'이라는 유대 성경에서 가져온 표현으로 이교도 신화 전통과 성경, 즉 두 문화의 상징으로 모든 것이 일치한다는 해석이 무게를 얻고 있다.
13. 성경 속의 인물. 야곱의 아들, 유다의 5대 손, 다윗의 7대 조부.
14. San Juan de la Cruz(1983), Poesía, ed. Domingo Ynduráin, 247-256페이지.

바로크

1. '고독들'은 모두 4부로 계획되었으나 시인은 베하르 공작에게 바치는 헌사와 1부만 완성했고 2부는 미완으로 남았다. 펜이 닿는 곳이면 감각을 즐겁게 하기 위해 모두 아름답기를 바란 시인은 은유, 신화 등을

사용하여 자연을 세세하게 묘사하고 있다.

2. Luis de Góngora(1983), Fábula de Polifemo y Galatea, ed. Alexander A. Parker, 134-135페이지.
3. Luis de Góngora(1998), Soledades, ed. John Beverley, 88페이지.
4. Poesía lírica del Siglo de Oro, 219페이지.
5. 같은 책, 303-310페이지.
6. 기지주의는 시어 창조 방법의 기본을 사물과 개념간의 관계설정에 두었다. 예술가는 자기가 마주하는 대상을 배제하거나 고립시키기보다 다른 사물들과의 관계망 속으로 들어오게 해야 한다고 본다. 곡예사 같은 노력으로 사물간의 연결망을 짜야 하며 한 대상과 다른 것들 사이에 교량을 놓도록 해야 한다. 시인이 자기가 마주하는 대상을 묘사로써가 아니라 다른 사물과의 관계 속에서 그 대상을 파악할 수 있도록 해야 하기 때문이다. 그러니까 작가는 자기가 마주한 대상을 우리에게 직접적으로 보여주는 게 아니라 다른 사물들을 통하여 그 이미지를 우리가 볼 수 있도록 노력해야한다는 것이다. 기지주의 이론을 정리한 발타사르 그라시안Baltasar Gracián 역시 자신의 『영민함과 기지의 예술Agudeza y arte de Ingenio』(1642) 두 번째 이야기에서 기지주의에 대해 "사물들 간에 있는 연관성 짜내는 행위"라고 정의하고 있다. 이를 위해 전통적으로 내려오던 수사법인 비유, 은유, 알레고리를 사용하는데, 특히 기지주의의 기본적인 바탕은 바로 난해함에 있다면서 그것을 기지주의의 영혼으로 보았다. 어려우면 어려울수록 기지주의는 빛이 나고 신비함이 더한다고 하는데, 이것은 작가가 대상으로 하는 사물에 접붙인 단어들이 전혀 관계없어 보이면 보일수록 그 정도가 강해짐을 의미한다. 그 난해함으로 인해 신비함을 불러일으키지 않는다면 영혼이 없는 수사라고까지 하고 있다.
7. Juan Manuel Oliver(1984), Comentarios a la poesía de Quevedo, 163페이지.(170페이지까지 참조)
8. Luis de Góngora, 133-135페이지.
9. Francisco de Quevedo(1982), Poesía Varia, ed. James O. Crosby, 552-553페이지.
10. 같은 책, 345페이지.
11. 같은 책, 255-256페이지.
12. 같은 책, 158-159페이지.
13. Poesía lírica del Siglo de Oro, 384-385페이지.

낭만주의

1. José de Espronceda(1992), El Diablo Mundo. El Pelayo. Poesías, ed. Domingo Ynduráin, 372-375페이지.
2. Lengua española y literatura 2, 216-217페이지.
3. Gustavo Adolfo Bécquer(1977), Rimas y Declaraciones poéticas, ed. Francisco López Estrada, 92페이지.
4. 같은 책, 121페이지.
5. 같은 책, 100페이지.
6. 같은 책, 166-167페이지.
7. Rosalía de Castro(2009), Poesía, 127-131페이지.
8. 같은 책, 86-90페이지.
9. Rosalía de Castro(2017), En las orillas del Sar, ed. Xesús Alonso Montero, 158-159페이지.

모더니즘과 98세대

1. Antología de la poesía española del siglo XX(1991, ed. Miguel Díez Rodríguez, María Paz Díez Taboada), 79-80페이지.
2. 고답파에서 상징주의로 넘어간 프랑스 시인. 그에 의하면 시는 무엇보다 음악적이어야 한다. 고답파의 엄격한 구조는 시의 오묘한 암시나 미묘함이나 모호함을 표현할 수가 없다 한다.
3. 은유적으로 음악적 재능을 갖고 있는 사람.
4. 이집트에서 개발된 긴 말발굽 같은 모양의 금속 악기로, 작은 원반 모양의 얇은 쇠가 낀 가는 막대 두 세 개가 가로 질러있다. 손으로 흔들어 소리 낸다.
5. Rubén Darío(1994), Páginas escogidas, ed. Ricardo Gullón, 81페이지.
6. 같은 책, 96-98페이지.
7. 헤롯 안디바의 아내, 유대왕비.
8. 헤로디아의 딸.
9. 같은 책, 113-115페이지.
10. 같은 책, 121페이지.
11. Lengua española y literatura 2, 259페이지.
12. Juan Ramón Jiménez(1981), Segunda Antolojía Poética (1898-1918), ed. Leopoldo de Luis, 50페이지.
13. 같은 책, 85페이지.
14. Lengua española y literatura 2, 262페이지.
15. Juan Ramón Jiménez(1984), Platero y Yo, 27페이지. 이 카나리아가 51번째 이야기에서 죽는다.
16. Antología de poesía española, Varios autores, 211페이지.
17. Juan Ramón Jiménez, Segunda Antología Poética (1898-1918), 236페이지.
18. 같은 책, 252페이지.
19. Antología de la poesía española del siglo XX, 120페이지.
20. Antonio Machado(1995), Campos de Castilla, ed. Geoffrey Ribbans, 99-100페이지.
21. 같은 책, 99페이지.
22. Lengua española y literatura 2, 292페이지.
23. 같은 책, 293페이지.
24. 같은 책, 292페이지.
25. Antonio Machado(1997), Poesías Completas, ed. Manuel Alvar, 239-240페이지.
26. 같은 책, 243페이지.
27. 같은 책, 300페이지.
28. 같은 책, 304페이지.
29. 같은 책, 298페이지.
30. Antonio Machado(1980), Nuevas canciones y de un cancionero apócrifo, ed. José María Valverde, 144-152페이지.
31. Antonio Machado(1995), Campos de Castilla, 137페이지.

27세대

1. 오르떼가 이 가세트(2004), 『예술의 비인간화』, 안영옥 역, 참조.
2. Lengua española y literatura 2, 같은 책, 319-320페이지.
3. 같은 책, 321페이지.
4. Antología de poesía española, Varios autores, 221-230페이지.
5. Federico García Lorca(1988), Poema del Cante Jondo. Romancero gitano, ed. Allen Josephs y Juan Caballero, 234-239페이지.

6. Federico García Lorca(1982), Canciones 1921-1924, ed. Marío Hernández, 69-70페이지.
7. Antología del grupo poético de 1927(1983, ed. Vicente Gaos), 128-130페이지.
8. Lengua española y literatura 2, 같은 책, 316페이지.
9. 같은 책, 같은 페이지.
10. 같은 책, 317페이지.
11. 1929년 알폰소 레예스가 명명한 것으로 민속적인 노래나 대중 노래 또는 어린 아이들을 위한 노래에 등장하는, 음의 변화로 미적 효과를 거두어 무엇인가를 상기하게 만드는 기능이 있다. 자체 의미가 없기 때문에 문맥에서 돌출해야한다.
12. 같은 책, 317페이지.
13. Antología del grupo poético de 1927, 151-153페이지.
14. 같은 책, 139페이지.
15. 같은 책, 같은 페이지.
16. Pedro Salinas(1967), Ensayos de literatura hispánica, 373페이지.
17. Luis Cernuda(1999), Poesía Completa, V 1., ed. Derek Harris y Luis Maristany, 175페이지.
18. 같은 책, 223페이지.
19. 같은 책, 201페이지.
20. 그리스 신화에 나오는 사자 머리, 양의 몸, 용의 꼬리의 불을 내뿜는 괴수.
21. 16세기 시인 전사.
22. 같은 책, 546-547페이지.
23. 같은 책, 498페이지.
24. Antología de la poesía española del siglo XX, 192-193페이지.
25. 같은 책, 198-200페이지.
26. Emilio Alarcos Llorach(1966), La poesía de Blas de Otero, 19페이지.
27. Lengua española y literatura 2, 334페이지.
28. Dámaso Alonso(2003), Hijos de la Ira, ed. Fanny Rubio, 81페이지.
29. 같은 책, 92-93페이지.
30. Vicente Aleixandre(1989), Sombra del Paraíso, ed. Leopoldo de Luis, 90페이지.
31. Vicente Aleixandre(1984), Mis poemas mejores, 77-78페이지.
32. 어휘의 일부는 사전에 나오지 않는 시인의 조어로 의미를 풀어 옮겼다. 원문으로 확인 바란다.
33. César Vallejo(1991), Trilce, ed. Julio Ortega, 43페이지.
34. César Vallejo(1982), Poemas Humanos/España, Aparta de mí este cáliz, OC, 27-28페이지.
35. 같은 책, 128-130페이지.
36. 같은 책, 125-126페이지.
37. 그리고 어느 날 아침/모든 게/불타고 있었다/그리고 어느 날 아침/화톳불이/땅으로부터/나오고 있었다/존재들을/삼켜버리면서(…)/하늘로/어린아이들을/죽이려고 왔었고/거리마다/어린아이들의/피가/절대적으로/흐르고 있었다,/어린아이들의/피로(…)/거리로/피를 보러/오라고,/거리마다 흐르는/피를 보러/오라고/거리마다/넘치는/피를 보러/오라고//.
38. Pablo Neruda(1971), Antología esencial, ed. Hernán Loyola, 41-42페이지.
39. Pablo Neruda(1957), Tercer libro de las odas, 123-125페이지.

50년대 세대

1. Antología de la poesía española del siglo XX, 225-226페이지.
2. Blas de Otero(1989), Verso y prosa, ed. el autor, 47페이지.
3. 같은 책, 48페이지.
4. Lírica española de hoy(1990, ed. José Luis Cano), 79페이지.
5. 같은 책, 103-104페이지.
6. 같은 책, 108페이지.

60년대 세대

1. 같은 책, 149-150페이지.
2. 고대 로마 시인으로 비가의 대가. 4권의 비가 작품이 남아 있다.
3. (?-130) 감미로운 여성적 표정을 가진 청년미의 한 전형인 인물.
4. 같은 책, 151-152페이지.
5. Antología de la Poesía Española del siglo XX, 263페이지.
6. 같은 책, 265페이지.
7. 같은 책, 266페이지.

노비시모

1. Lírica española de hoy, 161-162페이지.
2. 같은 책, 163페이지.
3. http://www.abelmartin.com/aper/vmontal/1973.html.
4. 프랑스 과학 소설 작가 쥘 베른(1828-1905)의 작품, '15세의 수장'.
5. 미국 만화가 체스터 굴드가 1931년에 탄생시킨 만화 캐릭터상의 영웅인물로 형사.
6. Antología de la poesía española del siglo XX, 288페이지.
7. 미국의 유명한 여배우.
8. LA 근처에 있는, 미국의 유명한 배우, 스타들이 거주하는 장소.
9. 같은 책, 238-239페이지.
10. 황새를 닮은 새로 키가 1미터 50센티미터, 날개는 3미터 50센티미터이다.
11. 로마 정치가로 제2차 포에니 전쟁에서 한니발(B.C. 247-183)을 격파하고 로마에 승리를 안겨다 준 장군. 대大아프리카누스라고도 한다.
12. Lírica española de hoy, 222페이지.
13. 이탈리아에 있는 고대 도시.
14. 18세기 이탈리아 작가, 시인, 소설가이자 모험가.
15. 그리스 이오니아 제도에 있는 섬. 이탈리아어 표기로 코르푸섬이라고도 한다.
16. 같은 책, 224-225페이지.
17. 베니스에 있는 거리 이름.
18. 베니스의 유리 공예로 유명한 곳.
19. 같은 책, 225페이지.

후기 노비시모와 최근

1. http://leereluniverso.blogspot.com/2010/09/poesia-me-queda-la-mar-de-blanca-andreu.html.
2. 비문법적이다.
3. http://versos-de-papel.blogspot.com/2017/05/muerte-pajaro-principe-un-pajaro-es-un.html.
4. Antonio Lucas(2014), Los desengaños, 74페이지.
5. 같은 책, 22-23페이지.
6. https://digopalabratxt.com/2016/11/06/seis-poemas-de-luna-miguel-madrid-1990/.
7. https://poetasdelfindelmundo.com/poesia/la_tumba_del_marinero-luna-miguel/.

갈리시아, 카탈루냐, 바스크 시

1. https://celsoemilioferreiro.org/2017/03/viaxeiro-poema-de-celso-emilio-cantado-por-luis-emilio-batallan/.
2. Lengua española y literatura 2, 377페이지.
3. 같은 책, 388페이지.
4. 같은 책, 373페이지.
5. 같은 책, 380페이지.
6. 같은 책, 384페이지.
7. 같은 책, 385페이지.

【 참고 문헌 】

라파엘 알베르티, 죽음의 황소(1995, 안영옥 역), 솔, 서울.

아르치프레테 데 이타, 좋은 사랑의 이야기(2009, 안영옥 역), 지만지, 서울.

안영옥(1998), 페데리꼬 가르시아 로르까, 예니, 서울.

엘시드의 노래(2004, 2011, 안영옥 역), 서쪽 나라, 지만지, 서울.

호세 오르테가 이 가세트, 예술의 비인간화(2004, 안영옥 역), 고려대학교 출판부, 서울.

케베도 시선(2015, 안영옥 역), 지만지, 서울.

프란시스코 데 케베도, 죽음 저 너머의 사랑(1992, 안영옥 역), 민음사, 서울.

Alarcos Llorach, Emilio(1966), La poesía de Blas de Otero, Anaya, Salamanca.

Aleixandre, Vicente(1989), Sombra del Paraíso, ed. Leopoldo de Luis, Catalia, Madrid.

______ (1984), Mis Poemas Mejores, VI. Antología Hispánica, Gredos, Madrid.

Alonso, Dámaso(1949), Cancioncillas "de amigo" mozárabes, Revista de Filología Española; Jan. 1,33 pp.297-349.

______ (2003), Hijos de la Ira, ed. Fanny Rubio, Colección Austral, Espasa-Calpe S.A., Madrid.

Antología de poesía española(2016), ed. José Mas, Cátedra, Madrid.

Antología de la poesía española del siglo XX(1991), ed. Miguel Díez Rodríguez, M. Paz Díez Taboada, Istmo,S.A., Madrid.

Antología de la poesía española(1992): Lírica de tipo tradicional, ed. Dámaso Alonso y José Manuel Blecua, Gredos, Madrid.

Antología de la poesía medieval española 2, siglo XV(1981), ed. Antonio Dominguez Rey, Narcea, S.A., Madrid.

Antología del grupo poético de 1927(1983), ed. Vicente Gaos, Cátedra, Madrid.

Archipreste de Hita(1981), Libro de Buen Amor I, II, ed. Jacques Joset, Espasa-Calpe, S.A., Madrid.

Bécquer, Gustavo Adolfo(1977), ed. francisco López Estrada, Espasa-Calpe, S.A., Madrid.

Berceo, Gonzalo de(1983), Milagros de Nuestra Señora, ed. Vicente Beltrán, Planeta, Barcelona.

Bousoño, Carlos(1985), Teoría de la expresión poética, Gredos, Madrid.

Castro, Rosalía de(2017), En las orillas del Sar, Cátedra, Madrid.

_____ (2009), Poesía, Alianza Editorial, Madrid.

Cernuda, Luis(1999), Poesía Completa, Volumen I, ed. derek Harris y Luis Maristany, Siruela, Madrid.

Darío, Rubén(1984), Páginas Escogidas, ed. Ricardo Gullón, Cátedra, Madrid.

Dominguez Rey, Antonio(1981), Antología de la poesía medieval española 2, Narcea, S.A., Madrid.

El Romancero viejo(1984), ed. Mercedez Díaz Roig, Cátedra, Madrid.

Espronceda, José de(1992), El Diablo Mundo. El Pelayo. Poesías, ed. Domingo Ynduráin, Cátedra, Madrid.

Friedrich von Schack, Adolf(1988), Poesía y arte de los árabes en España y Sicilia, traducción de don Juan Valera, Hiperión,S.L., Madrid.

García Gómez, Emilio(1971), Poemas Arabigoandaluces, Colección Austral, Madrid.

García Lorca, Federico(1982) Canciones 1921-1924, Edición, introducción y notas: Mario Hernández, Alianza Editorial, Madrid.

______ (1988), Poema del Cante Jondo/Romancero gitano, ed. Allen Josephs y Juan Caballero, Cátedra, Madrid.

Garcilaso de La Vega y sus comentaristas(1972), ed. Antonio Gallego Morell, Gredos, Madrid.

Gómez de La Serna, Ramón(1962), Espasa-Calpe S.A., Madrid.

Góngora, Luis de(1983), Fábula de Polifemo y Galatea, ed. Alexander A. Parker, Cátedra, Madrid.

______ (1982), Romances, ed. Antonio Carreño, Cátedra, Madrid.

_____ (1998), Soledades, ed. John Beverley, Cátedra, Madrid.

Gracián y Morales, Baltasar(1969), Agudeza y Arte de Ingenio, ed. Evaristo Correa Calderón, Castalia, Madrid.

Hernández, Miguel(1989), Viento del pueblo, ed. Juan Cano, Cátedra, Madrid.

Jiménez, Juan Ramón(1984), Platero y yo, Edaf, Madrid.

______ (1981), Segunda Antología Poética(1898-1918), Espasa-Calpe, S.A., Madrid.

Juan de La Cruz(San)(1983), Poesía, ed. Domingo Ynduráin, Cátedra, Madrid.

Lapesa, Rafael(1981), Introducción a los estudios literarios, Cátedra, Madrid.

Lázaro Carreter, Fernando, Correa Calderón, Evaristo(1982), Cómo se comenta un texto literario, Cátedra, Madrid.

Lázaro Carreter, Fernando(1984), Estilo barroco y personalidad creadora, Cátedra, Madrid.

Lengua española y literatura 2(1976), 3(1977), ed. María Fernanda de Abréu, Bernardo de Nalda, Julián Viera, Santillana, S.A., Madrid.

León Felipe(1993), El payaso de las bofetadas y el pescador de caña, Visor, Madrid.

Lírica española de hoy(1987), ed. José Luis Cano, Cátedra, Madrid.

Lírica española de tipo popular(1983), ed. Margit Frenk Alatorre, Cátedra, Madrid.

Machado, Antonio(1980), Nuevas canciones y De un cancionero apócrifo, ed. José María Valverde, Castalia, Madrid.

______ (1995), Campos de Castilla(1907-1917), ed. Geoffrey Ribbans, Cátedra, Madrid.

Manrique, Jorge(1984), ed. Giovanni Caravaggio, Taurus, Madrid.

Maragall, Joan(1985), Antología poética, Alianza Editorial, Madrid.

Menéndez Pidal, Ramón(1963), Poesía árabe y poesía europea, Colección Austral, Espasa-Calpe S.A., Madrid.

Neruda, Pablo(1971), Antología esencial, ed. Hernán Loyola, Editorial Losada S.A., Buenos Aires.

______ (1957), Tercer libro de las odas, Editorial Rosada S.A., Buenos Aires.

Oliver, Juan Manuel(1984), Comentarios a la poesía de Quevedo, Sena, Madrid.

Otero, Blas de(1989), Verso y Prosa, Cátedra, Madrid.

Poema de Mío Cid(1981), ed. Ian Michael, Clásicos Castalia, Madrid.

Poesía crítica y satírica del siglo XV(1981), ed. Julio Rodríguez Puértolas, Clásicos Castalia, Madrid.

Poesía de Cancionero(2002), ed. Álvaro Alonso, Cátedra, Madrid.

Poesía del siglo XVIII(1982), ed. John H.R. Polt, Clásicos Castalia, Madrid.

Poesía española del siglo XVIII(2000), ed. Rogelio Reyes,

Cátedra, Madrid.

Poesía española de vanguardia(1918-1936)(1995), ed. Francisco Javier Díez de Revenga, Castalia S.A., Madrid.

Poesía lírica del Siglo de Oro(2009), ed. Elías L. Revers, Cátedra, Madrid.

Prieto, Antonio(1975), Garcilaso de la Vega, S.G.E.L., Madrid.

Quevedo, Francisco de(1982), Poesía Varia, ed. James O. Crosby, Cátedra, Madrid.

Salinas, Pedro(1967), Ensayos de literatura hispánica, Aguilar, Madrid.

Unamuno, Miguel de(1982), Poemas de los pueblos de España, Cátedra, Madrid.

Vallejo, César(1991), Trilce, Cátedra, Madrid.

______ (1982), Obras Completas VIII. Poemas humanos, Editorial Laia, Barcelona.

Verlaine, Paul(1995), Treinta y seis sonetos, Hiperión, Madrid.

Vernet, Juan(2001), Lo que Europa debe al Islam de España, El Acantilado, Barcelona.

web site google.es

5 poetas españoles actuales que deberías conocer, 2015, 3, 18.

10 libros de poetas jóvenes españoles que debes leer, Oculta, 2016, 12, 18.

Antología de poesía española 2000-2015.

El siglo XXI, mejores en verso, Elsa Fernández-Santos, 2010, 5, 10.

Los 10 poetas españoles del momento

Los cinco mejores poemas del momento, 2009, 4, 9.

Nueva poesía para una era convulsa, Jesús Ruiz Mantilla, 2015, 6, 15.

Poesía Antonio Lucas

Poetas españoles del siglo XXI, Francisco Javier Díez de Revenga, 2016.

Re-generación. Poesía española para el siglo XXI, José Luis Morante, 2017, 4, 17.

Seis poemas de Luna Miguel, Oriette D'Angelo, 2016, 11, 6.

http://leereluniverso.blogspot.com/2010/09/poesia-me-queda-la-mar-de-blanca-andreu.html.

http://versos-de-papel.blogspot.com/2017/05/muerte-pajaro-principe-un-pajaro-es-un.html.

https://blogs.eitb.eus/pompasdepapel/2016/12/02/el-poema-antonio-lucas-espanol/.

http://clubdelecturalavaqueria.blogspot.com/2015/06/mis-poemas-preferidos-traicion-de.html.

https://digopalabratxt.com/2016/11/06/seis-poemas-de-luna-miguel-madrid-1990/.

https://poetasdelfindelmundo.com/poesia/la_tumba_del_marinero-luna-miguel/.

https://celsoemilioferreiro.org/2017/03/viaxeiro-poema-de-celso-emilio-cantado-por-luis-emilio-batallan/.

http://www.abelmartin.com/aper/vmontal/1973.html.

스페인 시의 이해

초판 발행 1쇄 2019년 1월 25일
지은이 안영옥
펴낸곳 고려대학교출판문화원
www.kupress.com
kupress@korea.ac.kr
02841 서울특별시 성북구 안암로 145
02-3290-4230, 4232
Fax 923-6311
찍은곳 (주)동화인쇄
ISBN 978-89-7641-978-1 93870
값 27,000원